高等院校"十三五"规划教材——经济管理系列

公共关系实务
(第二版)

刘金同　夏学明　刘晓晨　主　编
刘学斌　王天鹏　王冰倩　副主编

清华大学出版社
北京

内 容 简 介

本书内容涉及当代公共关系的各个方面，在吸收国内外公共关系研究最新成果的基础上，结合信息社会知识经济的特点，引经据典，图文并茂，生动准确地介绍了公共关系的基本概念、起源和发展、职能和作用、公共关系的主体和客体、公共关系的手段、组织机构和人员、公共关系广告、公共关系工作程序、组织形象分析及 CIS 战略、公共关系危机处理、公共关系活动模式、专题公共关系活动、公共关系交际和政府公共关系等内容，同时每章均设有"学习目标"和"思考题"。本书注重理论联系实际，在追求科学性、创新性的同时，特别注意了可操作性，目的是使学生能够在实践中活学活用。

本书既可作为高等职业学校、高等专科学校、成人高校以及本科院校开办的二级职业技术学院和民办高等专科院校中相关专业的通用教材，也可作为有关专业人员的培训教材。

本书封面贴有清华大学出版社防伪标签，无标签者不得销售。
版权所有，侵权必究。举报：010-62782989，beiqinquan@tup.tsinghua.edu.cn。

图书在版编目(CIP)数据

公共关系实务/刘金同，夏学明，刘晓晨主编. —2版. —北京：清华大学出版社，2018（2022.9重印）
（高等院校"十三五"规划教材——经济管理系列）
ISBN 978-7-302-48846-0

Ⅰ. ①公… Ⅱ. ①刘… ②夏… ③刘… Ⅲ. ①公共关系学—高等学校—教材 Ⅳ. ①C912.31

中国版本图书馆 CIP 数据核字(2017)第 287290 号

责任编辑：刘秀青　陈立静
装帧设计：杨玉兰
责任校对：李玉茹
责任印制：刘海龙

出版发行：清华大学出版社
　　　　　网　　址：http://www.tup.com.cn, http://www.wqbook.com
　　　　　地　　址：北京清华大学学研大厦A座　　邮　编：100084
　　　　　社 总 机：010-83470000　　邮　购：010-62786544
　　　　　投稿与读者服务：010-62776969, c-service@tup.tsinghua.edu.cn
　　　　　质量反馈：010-62772015, zhiliang@tup.tsinghua.edu.cn
　　　　　课件下载：http://www.tup.com.cn, 010-62791865
印 装 者：北京鑫海金澳胶印有限公司
经　　销：全国新华书店
开　　本：185mm×260mm　　印　张：16.25　　字　数：380千字
版　　次：2006年8月第1版　2018年1月第2版　　印　次：2022年9月第5次印刷
定　　价：48.00元

产品编号：075590-02

本书编委会

主　任　　李昌武

副主任　　李树强

委　员　　(排名不分先后)

　　　　　　刘金同　　杨专志　　夏学明　　刘晓晨

　　　　　　刘学斌　　王天鹏　　王冰倩　　刘云霞

　　　　　　吴　琼　　曲明娜　　于顺勤　　张素玲

第二版前言

随着我国经济的快速发展，全球经济一体化进程的加速实施，现代社会激烈的市场竞争已经使企业从单纯的产品竞争、质量竞争和价格竞争向全方位的信誉竞争、服务竞争和形象竞争转变和扩展，从而使企业必须在总体上注意自身形象的建设。因此，公共关系已经成为现代企业不可或缺的高等管理技术，也是高级管理人才知识结构中必不可少的组成部分。

根据国家发展规划和《高职高专教育专业人才培养目标及规格》的具体要求，我们组织了一批学术水平高、教学经验丰富、实践能力强的一线教师修订编写了《公共关系实务(第二版)》。

本书总结和吸收了国内外公共关系学的最新相关理论，结合高等职业技术教育的特点，并在第一版的基础上结合多年的教学实践编写而成，着重介绍了公共关系的理论、实务及改善组织公共关系的具体手段、工具和方法，告诉读者如何从事公共关系活动，如何搞好公共关系及有效的公共关系活动技巧；指出社会组织为了维系、改善和发展与公众之间的良好关系，树立最佳的组织形象，扩大社会影响，必须经常地开展多种形式的公关活动，即公关实务；同时也明确提出，公关是一门创新的艺术和科学，任何模仿和简单重复都会弄巧成拙或收效甚微，必须要富有想象力和创造性。

与第一版相比，本书更加注重理论联系实际，在追求科学性、创新性的同时，对于相关的理论描述更加准确和完善，更加突出创新性，做到了与时俱进。随着时代的发展，对于过时的理论、做法，都进行了删除，对于最新研究成果和经验做法，进行了补充，有些章节进行了调整和替换。本书特别注重可操作性，目的是让学生能够在实践中活学活用，同时也是为了体现这门学科的应用性。本书的另一特点是具有人文性，为方便学生学习，做到了以人为本，每章前面都设有学习目标，正文有案例分析，章后还安排了思考题，以期学习者能更好地掌握每一章的学习要点。

本书共分为十四章，第一章、第二章由潍坊科技学院刘金同教授编写；第三章、第四章由潍坊科技学院夏学明编写；第五章、第六章由山东省昌乐县高级技工学校刘晓晨编写；第七章由中国人民大学附属中学刘学斌编写；第八章由山东省昌乐县高级技工学校王天鹏编写；第九章、第十章由潍坊科技学院吴琼编写；第十一章由中国航空工业集团公司北京航空精密机械研究所王冰倩编写；第十二章由潍坊科技学院曲明娜编写；第十三章、第十四章由潍坊科技学院刘云霞编写。书中插图由潍坊科技学院于顺勤、张素玲编辑。全书由刘金同、夏学明、刘晓晨任主编；由刘学斌、王天鹏、王冰倩任副主编。

本书在编写过程中，参考了大量的有关著作、报刊与网络信息，在此对原著作者致以诚挚的谢意。同时对清华大学出版社的编辑以及所有支持帮助本书出版的朋友表示衷心的感谢。

由于水平有限，书中难免有不当之处，敬请读者批评指教。

编　者

目 录

第一章　公共关系概述 1
第一节　公共关系的基本概念 2
　　一、公共关系的含义 2
　　二、"公共关系"一词多义 4
　　三、公共关系的界定 5
第二节　公共关系的本质属性 8
　　一、确定公共关系本质的依据和方法 8
　　二、理解公共关系本质属性的三个角度 9
第三节　学习、研究公共关系的重要性 11
　　一、我国市场经济的发展需要公共关系 11
　　二、全方位的对外开放需要公共关系 11
　　三、创造和谐、稳定的内外环境要依靠公共关系 11
　　四、公共关系有助于事业成功 12
　　思考题 13

第二章　公共关系的起源和发展 15
第一节　公共关系的起源 16
　　一、公共关系前史 16
　　二、近代公共关系的产生 16
第二节　公共关系产生的历史条件 18
　　一、经济基础——商品经济的充分发展 18
　　二、社会基础——民主政治制度的产生 19
　　三、技术基础——传播手段和通信技术的进步 20
　　四、文化基础——现代管理理论的发展 20
第三节　当代公共关系概况 21
　　一、国际公共关系的发展现状及其趋势 21
　　二、公共关系在中国的兴起与发展 23
　　思考题 25

第三章　公共关系的职能和原则 27
第一节　公共关系的职能 28
　　一、采集信息 28
　　二、咨询建议 29
　　三、协调关系 31
　　四、宣传推广 33
　　五、危机处理 34
第二节　公共关系的原则 35
　　一、实事求是原则 35
　　二、双向沟通原则 36
　　三、互惠互利原则 36
　　四、开拓创新原则 37
　　五、尊重人格原则 38
　　六、全员公共关系原则 38
　　思考题 38

第四章　公共关系的主体和客体 39
第一节　公共关系的主体——社会组织 40
　　一、社会组织的特点 40
　　二、社会组织的分类 40
　　三、社会组织与环境 42
第二节　公共关系的客体——公众 43
　　一、公众的基本含义 43
　　二、公众的基本特征 44
　　三、公众的分类 46
　　思考题 49

第五章　公共关系的手段——传播 51
第一节　传播的要领及公共关系传播的目的 52

一、传播的概念 52
　　　二、公共关系传播的目的 52
　第二节　公共关系的传播过程 54
　　　一、传播过程的基本模式 54
　　　二、传播过程的障碍及其改善 54
　　　三、传播符号 55
　第三节　公共关系传播的基本形式 56
　　　一、人际传播 56
　　　二、组织传播 56
　　　三、公众传播 57
　　　四、大众传播 58
　第四节　传播效果 60
　　　一、传播效果的含义 60
　　　二、取得良好传播效果的条件 60
　思考题 61

第六章　公共关系的组织机构和人员 63

　第一节　公共关系的组织机构 64
　　　一、组织内部的公关部 64
　　　二、公共关系公司 73
　　　三、公共关系社团 76
　第二节　公共关系人员 76
　　　一、职业人员 76
　　　二、职业素质 77
　　　三、职业准则 80
　　　四、职业培训 82
　思考题 83

第七章　公共关系广告 85

　第一节　公共关系广告的产生 86
　　　一、广告与公共关系广告 86
　　　二、公共关系广告的类型 91
　　　三、公共关系广告的作用 94
　第二节　公共关系广告的创意与策划 95
　　　一、企业处境分析 96
　　　二、选择目标对象 96
　　　三、广告定位和广告主题 99
　第三节　公共关系广告的媒介分析及
　　　　　选择 101

　　　一、广告媒介的一般性分析 101
　　　二、媒介的选择 105
　思考题 108

第八章　公共关系工作程序 109

　第一节　公共关系调查 110
　　　一、公共关系调查的内容 110
　　　二、公共关系调查的程序 111
　　　三、公共关系调查的方法 113
　　　四、公共关系调研的原则 115
　第二节　公共关系策划 116
　　　一、公共关系策划的含义 116
　　　二、公共关系策划的程序 116
　　　三、可借鉴的公共关系活动策划 ... 120
　第三节　公共关系方案实施及其意义、
　　　　　过程特点 121
　　　一、公共关系方案实施的意义 121
　　　二、公共关系方案实施过程的
　　　　　特点 121
　　　三、公共关系方案的有效实施 122
　第四节　公共关系效果评估 123
　　　一、评估的意义 123
　　　二、评估的内容 124
　　　三、评估的方法 124
　　　四、公共关系状态的评估 125
　思考题 128

第九章　组织形象分析及 CIS 战略 129

　第一节　组织形象分析 130
　　　一、组织形象的含义及其作用 130
　　　二、组织形象的类型 131
　　　三、组织形象的基本特征 132
　　　四、组织形象的基本标志 133
　第二节　组织形象设计 134
　　　一、组织形象设计的基本含义 134
　　　二、组织形象设计的步骤 134
　第三节　CIS 战略的基本内涵 135
　　　一、CIS 战略的定义 135
　　　二、CIS 战略的构成 138

三、CIS 战略与公共关系的关系 141
四、CIS 战略的作业要求 143
思考题 147

第十章 公共关系危机处理 149

第一节 危机与危机管理 150
一、公共关系危机的定义、特点及类型 150
二、公共关系危机管理内涵 151
三、加强公共关系危机管理的意义 152

第二节 公共关系危机管理的组织落实 153
一、公共关系危机管理组织架构的设置 153
二、"发言人"制度的确立 154
三、第一时间快速反应通道的建立 154
四、公共关系危机形态的预测 154
五、潜在公共关系危机的评估 155

第三节 公共关系危机处理的基本原则 157
一、著名的三"T" 157
二、公众至上原则 158
三、维护声誉原则 159

第四节 公共关系危机处理的基本程序 159
一、深入现场，了解事实 160
二、分析情况，确立对策 160
三、安抚受众，缓和对抗 160
四、联络媒介，主导舆论 160
五、多方沟通，加速化解 161
六、有效行动，转危为机 161
思考题 163

第十一章 公共关系活动模式 165

第一节 战略型公共关系活动模式 166
一、建设型公共关系 166
二、维系型公共关系 167
三、预防型公共关系 169
四、矫正型公共关系 170
五、开拓型公共关系 171

第二节 战术型公共关系活动模式 173
一、宣传型公共关系 173
二、交际型公共关系 174
三、服务型公共关系 176
四、社会型公共关系 177
五、征询型公共关系 179
思考题 180

第十二章 专题公共关系活动 181

第一节 专题公共关系活动概述 182
一、专题公共关系活动的主要特征 182
二、专题公共关系活动筹划 183

第二节 专题公共关系实施技巧举要 185
一、展览会 185
二、赞助活动 187
三、开放参观活动 188
四、典礼与仪式 189
五、记者招待会 191
六、联谊活动 193
思考题 195

第十三章 公共关系交际 197

第一节 公共关系语言艺术 198
一、公共关系语言艺术概述 198
二、公共关系语言艺术的主要方法 200
三、电话接听和交谈艺术 206
四、公共关系活动中的非自然语言 208
五、跨文化沟通中的语言艺术 211

第二节 现代人际交往的概念及特点 214
一、人际交往的概念 214
二、人际交往的特点 214
三、人际交往的基本原则 215

第三节 人际交往技巧 215
一、留下美好印象的技巧 215
二、讨人喜欢的技巧 216
三、赢得友谊，保持友谊的技巧 216

四、应付尴尬局面的技巧 217
第四节　常见的交往形式 218
　　一、接待 218
　　二、宴请 219
　　三、会见和会议 221
　　四、其他 224
第五节　常见的交往礼节 224
　　一、见面的礼节 224
　　二、交谈的礼节 226
　　三、排除公共关系计划实施传播的
　　　　障碍 227
思考题 228

第十四章　政府公共关系 229

第一节　政府公共关系的含义、特征
　　　　和意义 230
　　一、政府公共关系的含义 230
　　二、政府公共关系的特征 231
　　三、我国政府公共关系的意义 233
第二节　政府公共关系的职能、任务
　　　　和原则 235
　　一、政府公共关系的职能 235
　　二、我国政府公共关系的任务 237
　　三、政府公共关系的原则 240
第三节　政府公共关系实务举要 241
　　一、完善公众传播机制，推动社会
　　　　主义民主政治建设 242
　　二、完善公共行政服务，树立政府
　　　　良好形象 246
思考题 249

参考文献 250

第一章

公共关系概述

【学习目标】

了解公共关系的基本概念;明确公共关系学的学科性质及研究范围;充分认识学习公共关系的重要意义。

第一节　公共关系的基本概念

一、公共关系的含义

"公共关系"一词是舶来品，其英文为"public relations"，缩写为PR，简称"公关"。"public"既可以译为形容词"公关的"和"公众的"，也可以译为名词"公众"；"relations"可译为"关系"。由于"relations"是"relation"的复数形式，显然，这个"关系"指的是"众多人"间的关系，所以，"public relations"也可译为"公共关系"。但这种"公共关系"既可理解为"与公众的关系"，也可理解为"公众间的关系"。对于一个社会组织来说，前者具有单向性，后者则具有无关性。因此，译为"公共关系"更容易被人准确理解，其理由是：一是公共关系中的"公众"不仅由人群构成，还包括政府、社区、媒介等机构，政府、社区、媒介等机构在中国人的心目中是公共事业单位，因此译为"公共关系"，让人更容易理解和接受；二是港台等地的中文著述多是这样的译法，已成为主流；三是"公共"一词与"私人"一词相对应，准确地表达了"公共关系"与"私人关系"的不同本质。

对公共关系的科学定义，学术界还没有形成统一的认识。虽然在人类社会刚刚产生的时候就已经出现公共关系的萌芽，但真正现代意义上的公共关系学却是20世纪初在美国产生和发展起来的。作为一门学科，公共关系学本身还不是很成熟，人们对公共关系达成共识还需要一个过程。关于公共关系的定义众说纷纭，不下几百种，这些定义大致可以概括为以下几种观点。

(一)将公共关系作为一种现代管理职能和艺术

美国《公共关系新闻》杂志认为："公共关系是一种管理当局的职能，这种职能是估量公众态度，使一个机构的政策与程序和公众利益一致，并执行一连串有计划的行为以赢得公众的了解和接受。"

长期从事公共关系研究的美国学者哈罗(Hello)博士对公共关系下的定义为："公共关系是一种独特的管理职能。它帮助一个组织建立并维持与公众之间双向的交流、理解、认可与合作；它参与处理特种问题与事件；它帮助管理者及时了解公众舆论，并对之作出反应；它确定并强调管理部门为公众利益服务的责任；它作为社会发展趋势的监视系统，帮助管理者掌握并有效地利用社会变化，保持与社会变动同步；它运用健全的、正常的传播技能和研究方法作为主要的工具。"

美国贝逊企业管理学院公共关系学系主任康菲尔德(Kornfield)认为："公共关系是一种管理哲学，即在所有决策和行动上，都以公众利益为前提。此项原则应融于政策之中，向社会大众阐明，以获得谅解和信任。"

(二)将公共关系作为一种组织与公众之间的传播活动

1981年出版的《不列颠百科全书》将公共关系定义为："旨在传递有关个人、公司、政府机构或其他组织的信息，并改善公众对于其态度的种种政策或行动。"

英国公共关系学会1984年对公共关系的定义为："在组织和它的公众之间建立和维护相互了解的、有目的的、有计划的持续过程。"这一定义简短而清晰，强调了组织与公众之间的双向(沟通)和相互了解。

英国公共关系专家弗兰克·杰夫金斯(Frank Jefkins)指出："公共关系就是一个组织为了达到与它的公众之间相互了解和确定目标，而有计划地采用一切向内和向外的传播(沟通)方式的总和。"

在我国也有不少人持这种观点。复旦大学居延安同志指出："公共关系是一个社会组织用传播手段使自己与公众相互了解和相互适应的一种活动和职能。"

这类定义也有以下几个特点：①强调公共关系的手段离不开传播(沟通)；②强调公共关系活动的目的性、计划性、长期性和持久性；③强调组织与公众之间的双向沟通。

(三)将公共关系作为组织与公众相互联系的一种社会关系

世界公共关系协会于1978年8月在墨西哥大会上通过的公共关系定义为："公共关系的实施是分析趋势，预测后果，向机构领导人提供意见，履行一连串有计划的行动以服务于本机构和公众利益的艺术和社会科学。"

美国普林斯顿大学资深公关教授蔡尔兹(H.L.Chils)教授认为："公共关系是我们所从事的各种活动，所发生的各种关系的统称，这些关系与活动都与公众相关，并且都有其社会意义。"

(四)将公共关系某一功能和现象进行描绘

- 公共关系就是讨公众喜欢；
- 公共关系就是信与爱的运动；
- 公共关系就是争取对你有用的朋友；
- 公共关系就是促进善意；
- 公共关系就是百分之九十靠自己做得对，百分之十靠宣传；
- 公共关系就是通过建立良好的人际关系来辅助事业成功；
- 广告是要大家买我，公共关系是要大家爱我。

综合以上观点，本书将公共关系的定义概括为：公共关系是社会组织为了塑造组织形象，通过传播、沟通等手段来影响公众的科学与艺术。这一概念包括以下含义。

① 公共关系的主体是社会组织或代表社会组织的个人，这与一般的个人是有区别的。

② 公共关系的客体是社会公众，而社会公众是由与社会组织有利害关系的个人、群体和组织所构成的。

③ 公共关系的途径是利用传播手段进行社会组织与其社会公众之间的双向沟通。

④ 公共关系的目标是使社会组织获得社会公众的理解、支持和合作，为组织树立良好的形象，为事业的发展创造良好的社会环境，这是公共关系的核心思想。

⑤ 公共关系既是一种状态又是一种活动，既是一种观念又是一种实务。它是状态与活动，观念与实务的统一。

二、"公共关系"一词多义

"公共关系"是一个多义词,在现实生活中,它包含多层意思。

(一)公共关系是一种状态

有人说:自从世界上有了两个人,就有了人际关系;有了两个组织,就有了公共关系。也就是说,公共关系是一种客观存在的现象,它是一个组织赖以生存和发展的公共环境。不管承认与否、喜欢与否,公共关系状态都是不以人的意志为转移的,它自古就有,是不可避免的。

任何一个组织从它产生那天起,就已经处在一定的公共关系状态(各种公共关系和公众舆论)之中,这种状态的好坏与否,关系到组织的生存和发展。因此,任何组织都不能漠视它。

(二)公共关系是一种活动

当一个组织认识到自己与外界公共关系的重要性,并采取实际行动去改善这种关系时,就已经在从事公共关系活动了。公共关系作为一种社会活动,并不是现在才有的。公共关系状态是客观存在的,围绕某种公关状态而展开的公关活动也是客观存在的,只不过在古代公共关系活动是一种零散的、不自觉的活动,是人们谋求发展的本能。

现代公共关系活动是组织有意识、有计划地应用传播(沟通)手段协调、处理各种公共关系,优化组织生存和发展环境的一系列公共关系工作,包括公关调查、公关策划、公关传播、公关交际、公关咨询、公关服务等。它是组织的一种经营管理活动。现代公共关系的产生使人们的公关行为从无意识转变为有意识,从自发行动转变为自觉行动,从盲目活动转变为有计划活动,从依靠经验转变为依靠科学,从零散转变为系统。因此,组织有计划、自觉地开展公关活动就更能有效地改善各种公共关系,塑造良好的形象,优化组织的生存和发展环境。

(三)公共关系是一种职业

1903年,艾维·李创办了一家宣传事务所,以收取劳务费的形式为企业提供咨询服务,它标志着公关职业的诞生。现在,公关职业已成为一种时髦职业,越来越多能力强、素质高的人加入到这一行业,提高了这一职业的地位。在21世纪,公关职业将得到快速发展,因为无论是个人还是组织都更加渴望得到更多的信息,更加渴望处于和平、稳定的良好环境中,更加重视形象的塑造,以求获得事业成功。

(四)公共关系是一种意识、观点和思想

当组织自觉意识到自己面临某种公关状态,并有目的、有计划地开展公关活动时,公关意识就形成了。公共关系意识是客观的公关现象在人脑中的反映,它包括形象意识、公众意识、传播意识、协调意识、互惠意识、服务意识、信息意识、整体意识等。这些公关

意识是一种价值观念，应用到实践活动中便成为一种行为准则和道德规范，影响和制约公关活动的成效。因此，任何一个组织要想取得公众工作的成功，必须使全体成员具有良好的公关意识。公关意识不是自动扎根于人脑之中的，组织必须有意识、有计划地对全体成员进行公共关系的基础教育，必须让全体成员认识到，塑造组织的良好形象，不是组织领导者个人的事情，而是全体成员共同努力的结果。组织的各个职能部门和各成员都应该提高全员公关的自觉性，使组织的内部形成浓厚的公关氛围和公关文化。

随着我国公共关系日益发展，公关观念对社会进步发挥着日益重要的作用。

(五)公共关系学是一门学科

公共关系意识、观念和思想系统化、理论化之后便成为公共关系理论。公共关系理论是公关实践的总结和提炼，是公共关系的飞跃性发展和突破。

公共关系学是一门专门研究社会组织与相关公众之间传播(沟通)的行为、规律和方法的综合性应用的学科。

公共关系学的主要内容有：公共关系的概念与内含、公共关系的产生与发展、公共关系的主要职能、公共关系的行为主体和客体、公共关系的传播原理与实务、公共关系工作的基本程序、公共关系活动中的礼仪礼节等。

公共关系学的内容涉及多种学科知识，如经济学、市场营销学、社会学、管理学、新闻学、传播学、人际关系学、广告学等，但绝不能认为公共关系学是多学科拼凑的"大杂烩"。公共关系学不是多学科知识的简单累积，它有独立完整的学科体系，有自己独特的研究对象和方法。

多学科相互交叉、相互渗透，这是现代学科的发展趋势，公共关系学科的形成也是如此。

三、公共关系的界定

由于公共关系与某些传统观念、相关活动有相似或交叉之处，使人们对公共关系的认识难免产生偏差，因此，需通过弄清公共关系与其他相关范畴的区别，进一步正确理解公共关系的含义。

(一)公共关系与庸俗关系

公共关系在我国遍地开花后，出现了明显的两极分化，香则很香，臭则很臭。在一些开放型公司里，公关人员地位高，公关工作计划周密、效果好；在一些中小型公司里，表面上看是在开展公关工作，实则实行行贿术、经营色情业，公共关系成了"姿色加手腕"的代名词，严重玷污了公关的名声，致使社会上把公共关系与庸俗关系等同视之，甚至认为它比一般的拉关系、拍马屁还要恶劣低下。其实，公共关系与庸俗关系迥然不同。虽然从表面上看都是利用关系网去实现目的，但两者有着本质的区别。

1. 植根的土壤不同

公共关系植根于高度发展的商品经济社会。社会化大生产的出现和发展，使社会生产力水平不断提高，物质产品不断丰富，卖方市场向买方市场转化，市场竞争激烈。公共关系就是在这种条件下产生的。庸俗关系植根于自给自足的小农经济土壤，社会生产力水平低下，物质产品供不应求，就产生了贿赂型经营。

2．最终目标不同

公共关系追求的是社会整体效益，以社会公众的长远利益为出发点和归宿。庸俗关系追求的是个人或小集团的眼前利益。

3．手段不同

公共关系是在公开事实真相的基础上进行双向沟通，争取社会公众的了解和支持，通过公开、合法的各种传播媒介向社会公众介绍本组织的政策和行为。庸俗关系所采用的手段是个人之间的私下交易。有些人不惜通过损害集体利益和国家利益来牟取私利。还有些人以行贿受贿为手段，互相利用，各自抓住对方把柄，使这种不正当的关系维持下去。

4．最终结果不同

公共关系已发展成一门学科，而庸俗关系永远不能被社会承认，更不可能发展成学科。庸俗关系是必然会被摒弃的。中国的公共关系具有浓厚的人际关系特色，我们必须注意将人际关系交往中正常的请客送礼和庸俗关系区别开来，以获得健康良性的发展。

(二)公共关系与人际关系

人际关系是依赖某种媒介并通过个体交往而形成的人与人之间的关系，亦即私人关系。如因血缘关系而形成的父母与子女的关系、以职业为纽带而形成的上下级关系以及同事关系等。人际关系与公共关系是两个既有联系又有区别的不同概念。

人际关系与公共关系的联系紧密。组织内部的联系，主要是个人与个人之间的关系，组织与组织之间的关系，也往往表现为一个组织中的若干人与另一个组织中的若干人之间的联系。公共关系实务工作除了运用大众传播的手段，也常常通过人际关系的沟通来进行。尤其在我国，目前大众传播的技术还不十分发达，大量的公共关系工作还要靠人际传播来进行。所以，公共关系是以人际关系为基础的，良好的人际关系有助于组织内部环境和外部环境的和谐与改善。但公共关系与人际关系毕竟是两个不同的事物，两个不同的概念。它们的区别主要表现在三个方面。

1．目的不同

公共关系的目的是为组织在社会公众中树立良好形象，建立组织与社会公众间的良好合作关系；人际关系的目的是交朋友，是为了实现个人的心理需要，建立个人与个人之间的和谐的人际环境。

2．结构不同

公共关系的主体是社会组织，在组织与公众的交往中实现的是组织的宗旨，体现的是组织的价值观念和行为规范。其客体对象公众也是一个整体概念，即使是通过人际交往来实现的公共关系，构成关系的主客体仍然是两个集合体。人际关系则是个人与个人之间的关系，关系的主体与客体都是个体，实现的是个人的愿望、个人的目的，体现的是个人的价值观念和行为规范。

3．沟通方法不同

公共关系尽管也需要人际沟通的手段，但它主要是运用大众传播和群体传播的技术与方法，如报纸、电视、广播或召开记者招待会、大型集会等。人际关系则以自己的言语举止为媒介，采用个人之间面对面的交谈，或借助电话、书信进行交流。

总之，公共关系不是人际关系，它比人际关系复杂得多。因此，在开展公关工作时，不能把它当作人际关系来处理。即使是以个人身份出现，也必须增强自己的角色意识，要透过个人之间的关系，将组织与公众联系起来。

(三)公共关系与市场营销

就企业的公共关系而言，它与市场营销有着密不可分、相辅相成的关系。许多企业都将公共关系运用于市场营销活动之中，目的是通过公共关系活动为市场营销创造一个和谐的环境，为整个市场营销战略的实施开辟道路。如果我们把企业的产品、定价、分销、广告、促销比作市场营销的硬件，那么公共关系则是企业市场营销的软件。它通过塑造企业形象，树立消费者对企业和产品的信心，成为企业忠实的顾客。所以良好的公共关系为市场营销铺平了道路。虽然成功的市场营销能使销售的产品让消费者满意，树立起良好的形象和信誉，但公共关系不能等同于市场营销。现在有些企业把公关人员和营销人员的职责混为一谈，其结果必然是弱化软件管理。

公共关系与市场营销的区别表现在三个方面。

1．适用范围不同

公共关系的适用范围比市场营销广得多。市场营销是企业独有的一种经济活动，而公共关系适用于包括企业在内的一切组织。在企业中，市场营销只是企业经营管理的一个方面，而公共关系贯穿于企业管理的全方位、全过程。市场营销的对象主要是消费者，而公共关系的公众对象除消费者外，还有政府公众、社区公众等。

2．追求目标不同

市场营销以推销产品为目标，是一种纯粹的商业性行为，较多考虑的是实现企业的经济利益。公共关系追求的是组织形象，以实现社会整体效益为目标。

3．工作内容不同

市场营销工作内容包括产品、定价、分销、促销四个方面。公共关系工作的主要内容包括收集信息、咨询建议、协调关系、策划传播等，这一系列工作渗透于企业的每一项管理之中，当然也渗透于营销管理之中。但是，公共关系毕竟不能代替企业分销渠道网络，更不能弥补产品本身的缺陷，所以，公共关系不能解决困扰市场营销的所有问题。

现代企业常把这两个不同的事物紧密结合起来，在市场营销中运用公共关系，使市场营销从以消费者为中心扩展到以整个社会为导向，与整个社会环境保持协调平衡，使企业大大扩展了生存和发展空间。

第二节　公共关系的本质属性

科学的定义应该反映事物的本质属性。公共关系学的定义则应该反映公共关系现象和活动的本质。

一、确定公共关系本质的依据和方法

要揭示出公共关系最核心、最基本的东西，才能说明它与同类事物中其他事物的差别，才能界定它的内含，确定它的本质。无论从哪一个角度去理解公共关系，都必须如此。比如说公共关系是一种"管理活动"，那么它是一种怎样的管理活动？它与其他管理活动有什么区别？如果说公共关系是一种"社会关系"，那么它是哪一种社会关系？它与其他的社会关系有什么区别？等等。要揭示公共关系的本质，需要遵循以下思维过程。

首先，需要分析构成公共关系活动的基本要素。将复杂的公共关系过程简化以后可以发现，公共关系活动过程的三个基本要素是组织、传播和公众。任何公共关系活动都是由这三个要素构成的。

其次，分析公共关系基本要素之间的相互作用及其本质联系。在公共关系的这三个要素中，"组织"和"公众"是公共关系的承担者，分别是公共关系的"主体"和"客体"。这二者之间的相互作用方式是"传播"（communication，也译为"沟通"）；而现代"公共关系传播"的本质即组织与公众之间信息的双向交流，组织与公众沟通交流的"双向性"是现代公共传播的本质特征，如图1-1所示。

图1-1　现代公关传播三要素联系

可见，三个要素之间的联系就是组织与公众之间通过传播（沟通）活动所形成的信息的双向交流。而现代公共关系是组织的一种管理职能，这种管理职能的本质属性就是"组织与公众之间的传播管理"。

最后，还要考虑这一本质联系在公共关系原理中的渗透性以及在公共关系实务中的指导性。这一点我们可以具体从以后的各个章节中去体会和理解。例如，研究公共关系的主体并不是一般的研究社会组织，而是研究组织的传播（沟通）功能和机制，研究组织实施传播活动的部门和人员。又如，研究公共关系的客体，不是一般地研究社会公众，而是从传播（沟通）的对象角度来分析公众的行为特征。而公共关系的各种实务，都是组织与公众之间双向传播（沟通）活动中的一个侧面、一个部分。总之，"传播（沟通）"是贯彻整个公共关系的一条基线，是现代公共关系理论的精髓，是公共关系的本质属性。它渗透到公共关系原理和实务的各个方面，是准确理解公共关系的关键。

二、理解公共关系本质属性的三个角度

抓住公共关系的本质属性，就能够将它与同类事物中的其他不同属性的东西区别开来。我们可以进一步从三个角度来加以说明。

(一)公共关系的"关系"性质

公共关系作为一种社会关系，特指组织与公众之间的传播(沟通)关系，即组织与公众环境之间的信息交流关系。

任何组织与社会之间必然存在着各种不同性质的社会关系，如经济关系、政治关系、文化关系、行政关系、法律关系等。公共关系不同于这些具体的社会关系，它并不是包罗万象的，不能代替组织其他具体的社会关系。因为公共关系本身并不是组织的经济行为、政治行为或行政行为的直接产物，而是组织的传播(沟通)行为的直接产物。政治行为相应产生政治关系，经济行为相应产生经济关系，文化行为相应产生文化关系，行政行为相应产生行政关系等，而组织的传播(沟通)行为则相应形成传播(沟通)关系——即通过传播或(沟通)活动去建立组织与公众之间的信息交流，促进组织与公众之间的了解、认同，达成相互之间的共识、理解与信任。这一过程即"公共关系"。

公共关系不同于其他具体的社会关系，但又渗透其中，与组织的各种具体的社会关系相伴随。无论是组织的经济活动、政治活动还是文化活动等，都存在着与公众和社会环境之间进行沟通的问题，都需要争取公众和舆论的理解与支持，都有赖于良好的公共关系去达到某种经济、政治或文化的目的。因此，无论是何种类型的组织或何种性质的组织活动，都存在公共关系的问题。但我们理解公共关系时，不应将它与组织的其他性质的社会关系等同起来。它只是渗透在组织其他具体的社会关系中的一种信息传播与沟通的关系。

(二)公共关系的"职能"性质

公共关系作为一种管理职能，是对组织与社会公众之间传播(沟通)的目标、资源、对象、手段、过程和效果等基本要素的管理，即传播管理(the management of communication，也可称为沟通管理)。这种管理是以优化公众环境、树立组织形象为宗旨的。

一个组织的职能是多方面的，如生产、技术、财务、人事、行政等。公共关系作为一种管理职能有别于上述这些管理领域。它的管理对象不是产品、资金、技术或销售网络等有形资产，而是信息、关系、舆论、形象这些无形资产；它的管理手段不是技术、经济、行政或法律的手段，而是现代信息社会的传播(沟通)手段；它的管理目标不是直接地提高产量、促进销量、赚取利润，而是调整组织与社会公众之间的关系，提升组织无形资产的价值，从而使组织的整体资产增值。可见，公共关系的对象、手段和目标均不同于其他组织职能，是一种独特的管理领域。这个管理领域反映了现代信息社会中管理学发展的一个趋势：日益重视信息资源、关系资源、形象资源和传播资源。因此，公共关系与资金、技术和人才并列，被称为现代组织经营管理的"四大支柱"。

(三)公共关系的"学科"性质

公共关系学作为一门综合性的应用学科，是一门以传播学和管理学为主要依托的传播管理学或组织传播学。它既是现代传播学发展的一个应用分支，也是现代管理学的一个构成部分。它是现代传播学在组织行政管理和经营管理中的应用和发展。

如图1-2所示，公共关系学是管理学科与传播学科相结合的产物。它专门研究组织管理过程中的公众传播问题，或者说，用现代传播学的理论和方法来研究和处理组织的公共关系和公众形象问题。"传播对象分析""传播内容分析""传播媒介分析""传播效果分析"等基本理论，均在公共关系学中得到专门的阐释和发挥。传播学所研究的各种不同层次的传播行为和方式，如"人际传播""团体传播"和"大众传播"等，也在公共关系学中得到具体的体现。而传播学的许多应用分支，如新闻学、广告学、舆论学、交际学等，也是公共关系实务的重要内容。因此，把公共关系学定位在"传播管理"，符合该学科的基本性质。实际上，传播学是公共关系学的基础学科之一，公共关系学则是传播学的一个应用分支，是一种应用传播学。

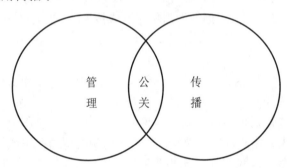

图1-2　公共关系学构成

由于公共关系学是传播学在组织经营管理和行政管理中的具体应用，因此它也必须借助管理学的理论和研究方法。现代的管理理论是一个开放的系统，随着组织条件和环境因素的变化，管理的理论和方法也不断变化。在开放、竞争和信息社会的环境中，组织与环境之间的传播（沟通）活动日益活跃，达到一定程度后，就需要把这种组织传播行为职能化、规范化，从而形成组织与公众之间传播（沟通）的一系列制度、规范和方法。这些制度、规范和方法逐步系统化、理论化，便逐渐形成现代的公共关系学科。公共关系学在管理学和市场学中的位置，反映了现代经营理论和管理理论的时代特征。在现代信息社会和大众传播时代，公共关系学是管理学和市场营销学中不可缺少的一个部分。

从以上三个方面可以了解，公共关系是一种组织的"传播（沟通）关系"，一种组织的"传播（沟通）职能"，一门组织的"传播管理学科"。"组织与公众之间的传播（沟通）"是公共关系的本质属性。

第三节　学习、研究公共关系的重要性

一、我国市场经济的发展需要公共关系

改革开放以来，我国市场经济的发展使社会经济结构和经济生活发生了深刻变化。这些变化主要表现在以下几个方面。

(1) 企业规模日益扩大，其直接后果是企业内部员工人数猛增、经营范围多元化、市场领域扩展、协作关系纵横交错。

(2) 社会专业化程度大大提高，企业之间相互依存、相互依赖的关系大大强化。

(3) 企业竞争日趋激烈。随着产品种类的丰富和产品的趋同化，使企业之间争夺顾客的竞争日趋白热化，消费者在市场中的地位越来越重要。

总之，伴随着市场经济的发展，任何一个企业都存在与其他组织或个人的紧密联系。企业要在复杂的内外环境中求得平衡、协调的发展，必须借助公共关系。除此之外，文化、卫生、教育等各项事业的发展，也迫切需要公共关系，因为它们同样需要吸引公众，提高经济效益和社会效益，并在广大公众中树立良好的形象和信誉。

二、全方位的对外开放需要公共关系

全方位的对外开放需要加强与世界的双向沟通。一方面，我们需要了解世界，了解国外的政治、经济、技术、管理、文化、消费习惯等方面的情况，引进对我国建设和发展有利的资金、技术和经验；另一方面，我们也有必要向外部世界宣传中国，增进世界各国对中国的了解、理解和好感，塑造中国在世界舞台上的良好形象。在全方位的对外开放中，我国组织的政策、行为、产品、人员等都处于外部世界的比较、评价之中，因此，形象管理的问题日益突出，这就需要加强组织及人员的公关意识。另外，全方位的对外开放，使许多组织及人员直接进入国际沟通交往的大环境，这就需要我们调整交往观念，学会按照国际惯例规范自己的行为。因此，学习和研究公共关系，有助于我国组织在国际活动中与国际公众建立和维持良好的合作关系。

三、创造和谐、稳定的内外环境要依靠公共关系

改革开放和市场经济的发展需要和谐、稳定的内外环境，和谐、稳定的社会环境有赖于政府与公众之间形成相互了解、理解、信任与合作的气氛。这就需要普及公关知识，强化公关意识，促使政府机构更加重视群众的情绪、意见、建议和要求，认真听取群众的呼声和对各项重大决策的反应，加强调查研究，建立社会政治协商制度，真正做到下情上达、上情下达，促进彼此沟通，增进相互理解。只有这样，才能克服政府行为中的主观主义和官僚主义。同样，在组织内部也需要一个良好的人际环境。开展公共关系活动，可以经常

调查了解职工的态度、需求，进行及时、有效的信息沟通，消除误解和成见，促进干群及职工之间的相互理解和支持，为组织创造一个良好、和谐的内部环境。

四、公共关系有助于事业成功

现代公共关系集多种学科理论于一体，涉及各种实践领域，学习和研究它不仅可以使我们获得非常丰富的知识，而且可以帮助我们树立公关观念，掌握公关规律，提高公关能力，促进事业发展。

(一)树立形象观念，掌握自我塑造艺术

在现代社会，一个组织或个人形象的好坏，直接影响到公众对其信任与否，从而影响到事业的发展。现代公共关系是塑造形象的艺术，学习和研究它，可以帮助组织或个人树立形象意识，把握形象塑造和自我推销的方法，并学会维护自身的良好形象。

(二)树立"人和"观念

"天时不如地利，地利不如人和"，这句话强调的是"人和"的重要性。在当今社会，一个组织或个人要真正成就一番事业，必须要有良好的内外关系，得到他人的信任、理解、支持和合作。树立"人和"观念，学会如何与别人相处、如何改善各种关系，是组织或个人求生存和发展的一项必备能力。现代公共关系是广结良缘的艺术，它可以满足我们这方面的需求。

(三)树立传播、沟通观念，学会自我推销

在信息爆炸、竞争激烈的社会，谁会主动表现自己、推销自己，谁在人们心目中的知名度和美誉度就高，从而获得更大的发展机会和空间。因此，我们必须具备开放心态，摒弃自我封闭习性，抛开缺乏竞争观念和过分自谦的态度，树立传播观念，学会推销自我。当然，自我宣传的基础和前提是货真价实。

(四)树立"公众至上"观念

"公众至上""顾客就是上帝"是现代公共关系的重要思想。学习、研究公共关系，可以使我们在工作中时时为公众着想，处处为公众服务，增强公仆意识。

李阳在他的《疯狂英语》中有这么一句话："真正成功的人都是超越自我，全力帮助别人的人；真正成功的企业，都是因为出色地帮助了别人而繁荣昌盛。"

此外，我们还应树立信誉观念、整体观念、创新观念和协调观念等。

思 考 题

1. 公共关系的概念有几层含义?
2. 公共关系的定义是什么?
3. 公共关系与庸俗关系、人际关系及市场营销的关系是什么?
4. 怎样正确理解公共关系的本质属性?
5. 学习公共关系的现实意义是什么?

第二章

公共关系的起源和发展

【学习目标】

了解公共关系的产生和发展;了解公共关系产生的条件和历史必然性、规律性,公共关系在中国产生的必然性;知道为什么要搞公关;通过学习,以史为镜,明确如何开展公关。

第一节　公共关系的起源

一、公共关系前史

公共关系作为一种社会现象在人类诞生的那天就已经产生了，但作为一门独立的学科却是在20世纪初，距今只有100年的时间。

现代公共关系出现以前，在人类社会生活中就具有与公共关系观念相似的思想和带有公共关系色彩的活动，但那时的公共关系只是一种客观存在的"原始状态"，还不是现代意义的公共关系。它主要表现为朴素的、自发的公共关系思想与活动。

在古希腊，许多王公贵族为了树立自己的形象，常请诗人写赞美诗，表彰自己的功德。另外，用诗歌操纵舆论的做法也很普遍。因此，柏拉图在《共和国》一书中提出："除了为政府写诗歌可以例外，其余的赞美诗均在禁止之列。"他不仅是第一个试图用政府控制大众媒介的人，同时，也是最早提倡政府公共关系的人。

古希腊学者还认为，架构政治家与公众之间的桥梁是修辞的艺术。一个人参政的必要条件之一，是修辞能力。亚里士多德在《修辞学》里透彻地告诉人们如何运用语言来影响听众的思想和行为，所以，西方有的学者认为，亚里士多德的《修辞学》是最早涉及公共关系的经典理论著作。

在我国古代政治领域，战国时期苏秦合纵盟约的订立，张仪连横的成功；三国时期刘备三顾茅庐请出"卧龙"诸葛亮，诸葛亮七擒七纵孟获稳定南疆；唐太宗善纳良言，文成公主入藏和亲，形成贞观之治的太平盛世，这些都闪烁着朴素的公共关系思想的火花。

早在西周末年，有人就针对周厉王施政酷虐而带来的怨声载道、民声鼎沸的情况，提出了"防民之口，甚于防川"的观点。认为社会舆论好坏直接关系到政权的稳定与否，强调应重视民众传播信息，调节施政措施。

综上所述，可以看出无论中外，古代人在从事社会活动中，的确存在着许多类似现代公共关系的认识，也的确存在着许多类似现代公共关系的活动。但我们绝不能把古代的那些类似于公共关系的活动与现代意义上的公共关系等同起来。因为古人的这些认识和活动带有浓厚的功利性，是自发性的产物，而现代公共关系的产生有其特定的历史条件和社会原因，是社会运行的内在要求，是自觉性的产物。正因为如此，我们讲公共关系的历史不是从古代的希腊、罗马或中国的春秋战国讲起，而是要从公共关系作为一种社会分工，作为一门独立的学科，作为一种独立的社会职业讲起。

二、近代公共关系的产生

近代的公共关系萌芽于当时政治、经济、文化事业比较发达的美国。1641年美国的哈维特大学派出"三人宣传团"去英国执行"乞讨使命"，他们印制了第一批利用公共关系筹集的资金的宣传手册——《新英果实》。

可以说美国的公共关系起源于北美殖民地人民反对君主专制、争取独立的斗争。当时的领袖们都是很好的公共关系宣传家。他们利用报纸、小册子、传单、制造事件、集会、辩论等宣传独立的主张。其中的代表人物是塞缪尔·亚当斯(Samule Adams)。他的一些理论与做法对今天的公共关系事业依然是很有借鉴价值的。亚当斯认为"所有的人受感受支配的程度比受理智支配的程度大得多"。由此，他认为"公共舆论来源于事物的进展以及公众观察事物进展的方式"(绝不是仅仅取决于客观事物本身)。亚当斯是一个积极进取并有一套成功技术的"公共关系"专家。他在没有公众的条件下，会创造出一些事例来取得公众的支持，进而实现自己的目标。

这些技术在组织北美13个州抗英斗争中发挥了巨大的作用，主要表现如下。

(1) 一个组织完成某项行动的需要可能通过一个公共关系活动来实现，如1766年在波士顿组织的"解放之子"和1755年同是在波士顿成立的"公众反应委员会"等。

(2) 在宣传技巧上使用徽记，如用"解放树"等来增强公众的认同感，使之容易辨认和诱发公众的情感。

(3) 使用口号可以使复杂的问题变为易认易记的形式，来反复增强公众的观念，如"征税而无抗议就是暴政"。

(4) 抓住事件引起公众注意，引发讨论，由此使原来没有形成的公众舆论明确化，如"波士顿茶俱乐部"。

(5) 重要的是首先在一个事件中使自己的观点与公众相一致，这样对事件的解释便可以为公众接受，如"波士顿惨案"。

(6) 为了最大可能开展公共关系活动，必须运用公共关系技术和利用各种沟通渠道向公众渗透新的思想与观点。从1750年到1783年的34年中，亚当斯等人共印刷出版了1500多种攻击英国统治的小册子，其中有不少是亚当斯自己撰写的。亚当斯还煞费苦心地建立了13个殖民地的通信网络——通信委员会，借此网络通报英国统治者的胡作非为，并保持了13个州的经常联系。

亚历山大·汉密尔顿(Alexander Hamilton)的最主要贡献是领导了一场争取宪法获得批准的运动。1787年10月至1788年4月，在美国面临如何立国的关键时刻，汉密尔顿连续发表了一系列效果显著、影响深远的文章，巧妙地引导了当时的舆论，使得宪法得以批准，促成美国联邦制的实现。历史学家认为这次活动是"历史上最出色的公共关系工作"。

最早的政府公关和竞选的宣传职能出现于安德鲁·杰克逊(Andrew Jackson)时代。这个时期公关活动的主要代表人物是艾默斯·肯德尔(Amos Kendall)。在19世纪20年代末30年代初，普通的公民开始拥有选举权，公众的政治兴趣迅速萌发，新闻界作用日益明显。

杰克逊是一位军事英雄，也是一位重视知识分子的国家元首，他聘请学者和记者成立顾问团(brain trust)为其出谋划策。肯德尔就是智囊团中的一名记者，他担任杰克逊的竞选活动专家和公共关系事务专家，负责安排接见记者，为总统撰写演讲稿和新闻稿，负责总统的公众舆论，进行民意测验、新闻分析，创办了美国政府最早的机关报——《环球报》，作为政府的喉舌来报道、解释政府的政策，并逐步发展起一套白宫对外宣传的方式。

在这一时期还有几件与公共关系密切相关的事情发生。1842年哈里斯·伯格(Harrisberg)组织的《宾夕法尼亚人报》和罗利(Rory)组织的《明星报》印制了一些民意选票寄给读者，以预测总统竞选的结果，这是最早的公共关系调查。1860年出现了新闻代理人，这是新闻与实业相结合的时期。1822年,美国的伊顿(Eaton)在耶鲁法学院发表"公共关系与法律的责任"的演讲,被认为是有关公共关系的最早的演讲。

"公众第一次承认公共关系是1899年"。该年交流电发明家乔治·威斯廷豪斯(George Westinghouse)首先组织了现代意义上的专门的公共关系部门,他聘请匹茨堡的记者E. H. 海因希斯(E. H. Heinriches)作为他的新闻顾问,成功地使交流电为社会所接受,这是企业"公共关系"的典型。

第二节　公共关系产生的历史条件

现代公共关系产生于20世纪初期的美国并不是偶然的,它是当时美国及资本主义社会的基本矛盾以及经济、政治、科学技术和文化等社会历史条件发展到一定阶段的必然产物。为了真正全面而深刻地把握和理解现代公共关系的精髓,我们有必要联系社会历史条件进行具体分析。

一、经济基础——商品经济的充分发展

商品经济的出现是公共关系产生和发展的经济基础。在商品经济条件下,整个生产活动都是社会化的,人们生产的产品主要用来交换以实现其价值。市场交换实现后,人们生产的产品和劳动才能得到社会承认。于是,无论是个人或社会组织,只有通过自觉的努力才能得到社会的认可和支持,才能为自己创造一个良好的生存和发展环境。

封建社会的经济模式是自给自足的小农经济,生产组织方式以家庭为基本单位,以村落为活动区域。这种环境下的社会联系是以血缘、地域、婚姻为主要纽带的人际关系。这种关系的突出特点是:非常狭隘、相对固定、极端封闭。受经济水平的限制,这种特点一直延续到资本主义社会前期。

南北战争之后,美国北方的工业经济与南方的种植园经济归属于同一政府管理,社会环境趋于稳定。政府的有效管理促进了国内市场体系的健康发育。19世纪末到20世纪初,在工业革命的基础上,商品经济得到迅速发展。商品经济社会以社会化生产、社会化交换为其重要特征。任何社会组织都需要得到社会的广泛承认和整体支持,才能生存和发展。这便成为公共关系兴起的必要条件。

在商品经济的发展过程中,市场形式经历了由"卖方市场"向"买方市场"的逐渐转变,在生产力尚不发达的资本主义前期市场中供小于求,供求关系的不平衡,使销售者可以趾高气扬、态度恶劣、肆意妄为、任意涨价、无视公众,根本不能体现自由平等、互惠互利的交易原则。在这种以卖方市场为主导的情况下,卖方完全可以不考虑公众的需求,因此也就不需要公共关系。但随着生产力的提高,产品供给日渐充分,市场上的供求关系发生了根本性的转变。消费者有了更多的选择优势,可以根据产品质量、价格、服务以及人情关系等条件决定向谁购买所需商品。在这种以买方市场为主导的情况下,作为卖方的企业或商家必须主动与买方联络感情、建立关系,才能有效地维持生存和发展。因此,搞好公共关系,增进组织与公众的相互了解,提高组织声誉就显得越来越重要了。

美国进入资本主义垄断时期后，垄断资本间的竞争广泛、深入地影响着整个社会，不仅使生产结构和人际关系发生了迅速变化，而且使市场体制也发生了深刻变化。在经济活动已经由以生产为中心转变到以市场为中心的情况下，一个企业或部门能否更好地生存和发展，不仅取决于产品的质量，更取决于适应市场、开拓市场的能力，换句话说，就是看其能否争取到广大消费者或社会舆论的支持。越来越多的企业管理人员认识到了市场机制的重要作用。这在客观上促使了企业通过开展公共关系活动与社会各界和广大消费者建立相互信赖、相互合作的关系。

总之，市场经济取代小农经济，买方市场取代卖方市场，以市场为中心取代以生产为中心，成为公共关系在美国兴起的经济基础。

二、社会基础——民主政治制度的产生

社会政治生活的民主化及民主政治制度的产生是公共关系赖以产生和发展的政治条件。从封建社会进入资本主义社会是人类社会民主化进程中的一个重要里程碑。

在专制独裁的封建社会里，统治者依靠高压政策、愚民政策实施封建专制和独裁统治，民众既不需要关心政治，也无法干预政治，公众舆论不可能对社会进程产生重要影响。在政治生活以"民怕官"为主要特征的封建社会里，公共关系是没有任何用处的。

在机器化大生产的工业社会中，政治生活的核心是民主政治。在民主政治条件下，公众的社会化程度逐渐提高，社会联系日益紧密，共同意识逐渐增强，民主意识趋向强烈。有组织的社会公众越来越强烈地要求了解和参与政治生活，舆论对政治行为的影响力也越来越大，成为政治生活中不可忽视的力量。政治运动促进了资本主义工业社会民主政治的进一步发展。民主政治的重要标志是政治必须体现大多数人的意愿，满足大多数人的要求。这就需要有与此相应的民主制度作为保障。这在美国主要是通过代议制、纳税制和选举制实现的。

代议制是各种利益集团推选出自己的代表来进行公共事务的决策与管理，这是民主政治的基本体现与保证。而促使民众关注并参与公共政治的动力，则主要来自经济上的"纳税制"和政治上的"选举制"这两种民主化制度。

纳税制促使纳税人有权了解政府的政治运作情况，由此产生关心并参与政治的需要。纳税制也迫使政府有义务将政府决策与事务运作情况定期向纳税人公布或报告，接受纳税人的监督。

选举制赋予民众知情权、议政权，要求政治具有透明度。公众需要通过认真比较、精心挑选能真正代表自己意愿的人物去行政、执政，并且有权监督自己的代表能否准确地反映自身阶层的利益和意见。对于被选举者来说，为了获得或保住"席位"，更需要及时倾听民众的呼声，关注和解决民众关心的问题。

由于代议制的民主政治在经济上依靠税制来支持，在政治上依靠选举制作为保障，这使当权者不得不重视与社会各界公众的关系。

在这种民主政治的社会中，其政治生活的特征表现为"官怕民"。政府机关、社会公共组织与公众之间主要体现为服从关系，此外，还有民主协商、民主对话、民主监督的关系。

美国作为资本主义国家的后起之秀，与当时的其他资本主义国家相比较，其政治体制

的民主色彩更为浓厚。经过独立战争、南北战争(废奴运动)，到 20 世纪初，美国确立了比较稳固、比较民主的三权分立的政治体制。民主政治取代专制政治，成为促进公共关系兴起的政治基础。早在 1791 年，美国通过了《人权法案》，强调新闻、舆论自由，为公共关系的兴起提供了政治民主保障。

三、技术基础——传播手段和通信技术的进步

传播手段和通信技术的进步是现代公共关系兴起的物质基础。20 世纪初，科学技术在美国迅速发展，尤其是交通工具和传播手段的现代化为现代公共关系的产生和发展提供了有利的物质条件。

在农业社会中，由于受经济生活、科技水平以及传播手段的限制，社会公众的社交范围是非常狭小的，人们基本上处于与世隔绝的封闭状态。在规模较小、变化缓慢的自然经济中，人们没有进行广泛交流、相互沟通的迫切需要。即使具备沟通的愿望与需要也受到交通工具和传播手段的限制。

在工业社会中，商品经济逐渐发达，科学技术突飞猛进，交通工具和传播手段日新月异。火车、轮船的发明改善了交通条件，电话、电报的应用优化了传播手段，印刷技术的提高使报刊遍及千家万户。各种大众传播媒介的迅速发展和广泛应用，为人们进行广泛而深入的相互交往提供了方便。日益精细的社会大分工，使人们之间、组织之间产生了纵横交错的复杂关系，同时也产生了相互沟通、彼此交往的迫切需要。

传播手段和通信技术的进步与普及，使地球的半径在"逐渐缩小"，人们确实有了"天涯若比邻"的感觉。

1906 年，美国官方无线广播电台首次对外播音，使新闻传播媒介跨出地区，越过国界。此后广播、电视、报纸、杂志等传播媒介在现代生活中日益发挥出巨大的作用，也为大规模的公共关系的开展提供了重要的技术和方法。在席卷全球的新技术革命中，微电子技术的应用，进一步更新和完善了现代传播手段。运用这种技术的组织机构能够更准确、更迅速地与各类公众建立关系，沟通信息，形成有效的信息反馈网络，从而使公共关系得到更为迅速的发展。这是公共关系迅速兴起的重要技术条件。

四、文化基础——现代管理理论的发展

美国是由许多民族的移民组成的国家，国民思想中具有很强的平等意识与群体观念。"地理大发现"后，西方殖民者开始向美洲移民，最早到达美国这块土地上的是一批在英国受迫害的清教徒，其后，其他民族也不断移民迁居这里。客观地说，这些人中的绝大多数具有较强的平等意识，他们都希望在新的天地建立新的国家，谁也不愿任人宰割、受人奴役。移民来自不同的国家和地区，由于民族不同、语言不同、习俗不同，很自然地形成强烈的群体观念。独立战争后，美国成为一个独立统一的国家，原先被分割的各个殖民地在政治、经济和思想文化上出现了大融合。各个社会组织之间、组织与其公众之间有计划、有目的的沟通和协调，为公共关系首先在美国兴起奠定了思想基础。

由移民组成的美国，其文化体系中有三个突出的特性：个人主义、英雄主义和理性主义。个人主义的典型表现是富于自由浪漫的色彩；英雄主义的典型特点是富于竞争的精神；理性主义的明显标志是遵规守法，崇尚教条，重视数据和实效。管理科学的祖师爷泰罗(Taylor)的思想及其制度，就是理性主义的典型代表。

泰罗是美国19世纪末和20世纪初盛行的科学管理运动的创始人，人们称他为"管理科学之父"。泰罗的科学管理工作是他在一家钢铁公司当工长时开始的。当时工厂里有很多人工作效率很低，工资制度是多劳不多得，工人尽量少干，只要过得去就行。有些工作虽然实行计件制，但在工人产量上升后雇主就降低计件单价，结果谁也不愿意超过定额。泰罗本人是个技工，深知工人的生产潜力，他们的实际产量只为所能达到的产量的三分之一。真正的困难在于没有人知道一个人做多少工作是合理的。那时候雇主往往是靠一般的印象或通过观察来指定一个所谓合理的工作量。泰罗在对其进行研究时，雇佣了一个年轻人用秒表来测定工人每一项工作(包括许多组成部分)的每一个动作所需的时间，得出完成该项工作所需的总时间，这就是泰罗制的时间研究和动作研究的开始。泰罗制的核心是通过时间和动作的分析、研究，强调一切活动的计量定额，强调严格的操作程序，甚至连手足动作的幅度、次数都要计算限定，"人是机器"是这一时期最典型的口号。他将人看作机器的一部分，颠倒了人与机器的关系，使手段异化为目的，这种机械的唯理性主义的管理，虽然在一定时期内取得了显著的高效率，但同时也使劳资矛盾日趋激烈化。因此，泰罗制理论的特征是把劳动者视作"机器人""经纪人"和"完全理性人"，对人性的管理过于简单化，在其管理过程中，基本上找不到开展公共关系的依据。

在20世纪20年代末，由主持"霍桑实验"的哈佛大学教授梅奥(Mayo)创立的人群关系理论和40年代末崛起的行为科学理论，最早为公共关系的产生及成长提供了理论依据。人群关系学针对科学管理学提出的"经纪人"而提出了"社会人"的概念，认为人并不单纯是为经济利益而生存的，除了经济动机外，还有其他的社会动机。

人群关系学理论与行为科学理论的共同精神是：组织的管理活动应由原来的以"事"为中心发展到以"人"为中心；由原来的对强制性纪律的研究发展到对自觉性行为的研究；由原来的监督管理发展到动机管理；由原来的独裁式管理发展到民主领导的管理。这些观念的形成，从理论上为开展组织内部的公共关系提供了依据。

另外，20世纪以来的社会学、心理学、传播学等现代学科的发展，也为公共关系提供了理论武器。特别是社会系统理论的建立，从理论上验证了为组织建立良好的外部公共关系的必要性。这样，在现代管理理论中，公共关系内求团结、外求发展的职能都找到了理论依据，得到了理论说明，这为在实践中推行公共关系建立了理论基础。

第三节　当代公共关系概况

一、国际公共关系的发展现状及其趋势

第二次世界大战后，美国的公共关系热波及全球。20世纪40年代进入加拿大、西欧各

国及日本等经济较发达的国家；50年代进入澳洲、新加坡、巴西、中国香港、中国台湾等国家和地区；进入70年代，公共关系已扩及世界大多数国家和地区。国际公共关系事业发展势头强劲，其具体表现如下。

(一)公共关系的职业化程度越来越高

由于公共关系在各行各业中日益发挥着神奇功能，它已成为一种独立的、时髦的、热门的职业。在国外有人将公关人员、医生和律师并称为三大自由职业者。20世纪80年代美国统计最富竞争力的20项职业中，有8项与公共关系有关。"美国99在线"于1999年统计的"21世纪最需要的职业"中，公共关系排名第十。在公共关系最发达的美国，每年从事公关活动的人员都在不断增加。除了专门的公关公司外，美国有85%～90%的企业都设有专门的公关机构，还外聘公关顾问，每年公关预算达几十亿美元。1999年5月，在由我国劳动与社会保障部正式出版发行的《国家职业分类大典》中，正式把公共关系列入其中，这标志着我国正式承认公共关系这一职业。

(二)公关人员的素质和社会地位日益提高

在西方发达国家，从事专职公关工作的人员绝大多数有较高的学历。1977年，美国公关从业人员中本科生占54%，硕士生占29%，他们中40%主修新闻学、传播学、经济管理学、市场营销学、广告学等专业。1960年美国人口调查局把公关从业人员从编辑和记者中独立出来，这标志着公关人员社会地位的确立。过去公关人员被称为"职业说客"，现在被誉为公关专家。公关人员的社会地位发生了很大的变化。据报道，美国的公共关系从业人员认为自己的职业地位要比新闻记者、广告设计师、飞行员和商品推销员高，不低于律师、工程师、物理学家和大学教授。

(三)公共关系的服务范围和功能不断扩大

早期的公共关系主要是为营利的工商企业提供服务，着重为企业产品进行推销宣传，处理客户意见；而现在的公共关系的服务范围已扩大到政治、文化、教育、科技、环保、金融等各种领域，其职能已发展到双向传播、协调关系、提供咨询、整体形象塑造等方面。由于公共关系服务范围和职能的扩大，使其在社会中发挥的作用越来越广泛，一些大的公司不仅服务内容广泛，而且活动范围已打破国界，如博雅公司、宣伟公司、伟达公司、爱德曼公司等。

(四)公共关系的教育研究日益发展

在西方国家，许多大学都开设有公关课程，培养公关学士、硕士及博士。如美国大约有400多所大学开设公关课程，有90多所大学设立公关专业硕士学位，10多所大学设立公关专业博士学位。公共关系在美国已成为一门成熟的学科。在科研方面，美国有三家公关周刊和两家公关杂志专门进行公关研究，有数百家专业通信机构，出版物达5000多种。在英国也有不少公关刊物，如《公共关系》《公共关系简报》《公共关系年鉴》《国际公共关系协会评论》等。总的来说，西方发达国家的公关教育与研究发展比较快。

(五)公共关系国际化程度越来越高

由于国际间的政治、经济、文化、科技等方面有着广泛的交流与合作，各国日益重视运用公共关系来沟通信息，协调关系，树立国际形象，争取支持。这种现象和趋势加快了公共关系在世界范围的传播和发展。从1955年国际公关协会成立到现在，已有150多个国家和地区的760多个团体会员，并先后召开多次世界公关大会，对公共关系理论和实践进行了广泛的国际交流。

如今各国都面临着一些全球性挑战，比如人口膨胀、战争、恐怖组织、经济发展、核武器、艾滋病、毒品与走私、环境污染等。这些问题光靠某一个国家和民族的力量已难以解决，需要加强国际之间的交流与合作。公共关系在这一领域的运用，大大提高了公关的国际化水平。

总之，公共关系在世界范围内得以迅速普及和发展，既证明了社会的发展和进步，也证明了公共关系自身的实用性和价值。

二、公共关系在中国的兴起与发展

公共关系是舶来品，它是随着中国改革开放而开始进入中国大地，并随着改革开放的逐步深化而获得不断发展，蔚为大观。此前中国台湾、香港、澳门地区当然也有公共关系活动，但由于众所周知的历史原因，皆未对中国内地产生什么影响。公共关系传入中国内地后，自然有一个接受、扎根、发展的过程，但限于篇幅，这里只能就以下几个方面做一个概述。

(一)公共关系实践

1980年，中央批准在广东省的深圳、珠海、汕头建立经济特区。不久，在深圳开办的一些"三资"企业(如酒店、宾馆等)都先后设立了公共关系部。这种从未见过的海外管理新模式，逐渐引起一些内地企业的好奇与关注。在虚心学习国外先进管理经验的思想指导下，1984年9月，第一家公共关系部在国有企业广州白云山制药厂诞生了。这是公共关系正式引入中国企业的标志。之后，随着改革开放的深入，特别是邓小平同志1992年南方谈话后，社会主义市场蓬勃发展，公共关系更是在中国大地迅猛崛起。现在可以这样说，无论是长城内外，还是大江南北，中国的绝大多数企业都开展了公共关系活动。而且，这一活动还扩及政府部门、事业单位、社会团体及社会性个人等领域。20年来，公共关系在中国的发展虽然还存在着地区上的不平衡，在具体操作时也有水平高低的差别，但总的表现都在不断进步之中。如以北京、上海、广州、深圳等地为例，完全可以说，这些地区的许多公共关系活动，从创意、策划，到具体的方法、手段，其水平都不亚于亚洲先进水平。总而言之，通过20年来的公共关系实践，中国的公共关系事业已有了长足进步，并取得了巨大成效。

(二)公共关系教学与培训

自从20世纪80年代初公共关系传入中国内地后，社会上，特别是企业界便很自然地有录用这方面专业人才的愿望。于是，1985年得改革开放风气之先的深圳大学传播系便率先开办了国内第一个公共关系专业，同时招收了首届公共关系专业的大学生。同年，复旦大学新闻系也专门开设了公共关系课程。不久，中国科技大学、同济大学、中国人民大学等也相继开设了这门课程。截至1999年年底，据不完全统计，全国大专院校中，开设公共关系课程的已有1000余所，而开设公共关系本科及专科专业的，也有30余所。此外，各地一些电视大学、职工大学、党校、函授大学等，也开设了公共关系课程或专题讲座。至于一些企业委托或聘请公共关系专业教师、专家为他们培训员工，那就更是非常普遍了。这样算来，在全国范围内，受过公共关系专业学习及培训的学员，人数相当可观。

(三)公共关系科研与著述

这方面的成果是在公共关系实践及教学和培训的基础上取得的。1984年2月，《经济日报》在报道广州白云山制药厂开展公共关系的经验时，专门配发了一则题为《研究社会主义公共关系》的社论，由此而拉开了国内公共关系科研与著述的序幕。此后十多年来，除陆续发表的公共关系研究论文外，还不断有公共关系著述出版。据粗略统计，包括教材、专著、译著、案例、手册、辞典、论文集在内的各种公共关系著述已达四五百种，范围已涉及公关原理、公关媒介、公关礼仪、公关实务、公关调查、公关策划、公关心理学等多方面，其中较有代表性的著述有居延安的《公共关系学导论》(上海人民出版社，1989年)，廖为建的《公共关系简明教程》(中山大学出版社，1989年)，张云的《公关心理学》(复旦大学出版社，1992年)，翟向东主编的《中国公共关系教程》(中国商业出版社，1994年)，李道平的《公共关系协调原理与实务》(复旦大学出版社，1997年)等。此外，各种规格的公共关系专题研讨会也进一步推动了公共关系的科研与著述。

(四)公共关系协会与报刊

1986年11月6日，中国内地第一个省级公共关系组织——上海公共关系协会成立。次年5月，中国公共关系协会成立。此后，几乎各省、市、自治区及一些大中城市也都陆续成立了同样的群众团体。正是在此基础上，中国的公共关系事业日益走向规范化、职业化，其学术理论水平也不断提高，并积极推动了公共关系在实践工作中的发展。如继1988年年底在杭州召开全国首届省市公共关系组织首席会议研讨"公共关系热"之后，公共关系规范化、职业化的问题就引起了大家的广泛关注。次年9月，在西安召开的第二届全国省市公共关系组织联席会议上，就拟订出《中国公共关系职业道德准则》(草案)，并在1992年于武汉召开的第四届联席会议上正式通过。中国公共关系协会在促进公共关系学术水平提高方面发挥了很大作用。十几年来，他们陆续在河北、北京、上海、福建、山东、深圳、陕西等地召开了公共关系学术研讨会，每次会议都有一个中心议题，如公共关系与社会发展、公共关系与社会开放、公共关系与经济建设、中国公共关系特色、公共关系教学等，对公共关系学科建设起了很好的促进作用。

人类正进入一个新的千年,中国的改革开放也正在向纵深发展,完全可以相信,在这种新的历史背景下,中国的公共关系一定会持续发展,并走向成熟。

思 考 题

1. 在古代是否已有公共关系?为什么?
2. 亚当斯的理论对我们有什么启示?
3. "报刊宣传运动"对现代公共关系的产生有什么意义?
4. 公共关系产生的历史条件是什么?
5. 我国为什么也要开展公共关系?

第三章

公共关系的职能和原则

【学习目标】

了解公共关系的各种主要职能及基本原则,在此前提下能够根据组织内外部的公众环境与公众的特点,积极有效地开展公共关系活动。

第一节　公共关系的职能

公共关系的职能是指公共关系对社会组织及对个人、对整个社会所承担的职责和所发挥的影响。公共关系的职能是多方面的，一般具有如下功能。

一、采集信息

20世纪，人类就已进入信息时代，21世纪信息比20世纪发挥着更加重要的作用，信息已成为一种战略资源、生产力、竞争力，是任何社会组织获得良好的社会效益和经济效益的关键，谁能及时掌握有价值的信息并加以运用，谁就能在激烈的竞争中赢得优势。组织所面对的信息非常广泛，包括经济信息、政策信息、社会环境信息、竞争对手信息等，对于那些参与国际市场竞争的企业来说，世界各国的政治、经济、文化、民族风俗习惯等信息尤显重要。有时一个表面上看似无关的信息，却可能对市场营销有着重大影响。日本丰田汽车成功进入美国市场就是一个典型的例子，该公司非常注意从各种途径了解中东各方冲突的情况，他们一方面通过外交渠道，另一方面专门派人到中东进行考察，收集有关中东局势的情报，通过对收集资料的整理分析，得出结论：20世纪70年代中叶，中东必然会爆发一场新的战争，而美国会一如既往地支持其盟国以色列，致使阿拉伯国家对美国实行石油禁运，连锁反应是，美国国内石油能源短缺，燃料价格暴涨，政府实行限额供应，将影响以石油为能源的汽车行业。据此结论，丰田汽车公司大力研发节能型汽车，1973年中东战争爆发，石油大幅度涨价，高耗能的汽车滞销，丰田汽车公司将其小型节能型汽车投放美国市场，成功打开了美国市场的销路。

组织所面对的信息非常广泛，许多信息由专门的信息部门、智囊部门、决策机构进行收集，公关人员收集的是与本组织形象和声誉有关的信息。

1. 产品形象信息

产品是组织的缩影，组织的存在价值通过其产品被人接受和喜爱而得到确认。收集产品形象信息也就是要了解组织所提供的产品在各类公众，特别是用户心目中的形象，了解产品在公众中享有的知名度和美誉度。

(1) 产品知名度信息。知名度是被相关公众认知和了解的程度。产品知名度信息包括：公众对品牌商标的认知率、对产品功能和外观特征的了解程度、对产品包装的形象、对产品广告的记忆等。有了一定的认知和了解，公众对产品才有进一步的评价意见。

(2) 产品美誉度信息。美誉度是产品被公众喜爱、赞誉、信赖的程度，以及由此而产生的被消费者接受和需要的程度。美誉度以知名度为前提，但知名度本身并不意味着美誉度。所以了解产品形象还要进一步了解产品在公众中的美誉度，即公众对产品质量、性能、款式、包装、价格、售后服务等评价的好坏。

2. 组织形象信息

一个组织的形象不仅反映在产品上，还反映在公众对组织的其他要素的评价方面。如：

公众对组织的方针政策、经营行为、管理水平、技术和人才实力、环境特色、人的精神风貌、对社区的参与、对社会的关怀等方面的印象和评价，也是组织公众形象的重要内容。组织公众形象就是组织的整体素质和实际表现在公众心目中的认知与评价，也同样反映为知名度和美誉度两个方面。

(1) 组织知名度信息。产品的知名度未必完全等同于组织的知名度，组织形象的知名度信息除了产品品牌商标的认知率外，还包括组织名称和标志的认知率，组织主要领导人的知名度，对组织历史和现状的了解程度，对组织的政策和行为的知晓程度等。有的企业生产的产品广为人知，但由于不注意宣传企业，或由于产品的品牌与企业名称脱节，致使企业缺乏知名度，公众不了解生产这些产品的企业，甚至将其混同于其他企业。而某一种具体产品的市场寿命是有限的，随着产品变更或退出市场，如果没有企业的知名度，新产品就无法借助于企业的市场影响力而较快投入市场，开拓新产品市场的传播费用就比较高。例如：杭州市医药行业有两家企业，一家叫"杭州第二中药厂"，另一家叫"杭州第二制药厂"，名字仅一字之差，第二中药厂因"青春宝"产品知名度较高，而第二制药厂由于生产西药和西药原料，知之者甚少。第二制药厂业务员外出联系业务时，常引起对方的误会，基于这种现状，第二制药厂决定改名，并利用这一机会开展公共关系活动。他们首先在报纸上刊登广告，公开征集新厂名，短短时间内收到 17.5 万封厂名建议信。接着，从中挑选十个有代表性的厂名，又通过报纸向广大公众征求意见。最后，从中选出了厂名。借助这次公关活动，第二制药厂把新名称顺利地介绍给了大家，极大地提高了企业的知名度。

(2) 组织美誉度信息。组织的美誉度是公众对组织信赖、支持、拥护的程度。包括公众对组织的有关方针政策、组织活动和行为、组织的领导人及其他人员的素质等的评价。

3. 组织运行状态及其发展趋势的信息

这类信息包括内外两方面。从组织内部来说，要把握组织自身运行情况及与组织预定总目标之间的差距，以及它可能的发展变化趋势。从组织外部来说，一方面要了解目标公众变化的信息，目标公众的性质、数量、形式、范围会不断产生调整和变化，公众环境变化，必然导致公共关系工作目标、方针、政策、手段等相应地变化。因此，一方面，需要从动态发展的眼光来认识自己的公众对象，随时掌握公众变化的情报资料。另一方面，要把握社会环境变化的信息，帮助组织了解社会各方面的动态，包括社会政治动态、经济金融信息、文化科技情报、新闻舆论热点、时尚潮流变化等动态信息，注意分析其对组织的直接和间接影响，并充分利用环境中的有利因素和有利时机，及时避免环境中不利因素的影响。

二、咨询建议

(一)咨询建议及其意义

所谓咨询建议是指由专门业务人员就某个或某些问题向决策层提供可靠的情况说明和意见，从公关角度讲，是指公关人员向决策管理部门提供有关公关方面的情况和意见。

现代组织面临的情况是极其复杂的，过去那种单靠领导者依据个人经验来进行决策的情况已经很难适应当今的市场环境，这就需要组织的各个管理机构尤其是公关部门向决策者提供建议和意见，促进组织决策的科学化和民主化。具体讲述如下。

1. 为决策者提供各种决策信息

信息是决策的基础，只有在获得大量信息的基础上才能选择达到目标的可靠方案。由于公关人员与各类公众的交往十分广泛，因此能为决策开辟广泛的信息渠道，建立各种信息来源，收集各种信息，包括广泛的外源信息(主要包括国内外的政治形势、经济形势、国家的方针、政策、法令，市场竞争及对手的情况、社区情况、协作组织情况、科技发展情况等)和内源信息(主要指组织的技术力量、设备条件、人员素质、管理水平、财力、竞争能力、市场占有率及分布、目前存在的弱点及其原因、研究和开发的成果等)。根据决策目标，公关人员把各种信息整理、归类、分析、概括，提供给最高管理层或各个专业部门作为决策的客观依据。

2. 协助决策者拟订和选择决策方案

决策方案是实现决策目标的各种方法、措施的总和。有时决策者要选择一个理想方案也不是一件容易的事。如果在众多的方案中决策者无法定夺，则应该听取有关专家尤其是公关顾问的评议，然后再确定可选择的方案；如果组织的决策目标与公众利益息息相关，那就不能仅仅依靠专家和决策者的意见，而应当邀请公众代表与决策者、专家一道进行评议，听取公众站在自身立场上对该方案的评议，从而得到较全面、客观的结论。

(二)咨询建议的内容

从公共关系角度讲，咨询建议主要包括以下几方面内容。

1. 公众的一般情况咨询

这类咨询是任何初具规模的公关机构的经常性工作。这方面的咨询内容具体包括诊断组织存在的问题，各类公众对组织的印象和评价，消费公众对组织产品的反映，公众对组织的期望等。这类咨询是可以定期的，也可以是不定期的。咨询的目的是要让组织的管理者及时了解和掌握公众的一般情况，以利于调整组织的政策和行为。

2. 公众的特殊情况咨询

特殊情况是指组织与公众的关系紧张、恶化，或发生恶性突发事件等。公关人员此时应提供与该事件相关的情况说明和意见，帮助组织渡过难关。

3. 市场动态和公众心理的预测咨询

在现代社会里，市场变化较快，能否迅速预测和把握市场变化的趋势，决定着一个组织能否在动荡的市场中站稳脚跟。为此公关人员要凭借自己广泛的活动和丰富的经验，对市场的动态、公众心理的变化情况进行综合分析，做出预测，并积极主动地向组织的决策层通报。

4. 公众的专门情况咨询

这是指组织拟订举办某一项具体活动，公关人员提供与该活动直接相关的情况说明和意见。如举办记者招待会，公关人员为组织提供新闻媒介近期的宣传动向、记者对本组织的了解情况等，并协助组织安排活动现场，确定出席人员的名单等。

(三)怎样提供咨询建议

1. 成立咨询服务机构

咨询服务部或咨询服务公司实际上是"智囊机构"，为领导层科学决策发挥参谋作用。咨询业在国外非常发达，有的管理部门、信贷单位明确规定，没有咨询公司的可行性报告，不审批、不贷款。如德国政府的内务部就明文规定，政府决策中的一切能公开的项目，必须公布于众，以招标形式委托咨询机构进行预测和评价，咨询的结果由政府部门组成的专家顾问委员会审核通过后，才能付诸实施。我国的咨询业近年来也得到不断发展，有些咨询公司发挥了相当出色的作用，受到了广泛的赞誉。如香港远东贸易公司就投资生产精炼油出口一事征询广东对外经济贸易总公司。广东对外经济贸易总公司承接这一业务后，通过分析各种信息资料，认为这家企业不能生产精炼油，因为生产成本将高于国际市场零售价，出口没有竞争力。香港远东贸易公司接纳了咨询公司的建议，放弃了生产计划，从而避免了损失。该咨询公司还为广州人民造纸厂引进一套造纸设备进行咨询，经过认真分析国际行情，提出可行性建议，为这家企业节约了100万美元的外汇。

2. 参与决策

参与决策是咨询建议的高级形式。在西方国家，许多企业的决策者与公关人员或公关顾问的关系极为密切，凡是企业的重大决策都与公关机构协商，负责公关工作的副经理或公关经理经常参加由总经理主持召开的最高层会议，对公司的主要决策提出意见和建议。如美国电话电报公司的许多高级主管都是从公共关系部门提升的，该公司的一切重要决策未经公关部门研究，不能作出决定。负责公关的副总经理，每月出席由总经理召开的会议。当然公关人员要参与决策，就必须努力工作，要具有很强的敬业精神，广泛征询内外公众的意见和建议，获取大量信息，供决策参考，从而真正发挥参谋作用。

三、协调关系

组织的决策方案一经确立，就进入运行阶段。在运行中，组织必然要同现实环境的各种因素发生关系并产生矛盾，组织与这些因素之间的矛盾的大小，摩擦的多少，在很大程度上决定着组织的运行是否顺畅，因而也在很大程度上决定着组织预定目标是否能顺利实现。

根据运行原理，摩擦是必然的，顺畅是相对的，因此在组织运行中协调各种关系、沟通各种信息以减少同现实环境的摩擦就成为公共关系的又一专门职能。它一般包括内外两个方面。

(一)组织内部的协调沟通

在组织内部，有各种各样关系，概括起来无非是上下级关系和平级关系两类。公共关系首先应该努力协调好上下级关系。任何组织的上下级关系结构都是上小下大的金字塔形式，下级占据多数，如上下级关系不协调，就会产生组织重心不稳的现象。而重心不稳，运行顺畅就无从谈起。因此，公共关系在这里必须发挥承上启下的作用。一方面，公共关系工作人员要经常向领导者反映下级员工的情绪、意见和要求，并提出如何根据下级员工的实际情况调动他们积极性的建议，从而使上级领导不断地了解和把握下级员工情况，及时地调整自己与下级员工的关系；另一方面，公共关系工作人员要积极地做好上情下达的工作，要及时向员工介绍宣讲组织的目标和管理的方针政策，传达领导层的意见和决定等，消除可能产生的误会，使上级领导的意向和组织的现状、发展方向能随时为下级员工所了解，从而能使其自觉地与上级配合工作。

一个初具规模的组织，总是由若干个职能部门所组成的，如生产部门、销售部门、人事部门等。各部门的关系配合是否默契，对于工作效率具有极大的影响。而有时各部门的配合不够默契，往往是由信息不畅通引起的。虽然一般来说协调各部门的关系，不是公共关系工作人员的职能，但如果是由于信息沟通上的问题而造成了各部门的矛盾，那么公共关系工作人员完全有责任去配合领导者协调各部门的关系。当然，他们要做的主要是传播沟通信息的工作，这种工作也并不只是在矛盾产生时才做的，它是一种经常性的工作，在平时就必须加强各部门之间的协调工作。

(二)组织与外部的协调沟通

组织与外部的协调沟通是公共关系最经常的工作内容。组织在其运行中，要与许多外部因素和各种公众发生关系。在一般情况下，公共关系的外部协调工作要把与组织目标直接相关的公众作为协调沟通的重点，因为这类公众作为组织产品的消费者，最有权威对组织及其产品作出评价。在这里协调的方式是多种多样的，其中最根本的一种是反馈信息，即根据反馈信息来调整组织的运行；在其他情况下，公共关系的外部协调工作则视组织运行情况，把影响组织运行因素最大的那部分公众置于考虑的重点，这里，反馈调节也是一种重要调节方式。

公共关系的协调工作主要是依赖传播信息来沟通关系双方的了解和感情，以建立起相互信任、相互合作的融洽关系。在组织运行中，由于各种关系状态不同，公共关系要沟通协调的重点和方法也不一样。

(1) 当双方关系处于和谐状态时，沟通的重点就应当是通过不断传播组织方面的业绩来保持和强化公众方面的良好形象。如美国的南地公司(位于得克萨斯州达拉斯市)是全美第六大零售商，在社会上有良好的形象。但该公司从1981年开始又开展了一项说服自己的顾客、特别是青少年改掉酗酒陋习的社会活动，这一社会活动通过各种传播媒介的宣传，为南地公司赢得了进一步的声誉。由于这方面的工作有着比较好的社会基础，因此如果开展得法，往往能取得事半功倍的效果。不少声誉卓越的组织都深谙此道，常常开展诸如周年纪念等活动来加强自己的社会地位。

(2) 当双方关系处于不和谐状态时，沟通的基点应该首先是解剖组织自身，反省自己的责任，然后才是客观地分析关系状态，并提出改进关系状态的具体意见和措施。双方关系之所以会产生不和，一般有内外两方面的原因。内部原因是组织自身工作没有做好，危及了公众利益，这当然首先要自责，然后根据关系状态的现状，改进自身的运行机制，同时把自己的改进情况尽力向社会作出通报，以期扭转被动局面；外部原因是公众的误解，或他人的陷害等造成了对组织形象的危害，在这里，组织也应当首先反省哪些工作还有漏洞，然后才是在补漏洞的前提下向公众进行必要的解释，以澄清误会，或对他人的陷害，如冒牌产品，予以揭露。

(3) 当双方关系处于不明状态时，沟通的原则首先是用善意的态度来表达自己的明确主张，竭力使对方消除紧张或戒备等逆向性心理因素，为双方的信息交流创造正常平衡的心理条件。这样，就可以避免发生误会和偏见。在此基础上，还应当把双方关系格局中的双方利益关系交代清楚，使对方对关系状态的实质及趋势有个"预存立场"，心中有底，这样，便可减少关系发生后的摩擦。总之，在这种关系状态下，作为公共关系主体的组织，一要向公众(客体)交心，二要向公众交底，努力使他们明白双方关系状况，以利于今后关系的建立和发展。

协调沟通是公共关系最根本的职能，公共关系的其他职能说到底都是为了更好地进行协调沟通而形成的，组织的形象也主要是在协调沟通中建立和发展起来的。

四、宣传推广

公共关系具有宣传推广的职能，即通过各种传播媒介，将组织的有关信息及时、准确、有效地传播出去，争取公众对组织的了解和理解，提高组织及其产品、人员的知名度和美誉度，为组织创造良好的社会环境，树立良好的组织形象。

长城饭店是我国第一家五星级合资饭店，创建于 1980 年，饭店建筑物高 82.64 米，共 24 层，1007 个客房，5 个小会议厅，9 个餐厅和酒吧，还有屋顶花园、室内影院、室内游泳池等服务设施。它的外表全部用玻璃镜装饰，犹如一座水晶宫，豪华壮观。

1984 年年初，得知里根总统访华的消息，长城饭店的经理和公关人员立即意识到，这是一个难得的机会。如能邀请里根总统光顾，将给"长城"带来良好声誉，对饭店前途产生极大影响。于是，他们制订了周密的公关计划，并全力付诸实施。

当时，饭店尚未全部竣工，服务设施不尽完善，公关部人员克服各种困难，夜以继日地做了大量的准备。他们不厌其烦地请美国驻华使馆的工作人员参观饭店，征求意见，不断提高服务质量；接待上百名外国记者，为他们提供材料和通信设备，协助其采访，做到有求必应。经过努力，他们终于争取到了里根总统在长城饭店举行答谢宴会的机会。

1984 年 4 月 28 日，来自世界各地的 500 多名记者聚集在长城饭店，向全世界发出了里根总统举行告别宴会的消息。这些消息，无一不提到长城饭店。于是，长城饭店在全世界声名大振，许多外国人产生了好奇心："长城"是怎样一家饭店？为什么美国总统选择在这里举行宴会？后来，许多外国来宾一下飞机就想到"长城"住宿，于是，长城饭店的生意格外兴隆。据统计，开业的头两年，70%以上的客人来自美国。这不能不归功于极为成功的公关活动。

1989 年，美国总统布什来华访问，长城饭店凭借自己一流的设施和服务质量，又把布什请到了长城饭店，举行了一次盛大的宴会。那年 2 月 26 日晚，500 位宾客在长城饭店与布什总统一道品尝得克萨斯烤肉，这使长城饭店又一次成为了世界各地新闻报道的中心。

作为一家经常接待外国元首的豪华饭店,长城的客人 98%是外宾,这在许多中国人心目中形成"'长城'是洋人出入的地方,中国人进不去"的误解。

为消除这种误解,公关部想出一个好主意:举办一次集体婚礼,每个普通的北京市民都可报名参加,还可带上 15 名亲友。这条消息在《北京日报》登出后,没过几天就名额爆满,来电或登门询问者应接不暇,公关人员忙得不亦乐乎。

当百对新婚夫妇和他们的 1500 名亲友步入长城饭店大厅时,通过中央电视台和北京电视台,亿万中国人收看到了这一盛况,此举受到了人们的广泛好评。新婚夫妇们为在这里举行婚礼而倍感荣幸。此后,许多企业、政府机构、社会团体也在这里举办各种活动,长城饭店在中国人的心目中变得更加亲近了。

公共关系具有宣传推广的职能。尽管公共关系与营销已经分工而成为两个独立的领域,公共关系旨在树立良好形象,强调长远利益而不只是追求近期经济效益,但是,它对营销仍会起到极大的推动作用。"好形象赢得大市场",从这个意义上我们完全可以说,"公共关系是一种无形的推销术"。

过去,营销专家认为营销由四个因素组合而成,即产品(product)、地点(place)、推广(promotion)、价格(price),称为 4P。当代美国最有影响力的市场营销专家菲利普·科特勒(Philip Kotler)提出了"大市场营销观",他不仅保留了原有的产品、价格、分销渠道和促销手段四个策略,即 4P,另外,还增加了两个策略,即公共关系和政治权利,这就充分的表明公共关系与市场营销的联系更紧密了。因此,公共关系是一种富有生命力的组织(企业)营销手段。如果企业具有良好的形象,就应该珍惜并予以保护,因为这是经过长期的努力才建立起来的,是宝贵的财富。企业一旦建立了良好的形象,就能使组织提高产品和服务的价格,吸引优秀人才,获得资本与贷款,也能理所当然吸引更多的消费者,这就增强了企业竞争优势。广告、营销、公共关系"三位一体"的立体式宣传推广活动,已成为现代组织经营的一种新趋势。

另外,公共关系的宣传推广具有指示功能。它通过沟通为产品销售提供充分的有价值的市场信息。一般来说,消费者有知晓、了解、喜爱、偏爱、信服以及促使购买六种反应,这些都需要靠信息传播来实现。长城饭店运用"二抢美国总统"的谋略,提高了自己的知名度和美誉度,又采取组织首都百对青年举办婚礼的手法来消除中国人的心理误区,消除了公众"中国人进不去"的疑虑和误解。其结果是:公众对"长城"产生了特殊的感情,形成了无形的形象吸引力。

五、危机处理

组织危机是组织与公众发生冲突,或出现冲突事件,使公众舆论反应激烈,组织形象受到严重损害而陷入困境的状况。危机处理包括常见的公关纠纷处理和恶性突发事件的处理。无论是一般纠纷还是恶性突发事件,都会影响组织的形象和信誉,甚至危及组织的生存。因此,处理危机事件是公共关系的一项很重要的职能。关于这方面的内容在第十章公共关系危机处理中还要详细介绍,在这里就不再展开了。

第二节　公共关系的原则

公共关系的基本原则是指组织在开展公共关系活动中必须遵循的准则。组织所面对的公众是极其复杂的，不同的组织具有不同的公众，同一组织需要面对不同类型的公众，同一类公众又可能面临不同问题。因此，处理组织与公众之间的关系，没有普遍适用的模式，只有普遍适用且必须遵照执行的原则。

一、实事求是原则

实事求是就是从客观事物中找出其固有的而不是臆造的规律性，作为指导行动的方向。实事求是原则是公共关系工作的第一原则，公共关系人员在其工作中必须以实事求是为基础，尊重客观事实，以实事求是的态度从事自己的工作。

(一)事实是传播的基础

固然，公共关系活动离不开传播艺术和技巧，但如果以为仅凭传播艺术和宣传技巧就能争取公众，树立形象，那就未免太荒谬了。因为公共关系中的传播活动必须以事实为第一性，而以技巧为第二性。因此，任何一个公关机构和公关人员在着手进行某项活动之前，首先必须以实事求是的态度，尽可能全面、客观地掌握事实材料，了解事实真相。不了解事实，公关工作就无从开展。如某酒店配备了宽敞明亮的办公室，漂亮的公关小姐，公关部的经理却发现无事可做。于是，他请来了公关顾问帮助解决问题，这位公关顾问向公关部经理提了一连串的问题："本市有多少家宾馆？总床位是多少？价格水平？每年来本市的外地游客有多少？外国宾客有多少？他们一般住什么档次的宾馆？每年在本地召开的会议有多少？会议时间多长？"这位公关部主任一个也答不上来。公关顾问于是说：你先弄清这些问题，然后，就知道工作该怎样展开了。

公关人员在了解事实时，不要被事实表象所迷惑，必须把握事实的本质，必须善于透过现象看本质，当然，这要求公关人员具有较高的素质。

(二)根据事实确定组织的政策和行动

公关人员了解清楚事实后，应根据事实确定组织的政策和行动方案。对于一些可能影响组织形象和声誉的事实，公关人员在处理事件时，往往处于两难境地。根据公共关系的原则如实公布事实，会影响组织的形象、产品的销售，被组织领导及员工认为胳膊肘往外拐。隐瞒事实或传播虚假信息，从短期看，可以暂时保全组织的形象，但纸终究是包不住火的，如果事实最终通过媒介或其他途径为社会及公众所知，反而会导致组织更大的损失。其实，发现问题，勇敢地承认，及时采取相应措施补救，不仅能得到公众谅解，甚至还有利于树立组织形象。常州阔步鞋店"花钱亮丑记"的事例就是一个很好的说明。阔步鞋店的经理在一次例行检查时，发现柜台上混进了一批假冒伪劣皮鞋，随即下令清理存货，确认已经卖出 8 双。阔步鞋店没有按常规的处理办法,等顾客上门退货,而是使用了一套全新的处理办法。第一,他们在商店门前贴出告示,请购买了假冒伪劣皮鞋的买主前来退货。第二,发动营业员回忆,看能否找到买主。经过这两方面努力,有 7 双鞋的买主前来退货。第三,花钱在当地广播电台播放启事:由于本店不慎,进货时混进了一批假冒伪劣皮鞋,现已有 7 双鞋的买主退了货,希望第八双鞋的买主听到消息后前来退货。消息播出后,鞋店的生意不仅没有受到影响,反而顾客盈门,营业额直线上升,新闻媒体还对该店进行了采访报道。

尊重事实性原则应注意公关艺术和技巧的运用,在不损害公众利益的前提下,可灵活运用公关原则。在一次展销会上,某小厂家展位地点小,位置偏,加之企业没有名气,只见周围厂家签约络绎不绝,自己展台前门庭冷落。厂长无奈,只好出一个"馊点子"试试,一边将几名参展人员扮成客商与之洽谈生意,一边连续挂出"致歉牌":"十分抱歉,本年度下半年货已全部订出""十分抱歉,明年上半年货已全部订出"……人们信以为真,纷纷前来打听这种产品,当得知产品的优良性能后,都希望能"加塞"签订一些订单。自然他们都如愿以偿,厂家的货真的全部订出去了。

二、双向沟通原则

公共关系的重要职能和手段是传播、沟通,而这种传播、沟通不是组织单方面向外发布信息,是指双方相互传播,相互了解,这就是现代公关所强调的双向沟通原则。一方面,组织应通过各种渠道把有关信息告知公众,如借助大众传播、人际传播向社会公众发布信息,使公众了解、理解、支持组织。另一方面,组织也应通过各种途径广泛收集有关公众的信息,及时把握公众的动态。

(1) 社会对话活动。就公众关心的热点问题,组织领导或专业人员利用公众活动的形式和场合,直接征询公众的意见,回答公众的问题,解释有关政策和行为,寻求共识。

(2) 大型公众征询活动。在重大政策出台前,发动广大公众参与主题的讨论,群策群力,集思广益,增加组织与公众之间的双向了解和理解。

(3) 举办开放日活动。定期向公众开放,接待各种咨询、投诉、来访等。

(4) 建立信访和热线电话制度,及时解决公众的问题。

贯彻双向沟通原则应注意以下几个方面。

(1) 双向沟通应具有一定的"共识域",否则,信息无法返回。

(2) 沟通双方应互为角色,即一方是传播者,另一方就是受传者,反之也一样,如此反复,使沟通成为一种良性循环活动。

(3) 沟通双方应根据反馈信息,进行自我调节,不断完善自身形象,达到既定目标。

三、互惠互利原则

公共关系主客体之间存在着利益关系,公共关系不是慈善事业,公共关系主体也不是慈善机构,组织努力建设自身形象,搞好公共关系是有自身的利益追求的。而社会和公众也有其自身利益。组织与公众联系的过程，实际上就是双方彼此谋求需要满足的过程，只有双方都感到自己的利益得到了满足，关系才能持续和发展。这就要求公共关系机构和人员必须奉行在实现本组织目标的同时，也要让公众获益的互惠互利、共同发展的原则。

互惠互利既是公共关系的基本原则，也是公共关系从业人员的一种职业道德。在商品经济高度发达的现代社会，组织离开了公众，也就失去了其存在的价值和可能。公共关系要树立组织形象，必须时时为公众利益着想，把组织的工作目标与公众的社会需要结合起来。目前我国仍有许多组织的领导者根本认识不到这一点。只顾眼前利益、局部利益、自身利益，而不顾公众利益、社会利益，以次充好、以假乱真。2001年全国开展了大规模整顿市场经济秩序活动，各大媒体曝光的一系列事实令人触目惊心，而且相当多都是与人们生活息息相关的产品，诸如在白酒中掺入甲醇、给猪喂食"瘦肉精"、劣质霉变大米、喷了敌敌畏的粉条等。可以说一个组织只注重经济利益，那将是它堕落的开始，也是它迈向死亡的第一步和最后一步。南京"冠生园"食品厂利用霉变的馅料生产月饼，被媒体曝光就是一个典型事例。

公共关系要注重公众利益和社会利益，并不意味着组织放弃自身利益，而是在不损害或维护公众利益的前提下获得组织利益。组织所提供的产品或服务为公众接受的同时，双方利益都得到了实现，如顾客进入商场，商场的商品质量优良，价格合适，营业员服务热情周到，顾客花钱购买了自己需要的商品，这时顾客的利益得到了满足，商场售出商品获得利润，商场的利益也同样得到了满足。公众利益与组织利益不是"你得利我吃亏"的关系，而是互惠互利的关系。

四、开拓创新原则

开拓创新是使一个组织永远保持生命力的重要因素，也是公共关系工作的一个基本原则。任何一个社会组织只有在激烈的市场竞争中不断创新，才能使自己立于不败之地。公共关系灵活性强，一个模式不能反复使用，正如有的公关理论工作者所提出的"敢于创新，才能做到人无我有；善于创新，才能达到人有我新；离开创新，公共关系就陷入绝境"。从许多公共关系的案例中，我们都可以看到一个新颖别致的广告、一种别出心裁的推销方式、一次别开生面的专题活动，都能使公共关系活动出奇制胜，获得意想不到的好效果。

在1915年的巴拿马万国博览会上，茅台酒因包装不精美被忽视，我方工作人员急中生智，故意在大厅中打破一瓶，随着响声，酒香四溢，人们循着香味而来，争相购买，茅台酒一鸣惊人，在世界名酒中为自己争得了一席之地。1996年岁末，青岛第二酿酒厂在青岛市华联、东方等六大商场门前当众把"沽河"瓶装酒摔在地上，以引起人们的注意，此举却引起社会各界的批评和指责，柜台上的酒一瓶也没有卖出，新闻界称此举为"酒厂耍酒疯"。1989年5月，在保加利亚举行的第九届春季博览会上，贵州鸭西窖酒力挫群雄，夺得唯一的一块酒类金牌。这次它不是采用"摔酒瓶"这种东施效颦的做法，而是独辟蹊径，工作人员倒出一大碗酒，放在电风机下，美酒的芳香顿时弥漫整个大厅，闻者无不前往探视。霎时间，参观展览的人们像潮水般涌向鸭西窖酒柜台，围观、品尝、询问，令工作人员应接不暇。

五、尊重人格原则

尊重人格原则是全世界公关从业人员的职业道德准则。公共关系是现代社会、现代文明的产物，它从产生之日起就强调了对人的尊重和重视。世界上许多国家的公关文件都对此作了原则性的阐述。比如，世界上影响最大的《国际公共关系道德准则》(又称《雅典准则》)的第一条就明确指出：公共关系从业人员应努力做到为建设应有的道德、文化条件，保证人类可以享受《联合国人权宣言》所规定的诸种不可剥夺的权利作出贡献。并在第五条中再次强调：尊重并维护人类的尊严，确认每个人均有自己做判断的权利。世界上另一影响较大的《英国公共关系协会行为准则》的第一条也明确指出：各会员在其职业活动中，应尊重公众的利益和个人尊严。

六、全员公共关系原则

全员公共关系(PR)原则是指组织的公共关系工作不仅仅是公关专业人员的职责，而是组织中所有成员共同的责任。组织形象的建立、公共关系目标的达成，仅凭几个公关人员的努力、几次公关专题活动是远远不够的，需要组织内上至最高领导，下到普通员工共同努力。如果其他组织成员与公关人员步调不一致，说法不一样，就算组织的公关人员有三头六臂，组织形象也是建立不起来的。因为组织的每一名成员都处在对外公共关系的第一线，其一言一行都代表组织形象。如电话接线员甜美的声音、礼貌的语言，可以给公众留下深刻的印象；相反，电话打进来经常无人接，接电话态度也相当粗鲁，会给公众留下极坏的印象，因此，公共关系首先必须团结组织的员工，培养员工的公关意识，使其在对外公关活动第一线发挥良好的作用。

思 考 题

1. 开展公共关系为什么要广泛收集信息？主要是哪些信息？
2. 组织目标决策时，为什么要充分考虑公关部门的意见，公关部门如何参与决策？
3. 公关部门在日常工作中要协调好哪几方面的关系？
4. 简要概括宣传推广职能的作用。
5. 现代公共关系为什么要遵循"双向沟通原则"？

第四章

公共关系的主体和客体

【学习目标】

了解公共关系的三要素；理解公共关系主体的特点与范围；能够正确区分公共关系的客体——公众。

第一节　公共关系的主体——社会组织

公共关系离不开主体，没有主体就无法确定是谁和为谁的利益而开展公共关系活动。主体就是活动的发动者、组织者、控制者、实施者和获益者，它在公共关系行为过程中处于主动和主导地位。公共关系的主体是社会组织，尽管有些个人为了某种特殊利益也举办公关活动，如在竞选中的候选人、国家公务员、社会名流等，但他们往往不是以自然人的身份从事公共关系活动，而是以法人代表的身份出现。全面研究组织的行为是社会学的课题，公共关系主要是从公共关系活动的角度，对与组织相关的性质进行一些必要的分析。

一、社会组织的特点

社会组织简称组织，是指由一定的社会成员，按照一定的规范，围绕一定的目标聚合而成的社会团体。它是一个与"个体"相区别的概念，是人们有意识地为实现某个特定的目标，依照一定的结构形式而组成的有机整体。社会组织一般有以下的特点。

(1) 群体性。社会组织是多数人的集合体，是一个团体、群体，而不是哪一个人。也就是说，组织的成员是复数而不是单个。

(2) 导向性。社会组织这个多数人的集合体是靠公共目标来维系的，所有的组织成员、组织的所有活动都必须指向这一共同目标，其行为有较强的目标导向。建立社会组织的目的就是为了达成某个特定的目标，其成员根据目标属性和特定的功能，相互凝聚，结合成群。

(3) 系统性。社会组织成员是不是杂乱无章的"乌合之众"，必须是以一定的规章制度、责任分工相互约束的整体，只有以系统的方式组织和构建起来，社会组织的成员才能合力去达成共同的目标。

(4) 协作性。社会组织都有与实现其特定目标相适应的结构形式，通过这种结构纽带，把分散的、没有联系的人、财、物、时间、信息与环境等诸多要素，在一定范围内联系起来。它要求社会组织成员之间相互协作、相互制约。

(5) 变动性。社会组织是社会发展的产物，它的存在受到社会环境的制约，因此，无论组织的形式还是目标，都不是一成不变的。环境的变化必然带来组织的相应变化，因为组织的存在意义在于完成社会分工任务，这只有通过组织自身的动态运作来实现。

(6) 稳定性。尽管社会组织的成员及其领导者都是可变的，在数量和规模上有不断扩张的趋势，但作为一种活动结构，即将组织成员组合在一起的基本框架总是稳定的，不会轻易发生变化。

二、社会组织的分类

1. 按照社会生活的基本领域分

在我国，较为认可的方法是按社会生活的基本领域来分类，把社会组织划分成以下几种基本类型。

(1) 经济组织。这类组织是为经济利益而组建的,其特点是从事经济活动,具有经济职能,主要包括工商企业、金融组织、交通运输组织、服务性组织等。

(2) 政治组织。这类组织是为某种政治目的而组建的,主要包括政党、工会、共青团、妇联、人民团体等。

(3) 公益组织。这类组织是为了社会公益事业而组建的,主要包括政府机关、军事机关、公安机关、公共事业单位、科研单位、学校、医院、消防队等。

(4) 群众组织。这类组织是由具有共同兴趣的个体组织起来的群体,主要包括群体性协会、团体、学术性组织等。

(5) 宗教组织。这类组织是由具有共同信仰的人们所组合起来的,主要包括佛教协会、道教协会、天主教爱国会等。

2. 根据营利还是非营利、竞争还是独占两大因素分

我们知道,由于社会组织的性质和活动类型不同,因而就会形成不同组织类型的公共关系活动。在公共关系研究中,公共关系学者划分组织类型的目的旨在有利于把握公共关系行为方式和区分公众的类型。基于上述目的,根据营利还是非营利、竞争还是独占两大因素,又可以把社会组织划分为以下四种类型。

(1) 竞争性的营利组织。这类社会组织有明显的经济利益驱动,又是在激烈的竞争中争取公众支持,因此这类社会组织的公共关系意识较强,公共关系行为也比较自觉和主动。工商企业就属于这类社会组织,它们十分注重对消费者进行公关,因为消费者是他们实现自身利润目标、求得发展的根本。这类社会组织一般容易偏重于对那些与市场活动直接相关的公众进行公关。

(2) 竞争性的非营利组织。这类社会组织没有经济利益的驱动,但由于他们需要在竞争中赢得舆论的理解和公众的支持,因此,也十分重视自己的公共关系工作,尽可能广泛地建立和发展自己的公共关系。学校、医院等就属于这类社会组织。

(3) 独占性的营利组织。这类社会组织的产品或服务具有垄断性,即使自己与公众关系不好或形象不良,也能营利。另外,由于这类组织的特殊性,在管理机制上不容易输入公众的信息,但又有营利的动机,因此这类组织特别容易产生违反公众利益的行为。例如,具有垄断性质的电力部门、自来水公司、煤气公司、邮电局等便属于此类组织。

(4) 独占性的非营利组织。这类社会组织不仅没有经济利益的驱动,而且还缺乏竞争压力,因此他们往往会忽略公众,甚至会脱离公众,其公共关系管理工作一般是比较薄弱的。例如,公安机关、法院等社会组织,其内部的成员不是很重视公共关系行为,极易与公众脱离,这会产生误解和不理解,影响到自己的形象和信誉。

这里需要指出的是,有人错误地认为,只有营利性组织才需要开展公共关系活动,因为这些组织以营利为目的,其实并非如此,公共关系并不是对某一类组织有用,对其他组织没有用,任何组织都需要公共关系。其理由是:①每一种组织都需要树立良好的形象,公共关系的主要职能之一就是形象管理和自我调控,只有那些不希望树立良好形象的组织才不需要公共关系;②任何组织都要与各类公众发生关系,需要一定的公众支持,公共关系的重要任务就是创造良好的生存和发展环境,特别是公众舆论的支持;③事实上许多组织尽管没有专职的公共关系人员或公共关系组织机构，但它们都在自觉或不自觉地开展着公共关系工作。

三、社会组织与环境

任何组织都不可能孤立地存在于社会之中，而必须与一定的环境发生关系。公共关系意义上的环境又称社会环境，是指组织所面临的各种社会条件以及各类公众。组织与环境处在不停顿的相互作用中。一方面，每个组织都是环境的产物，一定的环境提供的物质资源、人力资源乃至信息资源，在很大程度上规定了组织的活动性质和范围，组织必须适应环境才能生存与发展；另一方面，组织又并非消极被动地由环境摆布，它可以反过来对环境施加影响，发挥作用，只要这种反作用建立在组织对环境状况的准确把握上。由于环境在本质上是动态系统，它的一个显著特征是具有较大的不确定性。这样，在组织与环境之间就始终存在一个矛盾，即组织目标的确定性与环境的不确定性之间的矛盾。一方面，每个组织都必须确立自己的奋斗目标；另一方面，每个组织又必须使自己在既定目标的过程中，让既定目标与不断变化的环境条件相适应。正是由于这个矛盾，才产生了组织对公共关系的需求。公共关系活动为组织创造良好的公共关系，就可以视为"营造环境"的行为，这是组织对环境的能动作用的具体体现。

为此，一个组织必须具备以下五个方面的能力。

(1) 应变能力。任何一个组织都必须适应环境的变化多端。一方面，组织要适应社会环境的变化，包括市场、社区、政治、文化等环境的变化，并进行相应的整合活动；另一方面，组织要适应内部心态的变化，适时调整组织与成员的关系，使内部环境与外部环境相协调。

(2) 认知能力。任何组织必须要准确认知自己，使内部组织知觉与外部组织知觉相一致。内部组织知觉是指组织对自身的认知；外部组织知觉是指公众对组织的认知。这两种组织知觉有时一致有时背离，这就需要组织准确地加以辨别。

(3) 检查能力。组织必须敏锐地把握发展机会，及时检查出组织内外有利于组织目标的因素，并加以放大；及时剔除不利于组织目标的因素，并且做好善后工作。

(4) 协调能力。一个组织必须有效地调节部门关系、人际关系，消除各种关系冲突，形成有利于组织目标的关系网络。

(5) 结构能力。一个组织必须适时进行组织设计、组织变革和组织发展，才能促进组织的活力，形成较强的凝聚力。组织设计是指岗位的设置、人员的配置、管理层次和管理幅度的变更；组织变革是指成员思想和心理的变革；组织发展是指工作群体关系的变化。一个健全的组织必须满足这三方面的基本要求。

因此，随时收集各种环境的信息，增强组织的各种能力，就成为公共关系部门的一项重要任务。

第二节 公共关系的客体——公众

公共关系工作的对象统称为"公众",因此,"公共关系"也称作"公众关系"。"公众"这一概念在公共关系学中有其特定的含义,正确理解这种含义,树立正确的公众意识,对于科学地理解和把握公共关系工作的实质具有指导性意义。"公众"这个概念在公共关系实践中还具有多种具体的含义,这是制定正确的公共关系政策和措施的重要依据。

一、公众的基本含义

从公共关系学的一般意义上说,公众即与公共关系主体利益相关并相互影响和相互作用的个人、群体或组织。"公众"这个概念涵盖了公共关系工作的所有对象,凡是公共关系传播沟通的对象都可称之为公众。因此,公众是公共关系对象的总称。

"公众"一词在社会科学和日常生活中使用得很广泛。但它在公共关系学中的含义不同于其他学科中的含义,也不同于在日常生活中的含义。比如在社会学中,公众即大众,指社会上大多数人;而在公共关系学中,只有与特定的公共关系主体相关的个人、群体或组织,才被称为公众。又比如,在日常生活用语中,公众并不包括诸如政府机构、企事业单位,而是泛指社会大众,而公共关系可以将政府机构作为公众对象。此外,还有一些相关的概念,比如"人民""群众""人群""受众"等也容易与"公众"概念相混淆,应当注意它们之间的区别。

人民作为一个政治哲学及社会历史范畴,量的方面泛指居民中的大多数,质的方面指一切推动社会历史前进的人们,其中包括劳动群众,也包括促进社会历史发展的其他阶层或集团。

群众与人民相比,其内涵大、外延小。就是说,本质含义很大程度上是一致的。从范围上看,群众包含于人民之中,但其内涵更具体、稳定。人民是个流动性概念,在不同的历史时期有不同的内容,但其主体和稳定的部分始终是从事物质资料生产和精神资料生产的劳动者,这部分人就是群众。

人群作为社会学用语,不一定需要合群的整体意识和相互联结的牢固纽带,凡是人聚在一起均可称之为"群",比如"欢乐的人群""购物的人群"等。

受众是传播学的概念,在新文学、广告学中也通用,其含义与公众很接近,乃至在公共关系学中也经常使用。但在不同的学科或专业,人们也可能用不同的方式使用同一个词,从而使同一个词具有不同的学科含义。比如在广告媒介宣传活动中和在公共关系活动中,"受众"一词的含义会存在微妙的差别。在公共关系领域,正确区别"受众"与"公众"两个概念,不但有助于理解公共关系活动的本质,而且对有效开展公共关系活动有重要意义。从广告的角度讲,受众一词的含义是指一些东西、信息或资料的接受者。因此,受众是天然内在消极和被动的。公众这个词的含义是与一个组织有着内在联系的群体(也可能是个人或组织),而且公众与组织的关系是相互的,公众会给组织施加影响,组织也会影响公众。可见,虽然从信息传播的对象、信息的接受者这个角度,可以把公众和受众看作同义词，但从公共关系的严格意义上讲并非如此。受众天然内在的消极性和被动性是与大多数公共关系活动的目标——激起较强的公众参与相矛盾的。为解决语义上的差异和冲突，公关界已趋向把受众划分为"积极受众"和"消极受众"，公众特指积极受众。

在公共关系学中，公众这个词特指任何被公共利益或共同关系的问题联结在一起的群体。这种群体对组织有着重要的影响，因此成为组织传播交流信息的对象。

综上所述，我们可以把公众的定义概括为：公众是与特定的公共关系主体相互联系及相互作用的个人、群体或组织的总和，是公共关系传播沟通对象的总称。

公众至少包含以下几项基本含义：①公众是公共关系主体传播沟通的对象的总称，它与人民、群众、人群、大众等概念是有区别的。②公众是为相对特定组织而存在的。一个组织诞生了，就意味着与之息息相关的内外部公众形成了；一个组织消失了，也意味着与特定组织相关的公众将消失。当然，这种消失对公众而言是指其所承担的特定组织公众关系身份的消失，并不是公众人身的消失。实际上个人、群体或组织必然同时具有多重的公众身份。③公众是因共同的利益、问题等而连接起来并与特定组织发生联系或相互作用的个人、群体或组织的总和。组织在具体的公共关系活动中面对的既可能是分散的个人，也可能是由个人构成的群体或组织，但这些个人、群体或组织只有因共同的问题或利益而联系起来，并与特定组织发生了关系或相互作用时，才可称之为公众。公众既是个集合性概念，又是个具有指向性的概念。④公众是客观存在的。公众作为主体的作用对象与主体存在着客观的、不以主体的主观意志为转移的关系。

二、公众的基本特征

根据以上的分析，我们可以从以下五个方面来归纳公众概念内涵所规定的特征。

(一)整体性

公众不是单一的群体，而是与某一组织运行有关的整体环境。任何组织的生存和发展都离不开一定的公众环境。公众环境与自然环境、地理环境不同，是指组织运行过程中必须面对的社会关系和社会舆论的总和。这些社会关系和社会舆论范围很广，涉及组织内部和外部，社会的方方面面，而且相互关联，构成复杂。比如一家企业，既有内部的职工公众、股东公众，又有外部的社会公众；不仅包括市场上的顾客、销售商，还包括社区、政府、新闻界、文化界、体育界等有关的团体、组织或个人。对其中任何一种公众的疏忽，都可能导致整个公众环境的恶化。公众环境恶化必然影响组织的生存和发展。因此，首先应该将组织面对的公众视作一个完整的环境，要用全面、系统的观点来分析自己面临的公众。

(二)共同性

公众不是一盘散沙，而是具有某种内在共同性的群体。当某一群人、某一社会阶层、某些社会团体因为某种共同性而发生内在联系时，便成为一类公众。这种共同性即相互之间的某种共同点，比如共同的利益、共同的需求、共同的问题、共同的背景等。这样一些共同点，使一群人或一些团体和组织具有相同或类似的态度和行为，构成组织所面临的一类公众。比如，表面上看相互之间并没有联系的许多个人或团体，因为同处一个社区，都面临着某家工厂的污染威胁，从而使他们的态度和行为具有内在的联系，不约而同地或者有组织地针对该家工厂采取某种共同的行为，从而对该家工厂构成一定的公众压力、舆论压力。可见，公众总是和某一特定的共同点联系在一起的，共同点的性质决定着公众的性质。界定公众首先要界定公众所面临的共同点(比如共同的问题)，然后再去了解和分析其内在的联系，这样才可能化混沌为清晰，从公众整体中区分出不同的对象来。

(三)相关性

公众的共同点不是抽象的，而是具体的，与特定的组织相关的。公众总是相对一定的公共关系行为的主体(组织或个人)而存在的。一群人之所以成为某一组织的公众，是因为他们面临的共同点与该组织具有一定的相关性、互动性。即他们的意见、观点、态度和行为对该组织的目标和发展具有实际或潜在的影响力、制约力，甚至决定组织的成败；同样，该组织的决策和行为也对这些公众具有实际或潜在的影响力、作用力，制约着他们利益的实现、需求的满足、问题的解决等。这种相关性是组织与公众形成公众关系的关键。寻找公众、确定公众很重要的就是寻找和确定这种相关性，并把它们揭示出来，分析清楚，从而确定自己的工作目标、选择自己的对策和行动方案。

(四)多样性

公众的存在不是单一的，而是复杂多样的。"公众"仅是个统称，具体的公众形式可以是个人、群体、团体或组织。日常的公共关系工作对象，包括各种各样的个人关系、群体关系、团体关系、组织关系等。即便是同一类的公众，也可以有不同的存在形式。比如消费者公众，可以是松散的消费者个体，可以是特殊的利益表达团体(如消费者委员会)，也可以是一个严密的组织(如使用产品的其他公司乃至政府)。又比如，媒介关系的具体对象，可以是一位记者，也可以是记者协会或新闻学会，也可以是某个新闻单位，如报社、电视台等。不同形式的公众，要选择不同的沟通渠道和不同形式的沟通手段。公众形式的多样性，决定了沟通方式和传播媒介的多样性。

(五)变化性

公众不是封闭僵化、一成不变的对象，而是一个开放的系统，处于不断变化的过程中。任何组织面临的公众，其性质、形式、数量、范围等均会随着主体条件、客观环境的变化而变化：有的关系产生了，有的关系消失了；有的关系不断扩大，有的关系又可能缩小；有的关系越来越稳固，有的关系越来越动荡；有的关系甚至发生性质上的变化——竞争关系转化为协作关系，友好关系转化为敌对关系等。公众环境的变化，必将导致公共关系工作目标、方针、策略、手段的变化。反过来，组织自身的变化也会导致公众环境的变化，如组织的政策、行为、产品的变化，使公众的意见、评价、态度或行为发生相应的变化，这种变化的结果又可能反过来对组织产生影响和制约作用。可口可乐公司决定生产新型(带甜味)可乐，引起顾客的强烈不满，这种公众舆论立即迫使可口可乐公司慎重考虑其决策，以免致使公众环境的剧变。可见，必须以发展的、动态的眼光来认识和把握自己的公众。

从整体性、共同性、相关性、多样性、变化性五个方面来把握公众概念的具体含义，可以帮助我们理解这一概念与人民、人群、群众、受众等相关概念之间的区别。我们传统的工作方法中有走群众路线，做群众工作，从群众中来，到群众中去的经验，公共关系工作在一定意义上是与其一致的。比如一家企业要处理好职工关系，协调好社区的居民关系，这与做群众工作是一致的。但与股东的关系、与新闻界的关系、与政府部门的关系等，这些关系对象不能简单地划入群众的范畴之中。它们均是组织的特定公众，是公共关系工作的特定对象，我们将它们称为股东公众、媒介公众、政府公众，而不称作股东群众、媒介群众等。

三、公众的分类

(一)根据公众的重要程度

根据公众的重要程度，可将公众划分为首要公众和次要公众。

首要公众就是关系到组织生死存亡、决定组织成败的那部分公众。比如酒店、宾馆宾客关系中的 VIP(Very Important Person)，就是首要公众的概念。例如，里根总统在长城饭店宴请，英国女王下榻白天鹅宾馆，长城饭店和白天鹅宾馆必须把这些重要人物置于重要位置，接待安排稍有差错便会造成重大影响，因此，对这类关系对象必须投入大量的人力、物力与时间。

次要公众是指那些对组织的生存和发展虽有一定影响，但没有决定性意义的公众。当然这种首要和次要之间的划分只是相对的，而且两者之间也可能存在着转化关系，因此也不能完全放弃次要公众。公共关系的投资总是有限的，从投入产出比来看，我们应清醒地认识到，有时虽然首要公众只占公众绝对量的百分之二十，可他们给组织带来的效益却可能达到百分之八十以上，因此对此类公众的总投入量(活动的人力、物力、财力等)应多做安排。次要公众从表面上看数量可能相当多，但由于影响力比较弱，即使投入再多的力量，也可能只收到较少的效益，因此应该将力量集中在首要公众上。可见，所谓"首要""次要"的划分，要从投入产出的效果来考虑，要保证首要公众，兼顾次要公众。

(二)根据公众对组织的态度

根据公众对组织的态度，可将公众划分为顺意公众、逆意公众和边缘公众。

顺意公众是指那些对组织的政策、行为和产品持赞成意向和支持态度的公众。逆意公众是指那些对组织的政策、行为或产品持否定意向和反对态度的公众。边缘公众则是只对组织持中间态度，或观点和意向不明朗的公众。一个组织首先应该将顺意公众当作同舟共济的伙伴，细心维持和不断加强与他们的关系。其次要注意做好逆意公众的转化工作，改变其敌对的态度，即使不能将其转化为顺意公众，也应该争取其成为边缘公众。"多交友、少树敌"是公共关系的一项基本政策。值得注意的是，顺意公众和逆意公众往往只占少数，多数是无动于衷的中间派——边缘公众。公共关系工作中的大量精力是做边缘公众的沟通工作，争取他们对组织的了解和好感，引导他们成为顺意公众，防止他们成为逆意公众。这种争取大多数的工作往往是最艰巨的公共关系工作。

(三)根据公众的稳定性程度

根据公众的稳定性程度可将公众划分为临时公众、周期公众和稳定公众。

临时公众是因某一临时因素、偶发事件或专题活动而形成的公众，比如因为飞机航班误点而滞留机场的旅客、足球场闹事的球迷、上街游行示威的队伍，等等。每个组织事先都难以完全预测到某些突发事件的发生，因而往往承受一些临时公众构成的额外压力，这时就需要公共关系部门进行紧急应对。现在组织的公共关系部门必须具备应对临时公众的能力。当然，这种临时公众带来的压力有时也可能是因为组织事先的计划不周而造成的，特别是在举办一些大型专题活动时可能会发生意料之外的事情。

周期公众是指按一定规律和周期出现的公众，比如节假日出行的游客、招生时节的考生及家长等。周期公众的出现是有规律、可预测的，公关部有条件的应事先制订公共关系活动计划，做好必要的准备，对于某些季节性强的行业来说周期公众的节律是与行业自身的节律同步的，如旅游业及酒店业，其中一部分周期公众就有可能转化成稳定公众。

稳定公众就是具有稳定结构和稳定关系的公众，比如老顾客、常客、社区人士等。稳定公众是组织的基本公众，甚至具有"准自家人"的性质，一般能融合为组织的一部分。组织往往对稳定公众采取额外的优惠政策和特殊的保证措施，以示关系的亲密。稳定公众的多寡可以作为考察组织公共关系成熟性的一个标志。

临时公众、周期公众和稳定公众的划分是制定公共关系的临时政策、周期性政策和稳定政策的依据。

(四)根据公众发展过程中不同阶段的特点

根据公众发展过程中不同阶段的特点，可将公众划分为非公众、潜在公众、知晓公众和行动公众。

非公众是公共关系学的特殊概念，社会学中没有这个概念。非公众是指处在某组织的影响范围之中，但却与该组织无关，其观点、态度和行为不受该组织的影响，也不对该组织产生作用的公众。划分出组织自己的非公众是有意义的，可以帮助减少公共关系工作的盲目性，将非公众排除在公共关系活动范围之外，也可以避免不必要的浪费。

潜在公众主要是指由于潜在的公共关系问题而形成的潜伏公众、隐患公众、隐蔽公众或未来公众。也就是说，某一社会群体面临着组织行为或环境引起的某个潜在问题，由于这个潜在问题尚未充分显露，这些公众本身还未意识到问题的存在，因此他们对于组织来说处于潜伏状态。这需要公共关系人员未雨绸缪，加强预测，密切注意态势的发展，分析各种可能出现的后果，制订多种应对方案，积极引导事情向好的方向发展；当事情不可避免地要变糟时，采取必要的预防措施，防患于未然，将问题解决在萌芽状态，避免酿成更大的麻烦。应当承认，遇到这类公共关系问题要妥善处理是有相当难度的。但是，现代组织面临这种复杂情况的可能性越来越大，这促使公共关系活动的策划者必须日益重视公共关系的预测功能、参谋功能。这也是 20 世纪 70 年代末以来国际公共关系界重视"问题管理"的原因。

知晓公众是潜在公众逻辑发展的结果，即公众已经知晓自己的处境，明确地意识到自己面临的问题与特定组织有关，迫切需要进一步了解与该问题有关的所有信息，甚至开始向组织提出有关的权益要求，这时潜在的公众已发展成为现实的公众，构成了组织不可能回避的沟通对象。因此，对组织来说，应采取积极主动的公共关系姿态，及时沟通、主动传播，满足公众要求被告知的心理，使公众对组织产生依赖性，这对于组织主动控制舆论局势非常重要。因为知晓公众如果不能从有关组织那里获得必要的信息，便会转向其他信息渠道，各种不准确的小道消息将会流传开来，局势的演变将难以控制，事后的解释将事倍功半。

行动公众自然就是知晓公众发展的结果。在这个阶段，公众已不仅仅是表达意见，而是采取行动，并对组织构成压力，迫使组织必须采取相应的行动。无论公众的行动是积极的还是消极的，组织的反应也不能仅停留于语言、文字上，还必须有实际的行为。也就是说，行动公众必然促成公共关系行为的发生。面对行动公众，除了采取相应的行动外别无选择。当然，高超的公共关系行动方案，必将使行动公众的压力转变为动力，转变为对组织有利的合力，这乃是公共关系人员神往的最佳结果。

把公众划分为非公众、潜在公众、知晓公众和行动公众是一种纵向的分类方法，其意义是把公众理解为一个连续的发展过程。

(五)根据组织的价值判断

根据组织的价值判断，可将公众划分为受欢迎的公众、不受欢迎的公众和被追求的公众。

受欢迎的公众是指完全迎合组织的需要并主动对组织表示兴趣和交往意向的公众。对组织来说，这是一种两相情愿、一拍即合的关系。如自愿的投资者、慕名前来的顾客、为组织采写正面宣传文章的记者，等等。这种关系因双方均采取主动的姿态，不存在传播的障碍，使沟通的结果一般来说对双方都有利。

不受欢迎的公众是指违背组织的利益和意愿，对组织构成潜在或现实威胁的公众。对组织来说，这是一些"入侵者"。他们对组织表示出一种不友好的意向和交往行为；或者对组织抱有过分的要求从而构成组织的负担。例如，前者中有持不友好态度的记者等，后者中有反复纠缠索取赞助的团体或个人等，这均是组织力图躲避、不愿接触的公众。这种关系只是公众一方采取的主动姿态，但由于交往的结果对组织不利甚至有害，因此，组织往往有意识地设置障碍、制造困难，将其拒之门外，以减少对组织的威胁。

被追求的公众是指符合组织的利益和需要，但对组织不感兴趣、缺乏交往意愿的公众。对组织来说，这是一种求之不得、难以发展的关系。比如，对许多组织来说，著名的记者、社会名流均可能是被追求的公众。组织希望与他们建立关系来扩大影响，可要与他们建立起密切关系却是件很不容易的事，要想方设法建立沟通的渠道，要讲究交往的艺术、把握传播的时机。

(六)根据公众的组织状态

根据公众的组织状态，可将公众划分为非组织公众和组织公众。

非组织公众，就是在公共关系中处于无组织状态的个体的总和。非组织公众包括：①流散型公众。这是最为松散和最不稳定的公众，比如出差和旅游的旅客、游客、过往客人等，其数量不可忽视。②聚散型公众，也称临时性公众，如球场、剧院、展览会、运动会的观众和报告会的听众等。这一类公众值得注意，因为他们不但是公共关系的对象，而且也是传播公共关系的媒介。③周期型公众，又称规律型公众。这些公众按一定的规律聚集，如西方竞选时的选民、节假日的游客和购买节日货物的顾客等。这类公众一般有明确的目标和需求，活动的时间和地点也比较有规律。④固定型公众。这类公众由于受兴趣、爱好、习惯等方面的影响，比较集中地与某些组织、社团、商店或某种商品保持稳定的联系，例如有的家庭主妇专门购买某种品牌的酱油；有的中学生特别爱看某种大型文学杂志；有些工厂专门与一些厂家配套协作；还有如社区居民、熟客、常客等均属此类。

组织公众是指在企业公共关系对象中，作为公关对象的各类组织，如政府机构、社区组织、企业董事会、工会、媒介组织、销售渠道组织等。这类公众由于组织性强，同企业的关系比较稳定，影响也较大，是企业公共关系活动的主要对象。企业应集中主要力量，制订周密的计划，全方位地对这类公众开展公关工作，以便树立良好的企业形象，为促进销售创造良好的外部环境。

思 考 题

1. 公共关系的主体有何特点？
2. 社会组织是如何分类的？
3. 一个社会组织必须具备哪几方面的能力？
4. 什么是公众，公众的特点是什么？
5. 简单介绍公众的分类。

第五章

公共关系的手段——传播

【学习目标】

理解公共关系传播所要达到的目的;了解传播的过程和基本形式;能够分析传播过程中存在的障碍及传播效果。

第一节 传播的概念及公共关系传播的目的

公共关系传播是公共关系学的三要素之一，它在整个公共关系活动中起着非常重要的作用，甚至可以说公共关系传播的好坏直接关系到公关活动的成败。

一、传播的概念

"传播"是从英文"communication"一词翻译过来的，是指两个相互独立的系统之间利用一定的载体和途径所进行的有目的的信息传递活动。传播的核心是"传"，且追求"传务求通"。关于传播的定义众说纷纭、五花八门。根据牛津英文字典的解释，"传"乃是"观念、知识等的分享、传递或交换"。因此，我们可以给传播下一个基本的定义：传播是指人与人之间一切信息的传递和分享，也是人们接受、排列、选择、传送、储存信息的过程；传播是人类社会赖以生存和发展的前提。

传播与公共关系有着密切的关系。首先，传播是公共关系确立的基本前提；其次，公共关系极大地丰富了传播的内容，加速了传播工具的发展。

公共关系传播是指社会组织利用各种媒介，有计划地将信息或观点与公众进行交流沟通，以达到争取公众、信息共享的目的。其基本含义包括以下两个方面。

(1) 传播是一个有计划的、完整的行动过程。"有计划"，是因为整个传播活动必须按组织的公共关系总目标有步骤地进行；"完整"，是指传播过程必须完全符合传播学的"五个W模式"，即Who(谁)、Say what(说什么)、In which channel(通过什么渠道)、To whom(对谁说的)、With what effect(产生什么效果)。

(2) 传播是一种信息的分享活动。传受双方是在传递、反馈等一系列过程中获得信息，因此，这不是一般意义上的单向性信息传递，而是通过双向的信息沟通，使双方在利益限度内最大限度地取得理解、达成共识。

二、公共关系传播的目的

公共关系的传播就是组织通过传播手段把有关自己的信息传递给社会公众。这种传播至少要达到三个目的。

(1) 通过传播，与社会公众分享组织的信息，如公关广告。
(2) 通过传播，改变或影响公众的态度和看法。
(3) 通过传播，打动人心，促使公众对组织采取理解和支持的行为。

组织的传播活动最终目的就是促使公众对组织采取理解和支持行为。为此组织的公关人员最经常性的工作就是发布信息，向公众提供及时、准确和有说服力的有关组织的最新情况和最新信息，让公众对组织的产品、政策、管理、目标、人员、技术等方面有更多的了解。只有在此基础上公众才有可能进行评价，才会产生喜欢或讨厌、友好或敌对的态度，最终做出接受或是放弃的行为。

结合公共关系的根本目的，组织的公共关系传播必须努力使公众由负态度向正态度转变，即把公众对组织的无知、漠然、偏见或敌意的态度转变为对组织了解、感兴趣、同情和接受的态度。

我们都知道，态度不是生来就有的，而是在后天的社会生活环境中逐渐形成的，具有相对稳定性。某种态度一旦形成后，就将持续一段时间而不轻易改变，因此，要改变人的态度是很困难的，必须付出很大的努力。那么，怎样才能使公共关系的传播达到改变公众态度的目的呢？这就需要做到以下两方面。

(一)实事求是地提供信息

态度中的认知要素是态度的基础，受个体所获得的信息的影响。信息有助于某种态度的形成，也有助于某种态度的改变。例如，我国第一座核电站的建立就是一个典型的例子。设在深圳大亚湾的核电站在建造初期还算顺畅，但切尔诺贝利核电站发生事故后，由于人们对核电站的安全问题缺乏正确的认识，所以，许多公众开始怀疑甚至反对建造大亚湾核电站，在香港一些民间组织发起赴京请愿和声势浩大的签名运动，部分传媒也推波助澜。这种局势对大亚湾核电站的建设极为不利，必须迅速把公众的误解、偏见和敌意态度改变过来。为此，党中央和国务院的领导先后视察大亚湾核电站，发出一系列重要指示，确保大亚湾核电站的安全，还请香港有关人士到大亚湾参观，又请国内外核专家对电站的建设进行指导。经新闻媒介把信息广为传播后，公众的负面态度逐渐消除了，最终促使公众对核电站的建设采取理解和支持的行为。大亚湾核电站最终顺利建成。

(二)有针对性地进行宣传

要改变人们的态度，必须把握目标公众对象的层次和特点，有针对性地进行宣传。如果你的目标公众对象属于低层次的，也就是他们的知识和经验都不足时，单方面宣传比较合适；但是如果你的目标公众对象是高层次的，即教育程度较高，知识经验比较丰富，又善于思考和比较时，单方面的宣传就不会产生什么作用。比如做广告宣传，如果只单方面强调产品和服务的优点，会使这类顾客产生怀疑，甚至会产生逆反心理；实事求是地介绍优缺点就能获得人们的信任，使之容易接受宣传的内容。

另外，态度的转变也有个人差异，即使人们在同一环境下接受宣传，有的人容易改变态度，而有的人则不易，这与其本身的个性特点是有关系的。所以对不同公众进行劝导传播时，必须先了解不同公众的需要、动机、爱好、兴趣等心理状态，进行有的放矢的宣传，才能达到改变态度的目的。总之，改变公众态度的目的就是为了促使公众对组织采取理解、信任、支持和合作的行为。

第二节 公共关系的传播过程

一、传播过程的基本模式

公共关系的传播过程就是信息交流、沟通的过程。如图 5-1 所示。

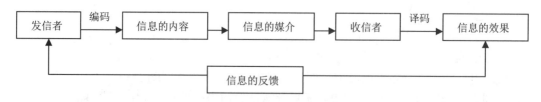

图 5-1 公共关系的传播过程

这个过程用语言简单描述就是：发信者产生传递信息的需要，将信息进行编码，然后把信息发出，通过某种途径，到达收信者，收信者接到信息后，引起一定的反应，产生了某种效果，这种效果又反馈给发信者。这一传播过程是由六大要素构成的。

(1) 发信者，即信息的来源和制作者，如某个商场的公关部。

(2) 信息内容，即组织所要传播的信息。如某个商场关于春节期间投放某种新款商品的消息。

(3) 信息的载体或媒介，即发信者通过何种渠道将信息发送给公众。包括对媒介的类型、特点进行分析以及选择适宜的媒介。公关机构常选择的四大媒介是报纸、杂志、电视、广播。

(4) 收信者，即接收信息的公众。如消费者公众。

(5) 信息效果，即发信者发送的信息对公众的意见、态度和行为产生什么样的作用和影响。如某个商场的公关部在春节前夕，通过报纸、电视发布关于春节期间投放一种新款商品的信息后，到该商场光顾的消费者络绎不绝，顾客大大增加了。

(6) 信息反馈，即信息效果如何反馈给发信者。如顾客购买新款商品后，有什么样的反应，是否感到满意？有多少顾客是通过意见簿来反映意见和建议的？又有多少顾客是通过传媒反映他们的意见和建议的，等等。

总之，这六大要素构成了公共关系传播的完整过程，缺少一个要素或者某一个环节上出了问题，都会使传播过程要么不能发生，要么通路受阻，要么达不到效果。

二、传播过程的障碍及其改善

(一)传播过程的障碍分析

传播过程的障碍基本来自三个方面。

1．发信者的问题

(1) 信息编码不准确，如发信者的措辞不当或词不达意等。

(2) 发信者有意或无意减缩信息内容，使收信者未能全面理解信息。

(3) 信息传递不及时或不适时。

2．收信者的问题

(1) 信息译码不准确，对信息内容理解不全或误解信息内容。

(2) 对传递过来的信息采取拒绝或忽视的态度。

3．媒体或媒介的问题

(1) 选择传播媒介不正确或不合适。

(2) 传递过程太长，环节多，信息内容走样。

(二)传播过程的障碍排除

1．从发信者的角度讲

(1) 信息编码要准确，不能有意用缩简信息内容来玩弄或欺骗收信者。发信者必须保证让收信者能正确理解信息内容，并注意反馈结果。信息反馈可能是口头和书面形式，也可能是行为表现，不管哪种反馈形式，如果结果表明信息接收有误，发信者就得重新进行沟通过程。

(2) 选择最佳的传播媒介，及时、准确地发出信息，保证信息到达收信者不延误、不走样。

2．从收信者角度讲

对接收的信息要有足够的重视，对信息内容要有全面准确的了解和理解，不能对不熟悉的内容或言词主观臆断。

三、传播符号

在传播过程中，信息必须借助一定的符号表达其含义。传播学把人们传递交流信息的种种表达形式称为符号，如声音、文字、图形、色彩、数码、姿态、表情等都是符号。

符号的特点表现在一经被发信者发出，不管是否有人接收，它都存在。

传播符号可分为两大类：语言符号和非语言符号。

语言符号是最能直接表达传播者的原意的，它是通过各种形式的文字和口语来传递和交流信息的。它的特点是：传播的信息具有清晰性和准确性，不容易在传播中被歪曲；文字符号还可以保留，供日后查看，反复阅读。

非语言符号在传播活动中的运用也是非常广泛的。某些研究表明，人们的沟通至少有三分之二是运用非语言符号的。属于非语言符号的有：声调、音量、手势、身体语言、颜色、时间、空间、信号、实物等。非语言符号传播的信息具有很强的象征意义。它的特点是：人们通过视听感觉，全面领会信息含义。例如由五环图案构成的奥运会徽，五环分别用蓝、黄、黑、绿、红五种颜色来表示，其中蓝色象征欧洲、黄色象征亚洲、黑色象征非洲、绿色象征大洋洲、红色象征美洲。这五种颜色都是根据各大洲人种的肤色或文化特点而定的，因此，具有很强的表现力。

总之，传播活动要进行的有效、理想，传播者必须熟悉各种各样的传播符号，也可以同时几种符号并用，只要能够准确、完整地表达信息含义，采用哪种符号都可以。

第三节　公共关系传播的基本形式

一、人际传播

(一)人际传播的概念

人们常说的人际交往、人际沟通、交际这些概念都属于人际传播。人际传播是指个人与个人之间的交往与信息沟通。这是一种最常见、最普遍、最基本的传播方式。它渗透到人类生活中的方方面面。

人际传播有两种基本形式——面对面传播和非面对面的传播。所谓面对面传播是指参与传播的双方均在同一时间和同一空间，彼此能看到对方，而且主要使用口语和肢体语言来传播信息。这种交流有直接性和灵活性。非面对面地传播是双方不在同一空间里，信息交流是依靠媒介(如书信、电话、便条、电报)来完成的。交流的信息具有简练、准确的特点。

(二)人际传播的特点

(1) 个体性。即个体对个体。人际传播是发生在两人之间的传播行为。如同事之间、朋友之间、同学之间、姐妹之间、兄弟之间等，具有显著的私人性和个体性。

(2) 双向性。人际传播是一种最典型的双向信息沟通。两个人之间一旦发生交往和沟通，就不时地交换着传播者与受传者的角色，双方不时地相互影响。如甲、乙两人谈话，有时甲说乙听，有时乙说甲听，在这里我们很难说清楚谁是传播者，谁是受传者。尤其在融洽的人际沟通中，沟通双方平等对待，更难以分清谁是主动，谁是被动。

(3) 符号多样性。人际传播是两个人之间的直接信息交流，采用的手段是多样的，使用的传播符号也是多种多样的，有文字、图形、声音、身体语言、手势、时间、空间等。

(4) 人情味浓。人们交往的需要是多样的、复杂的，有生理和心理需要，有物质生活和精神生活的需要等。一般说，在个人交往的场合比在公众场合进行感情沟通的效果更明显，因为个人交流最有利于情感的流露，达到以情动人的效果。

人际传播除了具有这四方面的特点外，还有一个最大的缺点就是传播面窄，并且容易受到个人主观因素的制约。

二、组织传播

组织传播是指组织与它的成员、组织中的部门与部门以及组织与相关的外界环境之间展开的交流活动。这种传播分为内部传播和外部传播。

(一)组织的内部传播

组织内部的传播活动具有双重性，即同时存在正式的组织沟通形式和非正式的人际沟通形式。人际沟通在前面已谈了许多，以下着重分析组织内部的正式沟通形式。

组织内部的正式沟通流向包括以下几个方面。

(1) 上行传播。这是下级向上级表达意见和态度的程序，如汇报情况、反映意见等。良好的上行传播能向决策者及时传递具体工作中的各种问题。同时，良好的上行传播与良好的下行传播是相辅相成的。

(2) 下行传播。这是上级把信息往下传达的过程，如传达报告、发布命令等。良好的下行传播可以使下级及时、准确地了解组织的近期情况和上级的意图。这种沟通一般具有指令性、权威性的特点。

(3) 平行传播。这是组织机构的各部门之间、科室之间、班组之间的信息交流。良好的平行传播，可以使各群体之间互享信息，形成互助合作气氛，共同实现组织的目标。

以上三种沟通形式是借助例会、报告会、文件、简报、小册子等媒介来完成的。在组织内部，信息沟通并不总是顺畅无阻的，受阻情况时有发生。主要原因有：一是组织结构不合理，如机构臃肿，管理层次过多，使信息延误。二是上级脱离群众，经常发号施令，导致心理隔阂，群众不愿干或不愿意交流意见和反映情况。如果上级领导不摆正心态，仍高高在上，就会始终得不到下属的真实情况，对于组织的正常发展是极为不利的。三是本位主义严重。在一个组织内部，小团体把局部利益凌驾于整体利益之上，一切从本单位出发，就很难协调和处理与其他团体之间的关系。

因此，组织的公关部及其人员必须关注组织内部信息的沟通状况，运用面谈、会议、通告等形式疏通障碍，保证组织内部的沟通渠道畅通无阻。

(二)组织的外部传播

组织传播的对象复杂、庞大。不仅有内部的沟通对象，还有外部的公众环境；既有近距离的沟通，又有远距离的沟通。同时，外部公众对象又具有多样性。因此，组织的外部传播必须综合运用人际传播、公众传播、大众传播等形式，集各种传播媒介之大成。接下来专门介绍公众传播和大众传播。

三、公众传播

公众传播指传播者向相对集中的较大公众群体进行的传播。如集会上的演讲、演出活动、发布会、招待会、展览会、开放参观活动、各种庆典活动和节日活动等。

公众传播的主要特点如下所述。

(1) 传播的对象是人数较多较集中的公众群体，如集会上的演讲、报告会上的听众、演出场所的观众、展览会或庆典活动的公众等。

(2) 受传者往往是为了共同目的和兴趣聚集在一起的。传和受双方的交流形式趋于自由、灵活,既可以面对面地进行,也可以非面对面,通过其他媒体如陈列馆、电视录像、通告、黑板报等方式来进行。

四、大众传播

(一)大众传播的特点

大众传播是指职业传播者(如新闻单位、出版发行单位、记者、编辑、各类制作人员)通过报纸、杂志、书籍、广播、电视、电影等传播媒介,向为数众多的公众提供消息、知识、思想、见解、娱乐、广告等传播活动。由于大众传播是通过大众传播媒介,向遍布社会中的大量的个人、群体和组织进行信息传递,与其他几种传播形式相比,具有以下特点。

(1) 大众传播的受传者是大量的。他们分布于不同地区,涉及不同的领域、不同的阶层,属于不同的群体,彼此之间没有紧密联系。

(2) 传播的内容通俗化。因为要获得一定数量的读者、听众或观众,大众传播媒介所传播的内容必须能够引起众人的注意和兴趣,因此,在信息内容的制作方面需要大众化,通俗易懂,才能为大众所接受。

(3) 传播手段高度技术化,使得传播速度快,传播面广,具有强大的公众舆论影响力。

(4) 信息反馈比较缓慢。由于大众传播面广,缺乏直接和有效的反馈渠道,因此传播者要收集反馈意见比较困难,时间比较长,速度缓慢,是一种双向性比较弱的传播方式。

(二)大众传播媒介

大众传播媒介主要是指报纸、杂志、广播、电视等。这些媒介具有报道、教育、娱乐、监督等方面的功能。

组织开展大规模的公关活动都必须借助大众传播媒介,因此,我们有必要熟悉各类大众传播媒介的特点。大众传播媒介可以分为两大类——印刷类媒介和电子类媒介。

1. 印刷类媒介

印刷类媒介主要指利用文字和纸张空间来传播信息的媒介,包括报纸、杂志、书籍等。

(1) 印刷类媒介的优点。

① 读者有充分的选择余地。与电子媒介相比,由于印刷媒介没有固定的节目和时间限制,读者可以自由选择感兴趣的部分随意阅读,公众主动性强。

② 接收可以重复,资料可以保存。印刷类媒介便于剪贴、装订、摘录和保存,日后可以检索、查考和反复阅读。而电子媒介则难以做到这点。

③ 可以充分处理信息资料。与电子媒介相比,印刷类媒介在时间、版面等方面限制不多,可以赠刊、增页、增版,充分容纳信息资料。如果需要详尽介绍内容的话则应选择印刷类媒介。

④ 制作成本低。制作容易,不需特别的设备,成本相对较低,容易普及。

(2) 印刷类媒介的缺点。

① 传播速度不够快。从写稿、编稿、制版到印刷、发行,需要较长一段时间,所以

不能像广播、电视那样迅速及时地报道信息。

② 受读者的文化程度和理解能力的限制。能读书识字的人，总是有一定的文化水平。印刷媒介的受传者的文化水平要明显高于广播、电视，所以不适用于文化水平低的人。

③ 不及电视、广播、电影那样生动、直观。

虽然印刷类媒介都有发行量大、信息量大、携带方便、读者广泛、影响力强等特点，但是报纸、杂志和书籍又各具特色。报纸是公共关系活动利用最多的印刷媒介，其独到之处是：内容通俗、丰富，发行量大，新闻性强，信息传递较快，价格低廉等。我国最有影响的大报是《人民日报》《光明日报》《解放日报》《新华日报》和《文汇报》。最有影响力的晚报有《羊城晚报》《新民晚报》和《北京晚报》。

2．电子类媒介

电子类媒介是指利用电子手段传播信息的媒介，包括广播、电视、互联网、电影等。

(1) 广播是通过声音来传递信息的。其优点如下所述。

① 速度快。广播节目的制作相对于印刷品、电视、电影的制作要简单得多，因此，在传播速度上占有明显的优势。

② 覆盖面广。广播通过强大的电磁波，把信息传递到人们居住的任何地方，只要我们具备一定的条件，就可以收听到信息内容。而且广播传送的信息由于不依赖文字作载体，所以听众不受文化程度的限制，老少皆宜。

③ 无独占性。由于人们是用听觉感受信息的，因此当人们处于收听状态时，不会限制听众的行动。

④ 制作成本低廉。节目制作过程简单，广播设备的价格也不太昂贵。因此，相对于其他电子媒介，运用广播传递信息的费用较低。如在广播节目上做广告要比电视便宜许多(在同样时间里，广播的广告费用只是电视广告费用的四分之一)。

广播有优势，也有不足：首先，听众受节目规定的时间和顺序的限制，无法根据自己的喜好灵活选择信息内容。其次，传播效果稍纵即逝，令听众难以把握。

(2) 电视是运用现代科学技术的传播工具。它的优点如下所述。

① 集文字、图像、声音、色彩于一体，最能给人以身临其境的真实感，因此，最易吸引人。

② 由于只依靠视听感觉接收信息，不受文化程度的限制，因此，观众多，影响面大。

③ 娱乐性最强。电视具有极强的娱乐消遣功能，电视节目使用了多种艺术手法表达信息，生动有趣，精彩纷呈，能深深感染观众的情绪，使人难以忘怀。

④ 与广播相似，电视在传播新闻时，速度快，而且可信度和准确性都很高。

其不足之处：首先，和广播一样，有节目规定的顺序和时间的限制，而且电视声像也是稍纵即逝的。其次，节目制作成本高。无论节目的制作，还是播放和收视，均需要比较昂贵的设备和技术，因此，在电视上传递信息的费用比较昂贵，一般以"秒"为计算单位。

(3) 互联网。随着我国经济和科技的发展以及人民生活水平的提高，计算机网络逐渐成为人们传播和获取大量信息的主要媒介。互联网的特点是：传递信息快，信息量大，内容丰富多彩等。人们可以在网络上游戏、学习、娱乐、采购、邮递、交际等。互联网的这些独特功能，使所有的传播媒介相形见绌。互联网不仅对我们的传统生活方式产生了强大的冲击，而且将对人类的未来产生不可估量的影响。所以互联网已成为人们不能忽视的大众传播媒介。

第四节　传　播　效　果

一、传播效果的含义

所谓传播效果是指通过传播媒介把信息传递给公众而产生的影响和反响。

这种影响和反响有两方面的结果，即积极结果和消极结果，而积极结果体现为不同层次。

(1) 交流信息的效果。这是组织通过传播媒介把有关的情况传递给公众，让公众能够了解和掌握组织更多的信息资料，达到彼此了解的目的。

(2) 联络感情的效果。这是通过传播活动使组织与公众在情感上达到某种同情、谅解和一致的结果。如举行一次舞会，组织一次游玩活动等。通过无拘无束的交往，加深人们之间的了解和情感，融洽人们之间的关系。这一切是公关工作的基础，这种效果是在潜移默化中形成的。

(3) 影响态度的效果。这是组织通过传播活动来影响公众的原有态度，形成有利于组织的印象和看法的结果。如竞选中的劝说活动，就是以改变态度为目的的，通过劝说，使选民投赞成票。

(4) 产生行为的效果。这是最高层次的传播效果，实际上公关传播活动的最终目的是促使公众果断采取组织预期的行为效果。如生产性组织通过传播活动，使公众购买其产品；服务性组织通过传播促使公众消费它的服务；政治家在竞选中通过游说活动促使公众投他的票。

这四种效果可以同时存在，甚至是递增的，但也可能只产生某一种或两种效果，因为有的组织的传播活动，也可能只是为了交流信息或联络感情，不一定要引起公众态度的变化或行为发生，因此不能片面理解传播效果。只要达到了组织的预期目的，就是成功的传播活动。

当然，公关活动不一定都能取得预期效果，有时也会出现传播者不愿意看到的结果即消极效果。

二、取得良好传播效果的条件

要想获得良好的传播效果，必须考虑以下几个方面的条件。

(1) 发出信息者具有良好的形象。具有较高知名度和可信度的发信者，所传递的信息容易引起公众注意。而且信息内容也容易被接受，如名流做广告。

(2) 考虑目标公众的接受能力。包括知识水平、阅读能力、接受习惯等，以此确定传播方式、媒介选择、符合形式等，以便最大限度地适应公众的实际情况。

(3) 传播的信息与公众的利益有关。公众每天都面对大量的信息，他们只会根据各自

第五章 公共关系的手段——传播

的需要、兴趣、爱好、观念、信仰、习惯对大量信息进行选择，所以为了取得良好的传播效果，在进行传播之前，应先调查一下公众最希望得到什么样的信息，以便提高信息传播的针对性和适用性。

(4) 信息的组织形式和表达形式应简洁明了，使公众易于获得，易于阅读，易于记忆，易于把握。

(5) 传播活动应与现实环境协调一致。现实环境包括多方面，有社会环境、物质环境、心理环境、时间环境等。社会环境又包括家庭环境、人际环境和文化习俗等。这些因素对人们取舍信息都有很大的影响，因此，传播信息的内容尽量与公众已有观念保持某种一致性。物质环境主要指交往空间和场景，同样的传播内容在不同的场合气氛下，效果是不一样的。如谈判桌上的问题不能拿到宴会桌上进行；需要严肃认真对待的问题不能拿到家里处理。心理环境主要指沟通双方的心境。如心情舒畅时容易达成共识，反之，则容易产生摩擦，达不到沟通的目的。时间环境主要指传播的具体时机。信息传播应注重时效性，信息传递得太早或太晚，都可能达不到预期效果。其实各种环境因素在实际传播活动中是相互交叉，共同起作用的。

以上仅从五个方面探讨了取得预期传播效果应具备的条件，但在具体的操作过程中，还会有其他因素的影响和干扰。因此，要求公关人员具有较强的应变能力，及时调整自身的策略，以达到预期目的。

思 考 题

1. 怎样正确理解公共关系传播的概念？
2. 公共关系传播的目的是什么？
3. 在传播过程中常遇到哪些障碍，应如何进行改善？
4. 公共关系传播有哪几种基本形式，它们各自的特点是什么？
5. 怎样才能取得良好的传播效果？

第六章

公共关系的组织机构和人员

【学习目标】

了解公共关系组织机构的分类;理解组织内部公共关系部的设置情况;掌握公共关系人员必备的素质。

第一节 公共关系的组织机构

随着公共关系的职业化和专门化,必然有相应的专门机构来履行公关的职能,使公共关系真正服务于社会组织,服务于社会公众。公关机构是指处理日常公关事务、开展公关活动、执行公关职能的专门机构。根据公共关系实践的历史和我国的现状,可将公关机构分成三类,即组织内部的公关部、公关公司和公关社团。

一、组织内部的公关部

(一)设置公共关系部的必要性

20世纪80年代初,广州白天鹅宾馆首开内部设置公关部之先例。之后,我国有不少的组织纷纷成立公关职能部门,这是我国公关行业发展的可喜现象。但是还有许多的组织,尤其是一些非营利性组织仍未设置公关机构,大量应由公关机构承办的工作,都由其他职能部门来做。这种由非专业性机构从事的公关工作无法真正地、全面地履行公关的职责,更不能体现公关工作在组织活动中的重要地位。设置公关职能部门最重要的理由是:公共关系已是现代组织不可或缺的管理职能,它的工作立足点是整个组织,公关部是代表整个组织在工作的。对内,它代表整个组织向社会公众发布信息、征询意见、接待来访、协调外部关系、处理组织与外部公众纠纷等事宜。公关部所担任的角色及公关工作的性质,是组织的其他职能部门所无法替代的。因此,任何类型的社会组织要卓有成效地开展公关活动,就必须建立和健全公关职能部门。

(二)公共关系部在组织中的地位

公共关系部的工作影响到组织的信誉和形象,关系到组织上下内外的信息交流,关系到组织的近期利益和长远利益,关系到组织的整体利益及其在社会整体中的地位与形象,因此,公共关系部在组织中既是组织的管理职能部门,又是组织的决策参谋部门。

公共关系部在组织中的决策参谋地位,主要是由以下几方面的职能决定的。

(1) 资料储存中心。公共关系部集中收集、储存和处理同组织发展密切相关的各种信息,并及时向决策者通报。

(2) 信息发布中心。公共关系部具有组织的"喉舌"功能。组织的对外信息发布以及与大众传播媒介的联系,都是由公共关系部负责的。

(3) 社会环境监测中心。公共关系部负责观测和监视社会环境以及与组织有联系的各种条件因素的发展与变化,为决策者提供决策依据。

(4) 趋势预测中心。公共关系部根据收集到的信息和有关资料,以及对社会环境的监测,经过科学地分析、归纳,做出与组织有关的发展趋势的预测。

(5) 公众接待中心。内部公众、外部公众同组织打交道,主要是通过公共关系部,这就使公共关系部成了组织与社会交往活动的代表。

由于公共关系部在组织中担负着多重责任,在组织决策层中,它是组织决策的重要"参谋"。一些组织为了充分发挥公共关系的作用,推动公共关系工作的开展,已经或正在不断提高公共关系部在组织中的地位。据美国对 400 名企业总经理工作时间分配情况的调查,这些总经理用于指导或参与公共关系工作的时间一般占总工作时间的 25%~50%。为了提高公共关系工作的地位,在美国,越来越多的公共关系部负责人可以直接向企业最高决策人汇报工作,向最高领导层提供建议并接受他们的指导。美国对 365 家企业公共关系部的抽样调查表明,有 56% 的公共关系部向企业最高领导成员(董事长或总经理)汇报工作,另有 16% 的公共关系部向企业的次高领导成员(副董事长或副总经理)汇报工作,合计占据总数的 2/3 以上。

(三)公共关系部的职责

公共关系部的职责由于其所在组织的性质不同,或因其所处层次的不同而有差异,但其主要职责大体相同。其主要内容可以概括为以下几个方面。

(1) 收集和处理情报。公共关系部的重要职责之一就是情报的收集和处理。任何关系到组织生存和发展的内部、外部情报,以及任何环境因素的发展变化,都是公共关系部情报收集的对象。为此,公共关系部需要通过民意测验、市场调查、报刊剪辑、上级机构和本单位文件的汇集等手段,集中收集、整理和储存与组织密切相关的各种情报。并在此基础上进行调查、预测工作。并根据所收集到的情报,监测社会环境,了解社会政治、经济、文化等各种因素的变化,预测未来的发展趋势,提出科学的见解和方案。因此,公共关系部应建立自己的信息网络系统,并使其始终保持畅通。这样,公共关系部就能成为组织了解和监测社会环境的"耳目",使组织了解自己周围的环境,不断矫正自己的决策和行动,从而适应多变的环境,在与环境的相互关系中发挥主导作用。

(2) 新闻宣传和编辑制作。公共关系部担负着向公众宣传、解释组织的有关政策和行动,传递有关信息的重要职责。具体工作有:组织各类展览、参观、访问、联谊会、信息发布会、记者招待会、交流会以及各种专题活动。这样,既可以教育和引导内部公众,使之理解并执行本组织的政策;又能够使外部公众了解、谅解、理解本组织的政策与行动,并给予合作与支持。而完成这些任务,需要进行编辑和制作方面的工作,要根据不同公众和不同时期的计划要求,撰写新闻稿、编辑各种内部刊物、宣传手册,设计、制作各种有关的声像节目等。公共关系部的这些工作能起到组织的"喉舌"作用。它通过新闻宣传、信息传递,为组织建立良好的形象,创造和谐的气氛,使组织的政策和行动能为公众所理解与支持。

(3) 咨询和建议。公共关系部的重要职责还在于把采集到的各种情报,及时、认真地进行分析整理,分门别类地迅速反馈给组织领导层和各个职能部门,为领导层的决策提供咨询和建议。其具体工作有:协调组织与社会环境(包括公众在内)的关系而制订出可供选择的行动方案;协助决策者分析和权衡各种方案的利害得失;预测组织政策和行为将产生的影响与结果;敦促和提醒决策者及时修正其将会导致不良结果的政策与行为等。公共关系部的这些工作对于组织决策的形成起着重要的"参谋"作用。在现代管理中,过去那种单靠领导者根据个人经验进行管理的方式已经很难适应当今市场、社会不断变化的情况,这就需要组织的各个管理机构从各个层次、各个角度向决策者提供建议和意见。然而组织的其他职能部门一般只注重本部门的决策和职能目标，很少从整个组织出发，从宏观和全局角度去考虑决策所可能导致的社会效果，因此，就需要公共关系部依据社会公众对组织的要求，对组织及各职能部门的管理决策活动及可能产生的影响结果进行综合评价、预测，并提出建设性的意见和方案，协助组织决策。公共关系部的这些工作对组织决策的形成是不可缺少的，它所起的作用是其他职能部门所替代不了的。

(4) 协调和交往。公共关系部还担负着协调和社会交往的职责。它要通过正常的途径，妥善处理好各种关系，如内部公众之间的关系，组织与组织之间的关系，等等。它需要接待来访、来信、投诉等，必要时需协助组织进行协调各种关系的谈判、洽谈活动。另外，公共关系部为开展社会交往，要利用或举办各种适宜的社交活动，广泛接触社会各界组织和人士。公共关系部的这些工作对组织创造良好的内部和外部环境都有着重要的作用。公共关系部通过协调关系和社会交往，能使组织内部各类成员之间、成员与组织之间增强理解和合作。同时也能使组织与外界加强横向联系，减少摩擦，广交朋友，建立良好的社会关系网络，赢得社会的理解和支持。

企业公关部根据各企业的不同情况和企业在不同发展阶段的需要，可以确定不同的工作侧重点和开展不同形式的公关活动。如广东核电公司根据大亚湾核电站的特殊性设立了"公共关系处"，提出了明确的任务：树立形象、处理信息、编辑资料、发布新闻、科普宣传、接待参观等，并建立了1700平方米的公众信息中心。武汉欧联东西湖啤酒有限公司成立了"公关部"，其职能是"建立大众公关意识"，让全体员工认识到形象市场与产品市场相互依存的关系，强调为营销服务，并统管公司各类传媒。杭州娃哈哈集团公关部的职能是公关、营销、广告宣传三位一体，强调为创建名牌服务。上述三个企业公关部的职能各有所侧重，实际工作的特点也各异。

(四)公共关系部的设置原则

近几年，一些大中型企业和其他一些社会组织相继成立了公共关系部门。有的没有设立专门机构，但在其他部门中设置了公共关系的人员，如公关秘书，增加了一项职能。总的趋势是公共关系职能会不断加强，专职公关部门逐渐增加。一般在设置公关部门时应遵循如下原则：

1. 精简原则

所谓精简原则即要求能完成该机构所负担的任务，有最精干的成员配置，最简单的工作程序和组织机构。它体现在两个方面：一是人员不多，精干高效；二是机构内部的层次不多，因事设职，因职设人。

2. 自动调节原则

即公共关系部具有相对的独立性，能够在确定的范围内自主地履行职责，并能适应客观环境的变化。在公共关系部内部也要给各工作环节一定的灵活性，使其能够在不断变化的客观环境中主动地去处理问题。当然，这种灵活性是以实现总目标为前提的。

3. 专业性原则

公共关系部是专门开展公共关系工作的机构，它的每一项工作都涉及组织的声誉和影响。因此，在组织上和工作内容上都要保证其正规性。如果把与公共关系无关的事务性工作都交给公共关系部去处理，势必会影响其正常工作。在公共关系工作内容专业化的同时，还应做到队伍的专业化，即公共关系部的全体成员应具有强烈的公共关系意识、受过一定的专业训练、具有一定的专业水准和能力、具有开拓创新精神等。

4. 协同性原则

在实现公共关系目标时，公共关系部要依靠其他部门的配合。公共关系部主要起沟通协调、组织的作用。同时，要考虑到公共关系部与其他职能部门的关系。通过公共关系部协调多方面、多层次错综复杂的关系。对外起到主动沟通的作用，这是组建公共关系部的目的之一；对内能够维系组织各方面关系的平衡，这是实现公共关系目标的必要条件。

5. 服务性原则

公共关系部接受组织最高领导层的领导，并对其负责。它不是领导部门，也不是直接的经营管理部门，在指导思想上必须明确公共关系部服务的性质，否则，工作就会偏离正确的轨道。

6. 针对性原则

在组建公共关系部时，要根据不同的工作性质和组织面对的不同公众来设置机构，安排人员，不一定用一个固定的模式。只有这样，才能使机构富有特色，更加有效和实用。

7. 权利与责任相适应原则

公共关系部及其人员均应有在规定的范围内从事某项工作的权利，同时承担一定的责任。责任是权利的基础，权利是责任的保障。责任与权利不相适应，工作则不能正常进行。

(五)公共关系部的人才结构

公共关系机构的人员配置应根据其机构的工作量而定，如果规模很小，工作量很少，有一位公共关系经理和一位秘书就可以了。但一般来说，既然设立了公共关系机构，其工作量就不是两三个人能完成的。美国的一些公共关系协会，曾对美国的一些社会组织内公共关系机构的平均人数做过调查，调查结果表明，公共关系机构的人数随企业的定期销售额的变化而变化。英国公共关系专家弗兰克·詹夫金斯(Frank jefkins)曾在他的《实用公共关系学》一书中附了一张有关企业销售额与公共关系人员人数配备的表格(见表6-1)。

表6-1 某企业销售额与公共关系人员配备

定期销售额/亿美元	公共关系部人数/个
>10	65
5~10	20
2.5~5	13
1~2.5	12
0.5~1	6
<0.5	4

以上表格基本符合现今公共关系机构的一般情况。从中也不难看出，公共关系机构人员的配置大致有两个层次：公共关系机构主管人员和一般工作人员。

公共关系机构的主管人员一般设正副经理各一名，他们的责任是：①制订公共关系目标和实施计划；②提出机构的费用预算；③指导机构工作人员的工作；④协调各部门之间的关系；⑤定期向社会组织领导层汇报工作；⑥具体负责同社会各界和有关部门的联系。

公共关系机构的一般工作人员是各种具有专项技术的人，他们一般要完成这样一些工作：①写作，编写新闻报道稿、演讲稿以及有关的各种经济合同等；②联络，与报刊、电台等新闻媒介保持密切的联系和与各界公众建立广泛的联系；③制作，制作广告和新闻图片等并选择传播媒介；④情报收集，进行民意测验、市场调研、建立报刊资料档案等；⑤组织活动、接待来访、组织专题活动和出访等。一般中小型企业的公共关系机构人员都需要一人身兼数职，所以他们需要多项技能。

(六)公共关系部的类型

公共关系部的组织机构没有固定的模式，它有各种各样的组织类型。下面我们以经济组织为例，介绍几种类型。

1. 按工作方式分类

从工作方式来观察，公共关系部的组织类型可以分为公共关系对象型、公共关系手段型和公共关系复合型三种类型。

(1) 公共关系对象型也称分类公共关系型，即公共关系部下属机构的名称分别是公共关系工作对象的名称。其构成模式参见图6-1。

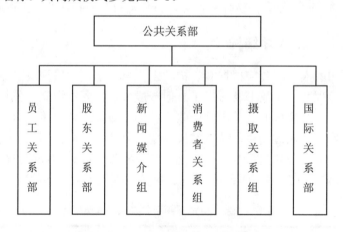

图6-1 公共关系对象型结构模式

公共关系对象型结构的优点是：有利于熟悉自己的工作对象，了解其需要和反映，便于有针对性地开展公共关系活动。

(2) 公共关系手段型也叫公共关系技术型，即公共关系部所属机构的名称分别是一种公共关系技术的名称。其构成模式参见图6-2。

公共关系手段型结构的优点是：各部门的工作内容按照工作人员的技术专业划分，工作人员根据自己所从事的工作，着重在提高专业技术水平方面下功夫，便于熟练地掌握和运用各自的公共关系手段，开展多方面的公共关系活动。

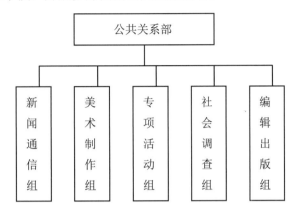

图 6-2　公共关系手段型结构模式

（3）公共关系复合型模式的优点是：把手段型和对象型结构合二为一，根据实际需要来设置下属机构，不拘泥于固定模式。在机构内具体部门的名称既反映公共关系的工作手段，又反映公共关系的对象，如图 6-3 所示。

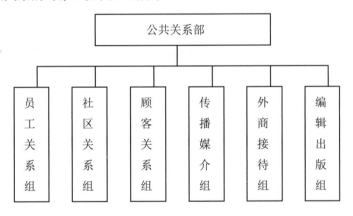

图 6-3　公共关系复合型结构模式

据日本 20 世纪 70 年代的调查，日本的先进企业采用这种类型公共关系部的为数最多。目前这也是我国大多数单位所采用的公共关系组织机构模式。

2．按领导方式分类

从领导方式来看，或从组织管理角度考虑，或从公共关系部在组织中的地位来考察，公共关系部的设置可分为以下四种类型。

（1）总经理直接负责型。由组织的最高负责人兼任或由副职领导担任公共关系部负责人，如图 6-4 所示。

这种模式充分显示了公共关系部在组织中的重要地位。其优点是公共关系部与组织的最高负责人直接联系，处于组织的中枢地位，因而能着眼组织的各个经营环节，便于全面地、有针对性地开展工作。对于组织的公共关系思想和政策能融会贯通，并使公共关系部的工作具有一定的权威性。

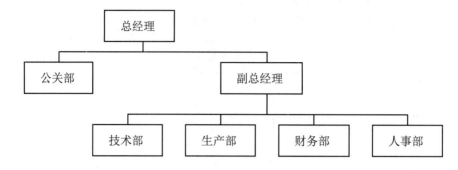

图 6-4　总经理直接负责型

(2) 总经理间接负责型或称部门并列型公共关系部由组织的最高领导人间接负责或由机构中的中层经理担任部长,而公共关系部的负责人与其他部门负责人的地位并行,并直接对组织的最高领导人负责,处于组织管理的第二层(见图 6-5)。

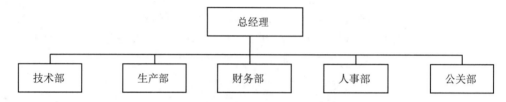

图 6-5　总经理间接负责型

这种模式的优点是:公共关系部与组织决策者有直接联系的权利和机会,对组织决策有直接的影响。有时,公共关系部负责人在对外活动中全权代表本组织的最高负责人。目前,这一模式在我国应用比较普遍。

(3) 部门所属型。公共关系部隶属于组织的某一部门,受组织的某一部门直接领导,处于组织管理的第三层(见图 6-6)。

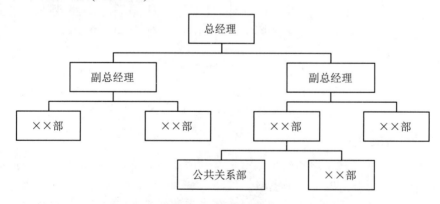

图 6-6　部门所属型

从目前国内外的情况看,公共关系部在组织中的隶属关系主要有以下几种。

① 隶属于经营部门。由经营部门的负责人兼任公共关系部的领导。这种关系强调了公共关系在生产、营销和流通环节的作用。

② 隶属于销售部门。由销售部门的负责人兼任公共关系部的领导。这种隶属关系强

调了公共关系的促销功能。

③ 隶属于广告宣传部门。这种隶属关系侧重于公共关系部的传播功能。

④ 隶属于人事部门。这种隶属关系侧重于对内部从事人事关系的协调功能。

⑤ 隶属于接待部门。这种隶属关系侧重于公共关系的社会交往功能。

上述五种模式的特点是：增加了公共关系部与最高管理决策层之间的环节，侧重于公共关系某一方面职能的发挥。

⑥ 隶属于行政办公室。一般由办公室的负责人(主任或副主任)兼任公共关系部的领导。

在这种隶属关系中，公共关系部仍然和最高层比较接近，联系也比较方便。与隶属于其他部门的公共关系部比较，有利条件比较多。

(4) 公共关系委员会。这种模式是在公共关系部之上，还有一个由组织最高领导人和各部门负责人组成的公共关系委员会，它主要为一些特大型企业所采用，委员会的任务是统筹本单位的各项公共关系工作。例如，研讨、制订公共关系部的工作计划；批准各项公共关系预算；监督计划的执行情况；评价公共关系工作效果等。它不直接从事具体的公共关系工作，其优点是可以使公共关系工作具有权威性，并能使组织的各个部门都来关心、支持、参与公共关系工作。缺点是多了一个层次，使各种关系变得更为复杂。

以上所介绍的四种类型中，从管理学的角度分析，总经理直接和间接负责型具有明显的优势，而部门所属型和公共关系委员会则有明显的缺陷。英国著名公共关系专家弗兰克·杰夫金斯(Frank jefkins)曾经指出："鉴于公共关系工作涉及整个组织的各个方面，把这项工作置于销售经理或人事经理的领导之下真是愚蠢至极。"他认为公共关系部和公共关系人员应当直接向总经理或最高管理决策部门负责。

3. 按公共关系部机构的规模分类

从公共关系部机构的规模考察，公共关系部的设置可分为小、中、大三种类型。

(1) 小型公共关系部。这种模式的特点是：机构简单，一般具有两个层次，人员也较少，适合于小型企事业单位。其机构设置参见图6-7。

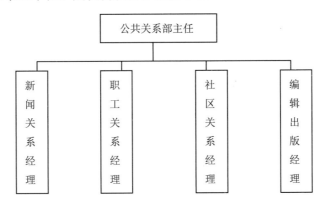

图6-7 小型公共关系部结构

(2) 中型公共关系部。这种模式的特点是：机构比较齐全，一般具有三个层次，组合层次分明，分工明确，形成完整、统一和谐的工作机构，公共关系工作的密度、深度和广度都比较集中,适用于中型企事业单位。其机构设置参见图 6-8。

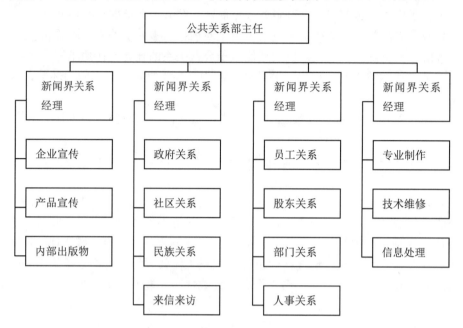

图 6-8　中型公共关系部结构

(3) 大型公共关系部。这种模式的特点是:机构复杂,人员众多,分工较细,工作要求协调统一,能胜任重大的公共关系活动,适用于大型企事业单位。其机构设置参见图 6-9。

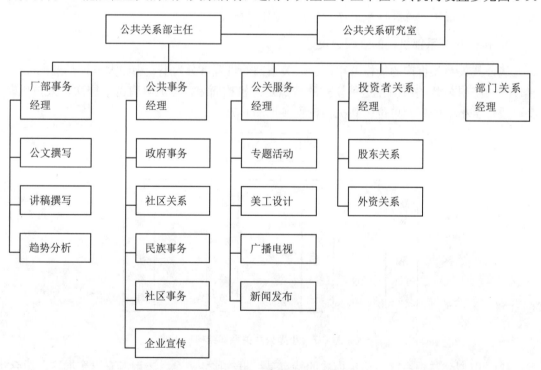

图 6-9　大型公共关系部结构

例如，美国大通银行是一家跨国金融机构，共有员工 30000 多人，分支机构 2000 多家。该银行企业传播部(即公共关系部)从业人员有 200 多人，由一位高级副总裁担任该部主管。其组织结构是大型公共关系部门的典型模式，其机构设置见图 6-10。

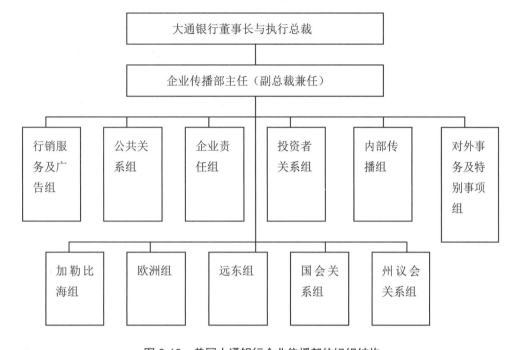

图 6-10　美国大通银行企业传播部的组织结构

二、公共关系公司

公关公司是独立于社会组织之外的公关机构。它由专业水平比较高的公关人员组成，专门为客户提供公关咨询或接受客户委托开展公关活动的服务性机构。从 1903 年艾维·李(Ivy Lee)创办第一家公关公司至今，全球已涌现出了许许多多的公关公司。其中博雅、宣伟、希尔-诺顿、爱德曼等众多的优秀公关公司为社会提供高水平的、全面的公共关系服务，在社会经济生活中发挥着不可替代的作用。

(一)公关公司的类型

(1) 综合性公关咨询服务公司。这类公司会集各方面的专业人才，不光有各个方面的公关顾问，还有高素质的专业技术人员，且设备齐全，实力雄厚。因此，能够给客户提供全面的、高质量的服务活动，能够同时满足客户的多方需要。

(2) 专项公关业务服务公司。这类公司是为客户提供单项公关业务的。或专门为客户设计广告，或专门为客户制作各种宣传资料，或专门为客户策划各种专题活动，或专门为客户设计招牌标记、制作商标等。无论是经营规模还是业务范围，专项服务公司都要比前一类小得多，但由于专业性强，内容又灵活多样，所以，可以为客户提供较高水平的专项服务。

(3) 公关公司与广告公司合并经营的公司。这两种公司的结合，正好发挥了各自的优势。从职业发展历史、经营实力和技术水平看，广告业要优于公关咨询业；但从职能范围和手段上看，公关业要比广告业广泛，随着社会经济的发展以及公关专业水准的提高，社会对公关业的需求量也会越来越大。因此，两种"传播型"公司的合营，可以相互补充，能够更好地适应社会各方面的不同需求。

(二)公关公司的业务范围

公关公司的业务可分为两个方面：一是咨询业务，即根据客户要求提供专家式的咨询；二是代理业务，即根据客户的要求，帮助客户开展具体的公关活动。

具体的工作业务包括以下几方面。

(1) 收集各种各样的信息资料，为客户提供解决疑难问题的指导。

(2) 为客户设计、制作公关广告和商品广告。

(3) 协助客户处理突发事件。

(4) 协助委托人开展内部公关工作。

(5) 为客户策划和组织各种大型会议。

(6) 为客户策划和组织各种专题活动。

(7) 为客户策划和组织重要的外交活动。

(8) 协助客户进行营销策划。

(9) 为客户制作影片、录像带、幻灯片、图片等视听材料。

(10) 为客户设计、编制各种宣传资料和纪念物。如组织刊物、宣传画册、商标、招牌、纪念品等。

(11) 为委托人培训公关人员。

(三)公关公司的职业规范

公关公司虽然只是为客户提供代理或咨询服务，但它所从事的是一种具有相当大社会影响力的工作，它不仅牵涉到自身利益和客户利益，还牵涉到社会公众的利益。为了对自己、对客户、对社会公众负责，公关公司在开展业务时，必须遵守以下原则。

(1) 优先考虑公众利益。公关公司虽为客户服务，但不能以牺牲其他组织、社会公众的利益为代价。当委托人追求的利益与社会公众的利益发生冲突时，就应主动放弃合作，以表明自身强烈的社会意识和社会责任感。

(2) 实事求是。一方面如实向客户介绍本公司的基本情况、实力和收费标准。另一方面向客户提供客观、真实的咨询信息，绝不能欺骗和玩弄客户。

(3) 为客户保密。公关公司为客户代理业务时，有可能掌握到客户一些非公开性的商业机密。公关公司应为客户严守秘密，即使双方合作结束后，也应强化自我约束，绝不能做损害双方利益的事情。

(4) 不利用工作之便干涉或控制客户。不能因为掌握了客户的内部情况，而试图对客户指手画脚，横加干涉，也不能随意代客户做应由客户自己做的决策，以免陷入无谓的纠纷。总之，公关公司应该全面了解客户的要求，尊重客户的意见，随时准备采纳客户的一切合理建议。

(四)公关部与公关公司的利弊比较

公关部和公关公司都是开展具体公关业务的机构。有的组织已设置了公关部,在有专人搞公关的情况下,为什么还热衷出钱聘请公关顾问呢?最重要的一条是:组织的公关部和公关公司在开展公关工作时各有长短,两者兼用,就能取长补短。

(1) 公关部的利弊。其有利处表现在:首先是熟悉内情。公关部是组织的"自家人",自然对组织内部的人员、信息沟通状况、管理工作等方面的情况了如指掌,公关部的工作自然也易于做到有的放矢,制订切合实际、有针对性的计划和措施。其次,便于做好内部公关工作。公关部通过长期的公关实践使他们在员工中建立了良好的信任度,能够与全体员工保持密切联系,随时了解到员工心中有何设想,特别是不满意的看法,能随时向有关人员和领导层反映并提出解决方案。公关部在开展合理化建议活动、向员工灌输企业精神、协调组织内部矛盾和冲突方面具有较大的优势。再次,能够提供及时的服务。公关部是组织内的常设机构,能够"召之即来,来之能战",这在处理一些突发性的公关事故时,显得尤其重要。最后,成本较低。作为自家人,自然也就了解组织的实力,在开展工作时能勤俭持家。

公关部最大的不足在于:难以做到客观公正,即所谓自家人难揭自家短。尤其在评价组织形象、组织领导人形象和自身长短时,难以做到客观公正,往往只报喜不报忧。

(2) 公关公司的利弊。其有利处表现在:首先,看问题较为全面和公正。公关公司身居组织之外,与客户无职务升降、工资高低的关系,无干扰和压力,加之旁观者清,因此,对事物的判断较为全面、客观。敢于提出疑问和反对意见。其次,专业水平高。公关公司的人员都是一群训练有素、专业素质高的专业人士,社会交往广泛,经验丰富,处理过各类公众问题,可谓公关老手。再次,灵活性强。这主要表现在当组织面临一些紧急任务而本身的人手不足时,求助于公关公司,既可解燃眉之急,又无须增加正式人员编制,使用方便。最后,信息来源丰富。公关公司,特别是一些大型的公关公司,其工作人员及客户遍及全国乃至世界,加上长期的专业实践,与政府部门、新闻媒介、社会团体等有着密切的联系,因此建立起了一套较为完备的信息来源和渠道网络,掌握着非常丰富的信息资源。

公关公司的缺点主要有两个方面:一是对组织内部的各种复杂情况尤其是人事关系状况难以深入了解,故难以提出解决问题的可行方案。二是成本高。聘请公关公司的费用一般都比较高。公关公司的收费方式有两种:项目收费和计时收费。项目收费是依据委托项目的总费用支出,由公关公司和客户双方协商来确定,这种费用一般包括咨询费、行政管理费、项目活动经费、项目利润等。收费方式可采取一次性预支、项目结束后一次性付清或分次付款等。计时收费是按提供咨询服务的时间来收费的。收费标准一般由提供服务的咨询人员的级别以及委托项目的难易来确定。

(五)如何聘请公关公司

随着我国市场经济的发展,组织面对的公共关系状况复杂、多变,即使内部设置公关部也显得势单力薄,聘请公关顾问成了组织的重要事情。现在社会上的公关公司数不胜数,作为客户，如何在众多的公关公司中作出理想的选择呢？可以通过以下标准去把握。

（1）公关公司的社会声望。衡量公关公司声望的具体指标主要有：公关公司历史的长短，公司的业绩状况好坏，是否成功地承办过大规模的公关活动或解决过难度大的公关问题，在社会上造成的影响如何，在工商界、公关界的知名度如何，与政府公众、新闻媒介公众、社区公众的关系如何等。一般来说，公关公司的声望越高，其社会影响力就越大，表明其业务能力越强，处理公关业务的成功率就越高。

（2）公关公司的信誉。了解公关公司的信誉记录，目的是为了避免组织受到伤害和损失。这方面的内容包括了解公关公司同过去的、现在的客户关系如何，是否真诚地为客户服务，是否能按时履行合同，质量是否能够保证，是否能够为客户保守秘密等。

（3）公关公司的人才状况。人才是衡量公关公司业务水平高低的最重要因素。公关公司的业务水平高低是能否解决实际问题的关键。这方面的内容包括：公关公司的专业结构如何、有多少专业人员、分工如何、经验如何、业务能力如何等。

（4）公关公司的专长。不同的公关公司有不同的专长，即使是有名望、人才济济的大型公关公司仍然存在着不同的特点和专长上的差别。选择公关公司应以专长最能满足组织的公关需要为最佳标准。

（5）公关公司的收费标准。许多公关公司都有明码标价的收费标准。但也要对其收费标准进行综合考虑，要考虑该公司设置的收费标准是否合理。这一点可以与同行业的其他公司比较，考虑收费标准与业务质量、最终结果是否相称。如果财力允许，应先在以上各标准综合评价的基础上，在同等适用的公司中进行价格比较。

三、公共关系社团

公共关系社团指社会上自发组织起来的，非营利性的从事公共关系理论研究和实务活动的群众组织或群众团体。主要包括公关协会、公关研究会、公关学会、公关俱乐部和公关联谊会等。

公关社团是一种服务性、松散性、非营利性的组织。它的主要任务是：①联络会员，建立合作关系；②制定和宣传公关行业的道德规范和行为规范；③经常开展专业培训；④编制公关刊物。

第二节　公共关系人员

一、职业人员

公共关系人员指专门从事公共关系工作的人士。

公共关系人员在公共关系活动中具有双重身份：既是公共关系活动主体之核心，又是公共关系传播媒介之一。社会组织与公众通过媒介构成公共关系，社会组织的公共关系工作由专门的公共关系组织承担，而一切公共关系活动最终都落实在公共关系人员身上，由公共关系人员策划和操办。公共关系人员除了充当公共关系活动的主体，在很多场合还要作为媒介具体承担沟通、传播任务。

对公共关系人员可以作出如下细分。

- 公共关系专家——具有较高理论水平或较强实践能力的公共关系人员；
- 公共关系顾问——有丰富专业知识和较高威望，从事公共关系咨询和设计策划活动的专家；
- 公共关系学者——从事公共关系理论研究的人士；
- 公共关系经理——公共关系机构的负责人；
- 公共关系先生——从事公共关系工作的男性职员；
- 公共关系小姐——从事公共关系工作的女性职员。

二、职业素质

公共关系工作是一项专业性、政策性很强的工作，公关人员的职业素质，是指公共关系人员在运用各种传播媒介、实现增强组织机构的生存能力和在公众心目中树立良好形象的目标过程中，所表现出来的知识、才能、作风、个性、修养等基本品质。换言之，即是决定公共关系人员从事各项活动能力的各个内在因素的总和。

公共关系学是一门综合性的应用科学，其学科体系包括了专业公共关系人员从事公共关系工作所需的专业知识及相关知识构成的全部内容，只有具备一定职业素质的人员才能胜任这项工作。公共关系从业人员的知识结构就是公共关系知识体系在其头脑中的内化。健全的知识结构不仅是公共关系人员基本素质的重要组成部分，而且是其创造性地开展公共关系工作的保证。

(一)知识结构

公关人员的工作具有创造性、艺术性和专业性，是一种复杂的社会活动。公关人员应既是通才，又是专才，在具有广博知识的同时，在某一方面又有精深的学问。根据我国公共关系工作的特点和现状，作为一名优秀的公关人员应具备以下素质。

(1) 基础学科知识。公共关系从业人员的基础学科知识包括哲学和社会发展史等。哲学是从世界观和方法论的高度对公共关系的学科研究和具体实践进行宏观指导。社会发展史可以对认识人类社会发展的历程与规律给予一定的启示。公共关系人员的基础理论知识越深厚扎实，其思维空间就越开阔，创造性也就越强。

(2) 背景学科知识。广泛的背景学科知识，例如：管理学、经济学、写作、社会学、心理学、传播学、环境学、政治学、法学等。公共关系人员所具备的完整的文化知识背景，对于提高其理论修养和分析现实问题的能力是十分重要的。很难想象，一个不懂政治或经济的人会是一个出色的公共关系专家。

(3) 专业学科知识。公共关系专业的学科知识包括：公共关系基本概念、公共关系历史与发展、公共关系要素、公共关系职能、公共关系传播、公共关系协调、公众分析、公共关系策划及工作程序、公共关系实务知识及CI战略等。专业学科知识是从事公共关系工作直接运用的知识，公共关系人员必须掌握这些知识并在实际工作中灵活运用才能做好公共关系工作。

(4) 相关学科知识。公共关系工作涉及多方面的领域，单一的学科知识是不能满足实际工作需要的，一些与之密切相关的学科知识，公共关系人员也应熟知和掌握，例如：市场营销学、文化学、民俗学和人际关系学等。

(5) 操作性学科知识。操作性学科知识对提高公共关系工作人员的实际工作能力有直接的帮助，如广告学、写作学、演讲学、社会调查学、计算机应用与社交礼仪知识等。以上几个方面的学科知识，是专业公共关系人员所必备的。公共关系人员或有志于从事公共关系工作的人员，可通过学历教育或专业培训获得知识补充或进行系统学习。

(二)能力要求

为了胜任工作，公关人员还应同时具备多种能力，甚至是一些特殊的技能。

(1) 书面表达能力。公关人员是组织的信息接受、传递和宣传的人员，经常要与新闻媒体打交道，除了收集、整理与本组织有关的各种信息外，最重要的是把组织内部的种种信息通过各条渠道传播出去，如打电报、电传、写新闻稿、简报、请柬、信函、贺词、调查报告、通知、计划、总结等。这就要求公关人员掌握大量词汇和句式，熟练运用语法、修辞、逻辑等知识从事写作，做到准确、简洁、生动，字体要求正确、端正、流利。

(2) 口头表达能力。公关人员更多的是直接接触公众，采取面对面的方式进行传播，比如交谈、讲座、演讲、发言等。这就要求公关人员会讲标准、流利的普通话；讲话要吐字清楚、简明扼要、抑扬顿挫、有节奏感；不可啰唆冗长、滔滔不绝或沉默寡言。交谈态度应诚恳、坦率、热情、大方；不可态度冷漠、虚情假意；或言不由衷，或哗众取宠，或搞外交辞令。要讲究讲话艺术技巧，思维敏捷，反应灵活，遇到特别提问或特殊情况能用准确、生动、幽默的口语表达自己的看法，反映组织的情况。同时也通过口头表达，把组织的思想、宗旨、产品、服务以至组织形象传达给内外公众，以得到他们的认可、理解和赞赏。

(3) 倾听和理解能力。公关人员在接受投诉或开展讨论时，要善于倾听；态度要诚恳、耐心；要能从别人冗长、反复的发言中抓住要领，或从众口交加、激烈言辞中找到问题症结，分析问题，用简洁清晰的语言加以复述，并作出一定的解释，或提出解决问题的办法。

公众对组织的某一具体部门和具体员工有意见，往往到公关部门去发泄和抗议。为维护组织声誉，公关人员的倾听、理解能力表现为具有大度的气量、较强的心理承受能力和设身处地地为别人着想的善良之心，必要时甚至代人受过。谦让对方，多从主观上找原因，通过和颜悦色地劝导，使对方气消怨散。

(4) 社交能力。公关人员面对的公众是多层次、多种类型的；要跟不同类型的公众打交道，而且这种交际行为又是公关人员代表一个组织或组织最高领导层进行的，故公关人员的社交活动能力应比其他任何人员都强。公关人员必须懂得各种场合的礼仪、礼节，善于待人接物，善于处理各种复杂的人际关系。公关人员在平时应注意培养自己的良好性格、儒雅风度、学识修养，在社交活动中要热情、自信；注意仪表、举止；面带微笑、运用温和、幽默的语言处理公关事务。在社交活动中应对领导、同事、合作者和其他公众表示关心和尊重。注意交往的技巧、方法，努力使自己给对方留下良好的印象，建立起相互交往的基础。

(5) 协调能力。公关人员不仅是信息的发布者,决策的参与者,还是环境的检查者。要随时并善于发现组织内外,组织与公众之间的矛盾和不平衡;善于发现各类公众对组织产生的误解或不信任,及时加以沟通、协调;或通过上级领导部门,或通过新闻媒介,或通过自己的劝导、游说,进行调解,以维护组织的声誉。

(6) 应变能力。公关人员的许多工作可以遵照计划,按照政策、条例、规章制度来办。但有时,一些公关活动在进行过程中,常会出现意想不到的情况或非常规状态。公关人员要临危不乱,有遇急不慌、沉着冷静的应变能力,对各种情况迅速加以分析、判断,运用逻辑思维,决定何去何从。譬如在产生失误和事故时,要积极、迅速地采取一切可能的措施,化险为夷,扭转劣势,把不良影响或损失降至最低限度。

(7) 组织能力。组织能力是公关人员从事公关活动的重要保证。在筹划一项公关活动时要深思熟虑,精心准备,制订详细周密的计划、措施,设想可能发生的种种情况;在活动开展过程中,要穿针引线、烘托气氛、左右逢源、应付自如;在活动结束后更要认真总结,仔细归纳得失利弊,任何经验教训都是下一次公关活动的基础和依据。为此,公关人员要充分发挥人力、物力、财力的作用,调动每个人的聪明才智,在每次公关活动中既有计划性、原则性,又有灵活性、应变性,体现出卓越的组织协调能力。

(8) 创造能力。公共关系工作是一项富于挑战和创新的工作。无论开展哪一种类型的公关活动,都要求公关人员具备丰富的想象力和创造力,有强烈的主体意识和主观能动性,才能引起公众的兴趣和好感,激发公众的合作意识,把公关工作做得别具一格,卓有成效,把组织的形象和声誉更深入地输送到公众心目中。为此,公关人员应具有广博的知识、多样的爱好,耳聪目明、勤于思索、精于构思。只有博采众长、融会贯通,立志刻意求新,才能独创一家。

(9) 审美能力。公关人员经常要设计场景,策划公关广告,布置展览会,召开招待会,购置物品,美化环境等。这就要求公关人员必须具备一定的审美能力,做到颜色、场景、空间、物品形状与展示的主体和谐、统一,既突出重点,又不忽视其他;既美观、雅致、透出新意,又经济实惠,不铺张浪费。审美能力还表现在公关人员自身的仪表、装饰方面,优雅的服饰、得体的装束,能弥补不足,增添魅力。公关人员以饱满的精神状态,整洁端庄的穿着打扮投入工作,既是对别人的尊重,也反映了认真的工作态度,不仅体现了公关人员的个人品质、风貌,更体现出所代表组织的形象和管理效果。美国推销员手册曾列有"一套好西装,是商场上成功交易的桥梁"的警句,这足以说明服饰在经营中的重要性。公关人员的审美能力必须从理论和实践两方面来提高,这就要靠平时的观察、学习,长期地培养积累。

(10) 操作能力。公关人员必须学会使用现代化办公和通信器材设备的能力,如会使用录音机、扩音机、照相机、摄像机、复印机、打字机、电子计算机、传真机、文字处理机,学会驾驶摩托车、汽车等,便于开展日常工作和以备不时之需。

(三)品德修养

公共关系人员不仅要具备广博的知识和多方面的能力,更重要的是必须具备良好的品德修养。

(1) 诚实守信。公关行动中要有技巧，要讲艺术。但是，良好、稳固的公共关系却来自于公关人员的诚实和信用。诚实指对公众真诚、诚挚、实在、不图虚名，不以任何花架子去代替真心实意地交流；守信，即讲话做事，守信用、讲信誉，言行如一、表里一致。公关人员的信誉和信用表现在约定会晤、安排会谈、组织会议、履行合同等都要守时、守约，接受任务必须竭尽全力，按期完成，说到做到。

(2) 廉洁奉公。公关人员工作的目标是为了树立组织良好的形象，增加组织的信誉。这个目的是在为公众和社会服务过程中体现出来的，所采取的手段也必须是光明正大、顾全大局的。在公关活动中廉洁奉公，杜绝一切私利的诱惑；从组织的全局利益出发，不计较个人得失。即使在个人利益受损的情况下也都能识大体顾大局，更不能为了个人私利，影响、危害组织的声誉；或不择手段地损人利己、唯利是图。只有廉洁奉公、不牟私利才能造福于组织、造福于公众。

(3) 实事求是。尊重事实，服从真理，以事实为依据，真实全面地、准确无误地传播信息，是公关人员最基本的职业道德。在公众和新闻媒体面前，公关人员既要做到不隐瞒、不夸大、不说谎，把政府的真实声音、企业和团体的真实情况介绍给大家；当发生意外，产生不利局面时，又要讲究策略，在把真相公之于众的情况下，采取一切措施加以挽救，尽量把损失减少到最低程度。当社交活动中涉及党和国家的政治、经济、军事机密和企业的商业机密时，公关人员更应从维护组织利益出发，既要坚持原则、站稳立场，绝不泄密，又要聪明机智、措辞巧妙，不伤对方的自尊。而不能为了讨好他人，或为谋求自己的私利，或为炫耀自己而出卖党和国家、企业、团体的秘密。

(4) 知法守法。公共关系人员与任何公民一样，受法律的约束。要知法、守法，还要懂得利用法律来维护组织的利益。具有法律意识，还应该在遇到有违法乱纪的行为时，能勇敢地站出来予以揭露、控告或制止，而不是听之任之，更不是同流合污、知法犯法。公关人员应认真学习和掌握宪法、刑法、民法、经济法、公司法、合同法等。对从事涉外公关活动的公关人员，还要懂得中外合资合作企业经营法，以及关于进出口、外汇管理条例等。要坚决反对行贿受贿、贪污腐败行为，维护公关职业的信誉。

以上四点概括了职业公关人员应具备的基本素质。只有这样，具有良好的品德和修养，具有必要的学识和能力，才能建立起对公关的正确认识，才能使这一行业健康发展。

三、职业准则

公共关系职业化以后，欧美等经济发达国家以及一些第三世界国家的公共关系协会均制定出各自的职业道德守则。1955年国际公共关系协会成立于伦敦，它是世界各地从事公共关系研究和实践的专业人员的组织，每三年召开一次世界公共关系大会。第二届大会在维也纳举行，制定并通过了《国际公共关系协会职业行为准则》。以下是该准则条文，供公关人员参考。

1. 国际公共关系协会成员必须竭诚做到以下各条

第一条：为建设应有的道德、文化条件，保证人类得以享受《联合国人权宣言》所规定的诸种不可剥夺的权利作贡献。

第二条：建立各种传播网络和渠道，以促进基本信息的自由流通，使社会的每一成员都有被告知感，从而产生归属感、责任感，与社会合一感。

第三条：牢记由于职业与公众的密切联系，个人的行为(即使是私人方面的)也会对事业的声誉产生影响。

第四条：在自己的职业生活中尊重《联合国人权宣言》的道德规范与规定。

第五条：尊重并维护人类的尊严，确认每个人均有自己作判断的权利。

第六条：促成为真正进行思想交流所必需的道德、心理、智能条件，确认参与的各方都有申述情况与表达意见的权利。

2．所有成员都应保证

第七条：在任何时候任何场合，自己的行为都应赢得有关方面的信赖。

第八条：在任何场合，自己均应在行动中表现出对自己所服务的机构和公众双方的正当权益的尊重。

第九条：忠于职守，避免使用含糊或可能引起误解的语言，对目前和以往的客户或雇主都始终忠诚如一。

3．所有成员都应力戒

第十条：因某种需要而违背真理。

第十一条：传播没有确凿依据的消息。

第十二条：参与任何冒险行为或承揽不道德、不忠实、有损于人类尊严与诚实的业务。

第十三条：使用任何操纵性方法与技术来引发对方无法以其意志控制因而也无法对之负责的潜意识动机。

在1991年5月23日第四届全国省市公关组织联席会议上一致通过了《中国公共关系职业道德准则》，对公共关系工作者的职业道德和行为准则做出10条规定。

(1) 公共关系工作者当坚持社会主义方向，自觉地遵守我国的宪法、法律和社会道德规范。

(2) 公共关系工作者开展公关活动首先要注意社会效益，努力维护职业的整体形象。

(3) 公共关系工作者在公共关系活动中，应当力求真实、准确、公正和对公众负责。

(4) 公共关系工作者应当努力提高自己的政治水平、文化修养和公关的专业技能。

(5) 公共关系工作者应当将公关理论联系中国的实际，以严肃、认真、诚实的态度来从事公共关系学教育。

(6) 公共关系工作者应当注意传播信息的真实性和准确性，防止和避免使人误解的信息。

(7) 公共关系工作者不能有意损害其他公关工作者的信誉和公关实务，对不道德、不守法的公关组织及个人予以制止并通过有关组织采取相应的措施。

(8) 公共关系工作者不得借用公关名义从事任何有损公关信誉的活动。

(9) 公共关系工作者应当对公共关系事业具有高度的责任感。不得利用贿赂或其他不正当手段影响传播媒介人员真实、客观的报道。

(10) 公共关系工作者在国内外公共关系实务中应严守国家和各自组织的有关机密。

四、职业培训

随着社会经济的飞速发展和公共关系的社会化、职业化、专业化，公关人才的需求大增，对公关人员的要求也在提高。为了适应公关事业的发展需要，对公关人员应经常性的培训和深造。

(一)专业培训

专业培训是对各类公关人员所进行的业务培训，公关人员负担的任务不同，培训的内容和要求也有所不同。

(1) 专职人才培训。专职人才指负责组织公共关系工作的组织、设计和实施、协调内外关系、领导组织各种重大活动策划的智囊型人才。他们必须具备较全面的知识结构和能力结构，系统地掌握公共关系学和其他相关学科的知识，并具有比较丰富的社会经验和工作经验。他们是组织开展公关的骨干，组织领导要创造学习条件，让他们有进修、提高、深造的机会。

(2) 专业人才培训。专业人才负担着公关活动中技术要求较高的工作，如绘画、摄影、广告设计、社会调查、新闻写作、市场分析、商情预测等。对他们应着重培养较深造诣的专业知识和相应的业务技能，要求他们能成为某一项或几项业务的专才。

(3) 工作人员培训。组织公关部门的一般人员主要承担日常公关事务和辅助公关活动，这部分人应能自觉、主动、高效地完成本职工作，并在实践中不断积累经验，摸索规律，提高工作能力。因此，对他们的培训要求是形成良好的职业道德风尚，对工作热情勤恳，兴趣广泛，应变能力强，在繁杂的日常事务中能抓住工作重点，有条不紊，能掌握一技之长。

(二)培训内容

(1) 基础课包括以下四类。
① 经济管理：管理学、经济学和市场营销学。
② 社会科学类：社会学、人类学和相关法律课程。
③ 语言文字：中文写作、新闻采访、英语等。
④ 应用技术类：计算机应用等。

(2) 专业基础课主要包括传播学、企业文化、动作语言学、媒介学、广告管理学、组织环境学等。

(3) 专业课主要包括公共关系原理、公共关系实务社会调查、演讲、谈判、摄影、表演等课程。

公关人员的培训内容，可以是全面系统的，也可以择其中几门公关理论，因人、因需要而定。

(三)培训方式

培训方式可以是全脱产或业余的办班学习,可以送入设有公关专业的院校或参加有关高校开办的函授班学习,可以派员到专业公关公司实习进修,也可以自修为主,兼请公关专家定期上门讲课辅导等。

理论教育固然必要,实践锻炼更为重要。各行"状元"、各业"尖子",都是在生产和社会实践活动中造就出来的。公共关系的优秀人才,也只能在公关实践中培养造就。中国的公关事业方兴未艾,一代群英已经涌现,人才辈出的局面已快要到来。

思 考 题

1. 公共关系的组织机构分为哪几类?并简要介绍一下。
2. 简述组织的公共关系部的设置原则。
3. 试比较公共关系部与公共关系公司的优势和不足之处。
4. 公共关系部在组织中处于何等地位?
5. 试述公共关系人员应具备哪几方面的能力?

第七章

公共关系广告

【学习目标】

了解公共关系广告的含义及对社会组织的重要作用;理解一个公共关系广告的产生过程;掌握公共关系广告的媒介选择。

第一节　公共关系广告的产生

今天，广告已经充斥我们生活的各个角落。在商品经济高度发达的社会里，不管你是否愿意接受，每天都必然要接触到大量的各种类型的广告。

广告，对于我们来说是一个既熟悉又神秘的事物。说熟悉，是因为我们接触得太多了；说神秘，则不仅仅是由于我们总是在不知不觉中被其影响和左右，更是由于广告的技巧和手法总是在不断创新，使我们目不暇接。

"广告"一词，从字面来解释是"广而告之"，即向广大公众告知某种事物。它是外来语，约在20世纪20年代输入国内。

关于广告的概念，国内外的权威机构、刊物和著作对其所下的定义不下几十种。目前比较一致的观点是把这一概念分为广义和狭义两种。广义的概念是"广而告之"的意思。狭义的广告则是指以营利为目的的经济广告，又称商业广告，它的基本含义是："以说明的方式，有助于商品或服务销售的公开宣传。"

一、广告与公共关系广告

(一)广告

一般情况下，人们提到的广告大都是指商业广告，即广告主为了扩大销售、获取赢利，以付钱的方式利用各种传播手段向目标市场的广大公众传播商品或服务的经济活动。因此，从某种意义来说，广告在不同程度上起着扩大组织影响、建树组织形象的作用。

以一个马戏团要在某小镇表演而作的市场活动为例：

如果你在街上做一个牌子，写上"×××马戏团将于×月×日在本镇上演大戏"，这就是在做"广告"。

如果你在马戏团里找一头大象，把这个牌子放在大象的背上，在大街上来回走动，这是在做"促销推广"。

如果你让背着牌子的大象踏进镇政府大门前的花园，这就是在"炒作"。

如果你能让镇长对"大象踏进镇政府大门前的花园"这件事发表意见，这就是在做"公关"。

广告的定义是随着时代的变迁、商品生产和商品交换的发展而不断演变的。早期的广告，其含义仅指唤起大众对某一事物的注意；而现代广告由于运用了现代先进的制作技术，大大地扩大了广告的空间范围，因而使广告的目的就不仅仅限于诱导消费者购买商品，而是带有树立产品形象、提高企业知名度、培养新的消费观念和购买习惯、促进社会再生产的明显倾向。因此，"广告是在我国社会主义现代化建设的路线、方针、政策指引下，通过各种传播工具，如实地提供信息，为疏通流通渠道、指导和促进消费而刺激商品的扩大再生产，并为建设精神文明与方便人民生活而服务的综合手段。"这是我国广告界对广告的解释。

因此，我们把广告定义为：广告是由确定的广告主以付费的方式，并通过一定的传播媒介向目标市场介绍商品、报道服务内容或观念等的一种宣传手段。

由此定义我们可以看出，广告具有有偿性、自主性、诱导性等特点。

有偿性：广告要借助于各种传播媒介，如电视、报纸、广播等和自筹式（广告牌、海报、招贴等）传播媒介，将信息传递给消费者，而这些传播媒介要由确定的广告主通过付广告费取得。

自主性：由于支付了费用，广告主就取得了对自己广告形式的支配权，如媒介的选择、广告的内容、具体的推出时间和推出方式等。

诱导性：广告只有激发人的心理才能发挥作用，是一种劝说的形式，具有诱导性，所以可以带有艺术性，有一定的承诺、夸张、渲染等。

1. 公共关系与广告的联系

公共关系是指社会组织为了塑造组织形象，通过传播沟通手段来影响公众的科学与艺术。公共关系就是指在使企业和社会之间形成更加良好关系的所有对话活动。从这一角度出发，广告是公共关系活动的手段之一。广告是为了某种特定的需要，通过一定形式的媒体，公开而广泛地向公众传递信息的宣传手段。从这一角度出发，公共关系也是广告活动的手段之一。而在营销活动的促销手段中广告和公共关系呈并列关系，是整体营销的重要组成部分。因此，公共关系和广告是两门交叉的学科，具有相同之处和不同之处。

公共关系的目标是树立形象。从微观角度分析，公关目标包括三个层次即知名度、信赖度、美誉度。从公关目标的三个层次，我们可以看出，公共关系与广告有密切的关系。

(1) 两者的目标是基本相似的。广告的目标有很多内容，其中之一就是树立形象，包括企业的形象和品牌的形象。企业形象广告与公共关系都是为了树立形象、推动企业的发展。虽然在手段上，广告借助于大众媒介，如"四大金刚"（广播、电视、报纸、杂志），另外还有路牌、灯箱、现场吊旗等"pop"广告，公关可以利用人类的一切传播手段，但利用大众媒介与公众沟通以树立形象，始终是公关的一个主要手段，其中也包括用广告来进行公关活动。而广告目标的层次和公关目标的层次几乎一致，只不过公关目标中没有直接促销而已。这从侧面可以反映出公关与广告在企业市场营销中的密切关系。

(2) 广告和公关都是企业市场营销的重要组成部分。对于企业的整体营销系统而言，广告和公关都属于营销组合中的促销部分，只是广告偏重促销，而公关偏重整体形象的树立，但两者的最终目的都是为企业的营销服务。

在企业的营销策略中，广告和公关常常是紧密配合、协调行动的。通过广告营造浓厚的销售气氛；通过公关手段，如新闻报道、人际交往、社会服务等，来扩展广告的效果。因为广告常常由于其鲜明的促销目的而遇到公众的不信任态度，而公关则以可信的形象弥补这一缺憾，如果再加上其余的一些促销手段，就可以使企业的整体营销目标得以顺利实现。

(3) 广告和公关的着眼点均在于企业营销，着重点均在于公众即消费者。从企业的营销目的出发，广告、公关想要取得效果，主要在于把握公众的心理。广告要重视对消费者的研究，公关也有公众性原则，其根本目的都在于通过了解公众、告知公众、赢得公众信赖，进而说服公众。俗话说："广告是让人买我，公关是让人爱我。"两者都要给消费者提供利益,在消费者获得利益的基础上,企业才能获得更大的利益。

从上面的分析可以发现:广告侧重于竞争,公关侧重于协调;广告侧重于即时效果,公关侧重于长期利益。但两者却是密切相关、不可偏废的。尤其是在广告的操作中,应充分利用公关的一些原则和手法。

2. 公共关系与广告的区别

公共关系与广告的区别主要体现在以下几个方面。

(1) 传播的目标不同。公共关系的目标是赢得公众的信赖、好感、合作与支持,树立良好的整体形象,"让别人喜欢我";而广告的目标是激发人们的购买欲望,对产品产生好感,"让别人买我"。

(2) 传播原则不同。广告的信息传播原则是引人注目。只有引人注目的广告,才能使企业的产品和服务广为人知,激发人们的购买欲望,最终达到扩大销售和服务的目的。公共关系传播的首先原则是真实可信,其传播的信息都应当是真实的、可信的,绝不能有任何虚假。当然,公共关系信息传播也要讲究引人注目,但"引人注目"是从属于真实性,是为真实性服务的。

(3) 传播方式不同。广告为了引人注目,可以采用各种传播方式,包括新闻的、文学的、艺术的传播方式,可以采用虚构的乃至神话的夸张手法,以此激起人们的兴趣,加速人们的购买欲望。而公共关系的传播方式,最重要的是靠事实说话,其信息传播手段主要是新闻传播的手段,如新闻稿、新闻发布会、报纸、杂志等。这些传播手段的特点是:靠信息的真实性、客观性及其内在的新闻价值说话,认为成功的关键不在于当事人运用什么哗众取宠、耸人听闻的表现手法,而在于善于选择适当的时机、采用适当的形式,通过适当的媒介,把适当的信息及时、准确地传递给目标公众。

(4) 传播周期不同。通常来说,广告的传播周期是短暂的,短则十天半月,长则数月一年,一般不会太长。相对来说,公共关系的传播周期则是长期的,其任务主要是树立整个企业的信誉和形象,急功近利的方式是很难奏效的。

(5) 所处地位不同。一般来说,广告在经营管理的全局中所处的地位是局部性的,其成败好坏,对全局没有决定性的影响。但公共关系工作却不同,它在经营管理中处于全局性的地位,贯穿于经营管理的全过程。公共关系工作的好坏,决定着整个企业的信誉、形象,决定着整个企业的生死存亡。

(6) 效果不同。一般来说,广告的效果是直接的、可测的,其经济效果是显而易见的;而对于某项广告而言,其效果则往往是局部的,只影响到某个产品或某项服务的销路。因此,广告的效果又是局部性的、战术性的;而公共关系的效果则是战略性的、全局性的。一旦确立了正确的公共关系思想,并开展了成功的公共关系工作,企业就能在外界建立起良好的信誉和形象,使组织受益无穷,而且社会各界也会因此受益匪浅。成功的公共关系所取得的效益,应该是包括政治、经济、社会等各方面效益的社会整体效益。一般来说,这样的整体效益是难以通过利润的尺度来直接衡量的。

据实力传播最新的一项调查数据显示,有42%的消费者肯定广告会让人们记住品牌,40%的人肯定能从广告中了解产品的功用,而实际上只有19%的人认为广告能改变自己对产品的喜好态度。"从调查结果可以看到,改变产品喜好态度仅靠广告是不够的,现在的消费者不像以往那样相信广告，传播环境的变化促使行销手段的跟进变化。"

这种现象并不是说广告在衰弱，而是说明市场变得更成熟，营销传播领域更加理性，各种传播手段在营销中承担的角色和发挥的作用更趋合理。近年来，业界似乎一直流传着广告衰落、公关崛起的思潮，再加上《公关第一，广告第二》一书的推出，人们似乎更加坚信公关在将来的某个时候会取代广告在传媒行业的位置。

由于公关的费用付出往往要比广告低，所以对于这两个不同形式的传播手段，很多企业在选择的过程中往往会产生一些误区。

误区一：把公关等同于广告。公关传播和广告传播在表达方式和表达内容方面都存在差异。广告注重创意，通过创意的新颖性和诉求的集中性来有针对性地传播信息；而公关传播注重新闻性和及时性，通过对新闻的策划和事件的推广来达到传递企业信息的目的。但是，很多企业将公关传播等同于广告，认为公关就是发"软文"，而且只要出钱，就应该在指定媒体、指定版面、指定时间发布新闻报道和公关文章，因而要求非常苛刻，这让许多公关公司无所适从。

误区二：认为广告是重要的，公关是辅助的。应该说，广告和公关传播对企业品牌理念的传达和产品的推广各有不同的功能。广告侧重于对知名度的提升和销售的拉动；而公关传播则侧重于建立企业和品牌的影响力。

广告的传播功能比较直接，而公关传播的影响则比较间接。相对而言，对品牌的传播适合以公关为主，而针对目标消费群的传播则应该更多地考虑以广告为主。

总之，广告和公关是不同的传播手段，两者在绝大多数情况下需要整合运用，要进行科学的区隔和划分，而不是一刀切地把公关置于配角的地位。

误区三：把公关庸俗化，认为就是与媒体、政府拉关系。很多企业误认为公关公司的核心竞争力就是与媒体和政府拉关系，职能就是所谓的"发稿机器"。一些企业也缺乏与媒体沟通的有效通道，往往以为请媒体记者与企业的高层见一面、沟通企业的情况，记者就可以为企业做出相关报道。

不仅如此，国内大部分企业对于媒体的负面报道都普遍排斥，而国外比较成熟的企业对媒体的关注往往更能表现出理性平和的态度。

其实，中国媒体的多样性和不同定位都要求针对媒体的特定策划具有针对性的活动和新闻事件，帮助媒体挖掘事件背后深度和广度的信息，这些才是公关公司的核心能力。当然丰富的媒介关系是每个公关公司必备的资源。

误区四：媒介投放将公关与销售挂钩。企业做广告，将广告效果与销售挂钩无可厚非，尤其是产品广告，拉动销售是广告的直接目标，所以在媒介的选择上要充分考虑销售渠道的区域分布。但是，一些企业在公关的媒体选择上也常常机械地照搬广告投放策略，将公关的媒体投放与销售区域严格挂钩，致其考核公关传播效果也要参照销售业绩。事实上，成熟的企业几乎不从销售层面考核公关的传播价值，而更多的是从企业的影响力、品牌形象、特殊事件的处理等环节来评价。

(二)公共关系广告

所谓公共关系广告 (简称公关广告)，是指广告主通过一定媒介出于非营利目的或非直接营利目的而刊播广告，设法增进公众对组织的整体了解，提高组织的知名度和美誉度，使组织得到公众信任与合作的公共关系活动。公关广告的最终目的是建立组织良好的形象，以提高社会知名度。

公共关系广告与一般商品广告不同。一般说来，商品广告是向公众提供商品或劳务信息，以推销商品和提供有偿劳动为目的的传播活动，其传播方式通常是单向的；公共关系广告虽然也是一种传播活动，但它不以推销商品为直接目的，而是推销整个组织的形象，让公众知道自己、信任自己、喜欢自己，而且传播方式是双向的。公共关系广告不仅向公众传播自己的信息，还要密切关注公众的好恶，根据公众的意愿调整自身的行为。商品广告一般与营利性的工商企业组织有关，而公共关系广告却是任何一个组织谋求生存发展所需要的手段。

公共关系广告是从广告家族中分衍出来的一种特殊广告，与商品广告有着明显的区别。

1. 二者的直接目的不同

商品广告诉诸利益，多以推销商品为直接目的，追求直接经济效益，因而往往采取"自赞其物""夸其美"的方式。而公共关系广告诉诸感情，追求企业良好形象的塑造，其直接目的在于引起社会公众对组织的重视，产生对组织的信任和好感，从而树立组织的良好形象，刺激用户的潜在需求。有人将其通俗比喻为：商品广告卖商品，公关广告卖企业；一个是买我，一个是爱我。通过公共关系广告沟通组织与社会公众的关系，实现最佳舆论，营造良好的企业生态环境，树立美好形象。

例如，上海三菱电梯有限公司在成立一周年之时发布广告新闻：凡与上海三菱电梯公司同日出生的本市公民，均可获得一份生日礼物，并由总经理亲自颁发礼品。当时同济大学著名园林建筑家陈从周教授的儿子陈丰在美国不幸身亡，而陈丰的女儿恰与三菱同日诞生，公司副总经理登门拜访陈教授并向他孙女赠送生日礼物。此举引得各报刊记者纷纷专访报道。这一招出奇的广告宣传就近期目的来说，让公众看到三菱如此热心为下一代投资，树立了实力雄厚的企业形象；从长远目的来讲，与三菱同龄的人自会永远记得三菱公司。

2. 二者的内容不同

商品广告直接以企业的产品或服务为宣传内容，多以宣传商品的名称、商标、质量、功能和价格等介绍商品和服务。而公共关系广告则不直接宣传产品和服务，在宣传内容上注重长期性和系统性，通过宣传组织的发展目标和经营计划、经营方针和政策、职工的素质和水平、先进技术在组织内的渗透推广度等方面的内容而间接地介绍组织的产品，从而提高人们对组织的信赖程度。通过宣传与产品相关或完全不相关的事物，使受众了解企业的整体形象、经营理念、企业文化和企业精神。

例如，获得电视广告大奖的美国雪佛莱汽车以爱国主义为中心，在整整 1 分钟的广告中不停地向观众展示美国国旗，以慢镜头描绘各种感人的场面，美国人民工作、生活情况，从加利福尼亚到纽约，全美 30 多处景致在广告中清晰可辨。整个广告中没有提及任何的汽车性能、型号，却反复强调伟大的美国，勤劳而了不起的美国人民。这些情感上的呼吁得到了大批美国人民的共鸣与支持，在人们心目中悄然起到了"美国，美国——雪佛莱"的形象暗示，使人们在感情上支持雪佛莱，买下一部雪佛莱，不仅拥有了一辆汽车，更拥有了一份做美国人的骄傲。

3. 二者的效果不同

商品广告侧重于它的营销效果,亦即广告对于产品销售额、利润额或服务收入增加的促进作用;而公共关系广告侧重于传播效果,即它播出后,对提高组织的知名度、美誉度所起的作用。

4. 二者的应用范围不同

商品广告只是为工、商、服务等经济行业所采用,而公共关系广告不仅可为这些经济行业所用,还可为行政管理等部门所用。

5. 二者的报道方式不同

商品广告的目的决定了它较为直接地列出商品的种种优点,总有催促人们购买广告商品的味道,即商业味浓;而公共关系广告较为含蓄,一般不是直接劝说人们购买商品,主要是唤起人们对组织的注意、兴趣和好感,使人耳目一新、乐于接受,即商业味淡。

二、公共关系广告的类型

公共关系广告的类型很多,常见的有以下几种。

(一)实力广告

实力广告是指用广告的形式向公众展示组织机构的实力。作为企业来说,主要是展示生产、技术、设备和人才等方面的实力。

实力广告是公关广告中较为常见的一种广告形式,下面是美国霍尼维尔公司的一则实力广告:霍尼维尔公司,在1885年创立于美国明尼苏达州的明尼阿波利斯城。现在世界各地都有其分公司或事务所,工作人员超过78000人,年销售额超过66亿美元。霍尼维尔公司不仅在自动化及控制技术方面是世界尖端技术的先驱者,而且对航天航空工业及国防工业也有巨大的贡献。霍尼维尔公司的宗旨是:与顾客携手前进,协助客户达到双增双节的目的。为满足广大客户不同的应用和需要,工业控制及自动化控制的仪表和系统由各地的公司负责设计和生产。霍尼维尔公司的控制系统在美国和世界各地被广泛应用,如用于工业、农业、商业、电话,以及航天航空等方面。

这种实力广告的主要目的在于使公众通过对该企业的经济、技术、人才实力的了解,增加对该企业及提供的产品和服务的信任感,以达到创造购买气氛的目的。

(二)观念广告

观念广告是向社会传播管理哲学、价值观念、传统风格和组织精神的广告。精通管理艺术的企业家和管理人员,总是十分重视培养本企业的价值观念,对内产生凝聚力,对外产生感召力,使组织机构的形象连同它的观念和口号深入到广大公众心中。以下三则广告就是比较典型的观念广告:"只有可口可乐,才是真正的可乐"(可口可乐公司的广告);"百万的企业，毫厘的利润"(美国奥尔巴赫公司的广告)；"时间就是金钱"(深圳的广告)。

(三)信誉广告

信誉广告是宣传组织的信誉和良好形象的最直接的一种公关广告形式。信誉广告的目的在于树立组织作为守法公民和社会公仆，为社会的经济发展作出贡献或乐于赞助社会公益事业的形象。如可选择社会福利事业或解决某一社会问题等内容做信誉广告。例如，利生体育用品公司的"为中华体育腾飞做贡献"以及"海鸥表赞助第十一届亚运会"等广告就是信誉广告。

(四)声势广告

声势广告主要是以宣传组织的大型活动为内容，比如新厂房落成剪彩、庆典等，旨在创造声势，扩大影响。1997年元旦前夜，上海电视台现场直播了"上海(三菱)电梯有限公司成立十周年文艺晚会"，这实际上就是一则声势广告。

(五)商标广告

商标广告就是以宣传产品的商标为主要内容的公共关系广告。商标广告宣传的基础在于产品质量，许多企业是通过为社会提供优质产品和服务，通过创名牌、保名牌的广告来宣传树立自己的商标和企业的良好形象，而良好的商标和企业形象，又反过来促进企业产品的销售。例如，"车到山前必有路，有路必有丰田车"(日本丰田汽车公司广告)；"行万里路，喝万里啤"(万里啤酒广告)；"男人穿名牌，女人穿时髦，华表时装名牌加时髦"(华表时装广告)等就是比较典型的商标广告。

(六)祝贺广告

祝贺广告就是以向社会各类公众贺喜为主要内容的。例如，某公司新开张，同行的企业纷纷刊登广告，一则表示祝贺，愿意携手合作；二则也表示欢迎正当竞争，可以达到广结良缘的效果。这类广告的做法一般是企业向新开张的单位赞助若干广告费，并在新开张打出的广告中署名祝贺，该单位通常也以某种方式表示谢意。这种做法可以使开张单位在经济上直接受益，而赞助单位一方也可视作向对方提供善意帮助，同时借此机会增加本单位名称在报纸上露面的次数。20世纪50年代，法国白兰地酒厂家抓住美国总统艾森豪威尔67岁寿辰的有利机会，以祝贺广告为手段，演出了一场"祝寿"的好戏，使法国白兰地酒顺利地进入了美国市场，这是一次十分成功的祝贺广告宣传活动。

(七)歉意广告

歉意广告是用来承认错误，消除误解和表示歉意，以取得公众谅解的广告。歉意广告要求认真陈述公众希望了解的事实情况，不能隐瞒，不能文过饰非，应明确地表示敢于承担社会责任和知错必改的态度，以取得公众的谅解。这样做不但无损组织形象，反而会使公众感到组织态度认真，知过必改，从而产生好的印象。如广州中药厂曾在《广州日报》

上刊登过一则"歉意广告",说明该厂生产的产品,由于购买者过多,一度出现脱销,造成顾客花费很多时间排队买不到需要的产品,工厂表示歉意,目前企业正在加班生产,很快就会满足广大顾客的需要。

(八)谢意广告

谢意广告是用来对公众或协作者的支持表示感谢的广告。谢意广告目前在我国国内公关广告中极为普遍,如"长春无线电一厂建厂三十周年——向国内外新老朋友,广大客户鸣谢!"就是我们经常见到的谢意广告的一种形式。

(九)声明广告

声明广告又称作解释性广告,这是一种表明组织对某些事件的立场态度的广告。通常适用于两种情况:一是对组织不利的事件,但组织本身并无过错。例如假冒本企业商标的劣质产品给消费者带来了损害,或本组织的某种专利权被非法侵犯,或某些竞争对手恶意中伤,造谣诬蔑,或新闻媒介的失实报道,等等。在上述情况下,都要求利用声明广告表明本组织的立场。二是就本组织或社会上出现的重大事件表明态度,以体现政治立场。这类广告一般先交代缘由,再提出解释或声明,表明态度和希望。例如,南京《扬子晚报》曾刊出《一台沙松冰箱爆炸》的消息和现场照片,这则"爆炸"新闻立即在南京几十万冰箱用户中引起了一场轩然大波,一些"沙松"用户更是将冰箱视为不定时的"炸弹"惶惶不可终日。"沙松"牌冰箱的形象在广大公众心目中受到极大的损害,企业也将面临倒闭的局面。此时,沙松冰箱厂立即在南京开展了一系列公共关系活动,并在《南京晚报》上刊登了公共关系广告:"厂家提醒用户不要在冰箱内存放易燃易爆危险品。"并利用南京电视台的黄金段时间,由企业领导与广大市民见面,说明调查情况,解释冰箱爆炸的原因。通过一系列公关活动和公共关系广告,沙松牌电冰箱厂最终获得了用户的理解和支持,树立了良好的企业形象。

(十)响应广告

所谓响应广告,是指以广告的形式响应社会生活中的某个重大主题,表示组织与社会生活的关联性和公共性,以求得各方公众的理解和支持。响应广告的一个重要内容,是对政府的某项政策或当前社会生活中的某个重大课题,以组织的名义表示响应。这样做的目的是要表明组织不仅为自己打算,而且也善于从社会角度考虑问题,愿意为社会的繁荣作出贡献,积极参与社会活动,并通过广告方式表明自己的良好愿望和作出的努力,扩大社会影响。比如支持北京申办奥运、赞助"希望工程"等响应广告,可以扩大组织的社会影响,也是树立组织形象的一个重要手段。

(十一)公益广告

公益广告是显示组织对公益事业热心支持的广告,广告的内容不一定与组织机构有关,但与公益事业有关。其内容涉及社会的方方面面,诸如社会公德、传统意识、文明礼貌、风俗习惯、生态环境保护、交通安全、计划生育、防火防盗等。例如"曾几何时,我们奔波于事业，陶醉于爱情，却忽视了饱经沧桑的母亲，回家打个电话！"这则朴素的公益广告词，唤醒了忙碌于现代社会的人们对亲情的珍视，对家的思念，很容易产生共鸣。再如，某保险公司的公益广告"今天下雪路滑，保险公司提醒市民，请注意交通安全。"这种及时、细心、真诚的提示和告诫，体现了保险公司对公众的关心和爱护，增进了公众与公司的感情，缩小了公众与公司之间的心理差距，也赢得了社会的好感。

(十二)创意广告

创意广告是指以组织的名义，率先发起某种运动或某种有益的观念。这种广告的目的也是表明组织积极参与社会活动的态度，着重树立组织"领导新潮流"的形象。例如，20世纪70年代初期，新加坡航空公司掀起了一场"革除随地吐痰陋习"的宣传活动。该公司连续在新闻媒介上登出广告，以循循善诱的方式告诫公众，随地吐痰不仅有害他人及自己的身体健康，更损害一个人应有的自尊和高尚的形象。公司还组织员工上街发放宣传品，并主动捐资在公共场所设置了一批脚踏式开启痰盂，从而大大提高了新加坡航空公司的声誉，并且带来了良好的经济效益和社会效益。

公共关系广告除了以上12种类型外，在实际应用中还有其他一些形式，而且还会出现新的类型。但需要注意的是，公共关系广告往往并不拘泥于某种固定的类型，而是经常出现几种类型的交叉或混合，尤其是与商品广告的结合越来越密切。所以，公共关系广告在实际运用中应灵活掌握，以便充分发挥其作用。

三、公共关系广告的作用

公共关系广告作为广告的一种重要形式，越来越受到企业的重视，其原因在于公共关系广告具有无法替代的重要作用。

(一)树立企业形象，促进产品销售

如前所述，在市场竞争中，当企业的形象成了决定产品销售的主要因素时，才产生了公共关系广告。因此，公共关系广告从其产生开始，其最终目的就是推销企业的产品，而且很多企业把公共关系广告和产品广告合二为一，一起来做。公共关系广告也确实对企业树立良好的社会形象和推销产品起到了重要作用。以天津手表厂为例，1985年5月，该厂赞助了在沈阳举办的"海鸥杯国际女排邀请赛"。在其他同类产品滞销的情况下，当年仅在沈阳一地，该厂生产的海鸥表销量就比上一年增加30%以上，多销售近11万只，增加利润21万元。其间，还有许多外商争相同天津手表厂洽谈生意，促进了该厂产品的出口。

美国《时代周刊》亚太地区经理桥本乡英概括了公共关系广告对企业信誉和产品销售的作用，他说："企业形象往往是最后购买决定的解铃者，如果企业形象被错误描述或被误解，那将是一个极大的危险。在今天高度竞争的社会里，你的企业声誉就是强有力的销售工具，它可以帮助你销售产品，达成目标，加强与消费者之间的联系。"

(二)提高企业信誉,吸引社会各界投资

在资金市场比较健全,投资主体多元化的情况下,能够左右投资公众投资意向的主要因素是企业声誉。金融公众会根据企业声誉的高低,决定投资与否和投资多少。很难想象一个信誉卓越的企业会对投资者没有诱惑力,也很难想象一个声誉低劣的企业会使众多的投资者竞相解囊。国外曾有人预言:假如有一天可口可乐公司遭火灾,那么世界银行巨头争相投资将成为第二天报界的头条新闻。事实证明,公共关系广告可以为企业赢得大量投资。

(三)治理企业环境,为企业发展打下良好基础

无论是企业内部还是企业外部,都存在着若干复杂的关系,这些复杂的关系就构成了企业内、外部环境。从内部环境而言,它包括了企业与职工之间的关系;外部环境则包括企业和原材料供应商、协作商、销售商之间的关系以及企业和银行、政府机构之间的关系。公共关系广告有助于这些关系的改善和调整。

从企业外部环境来看,前面谈到的公共关系广告吸引社会各界投资已是改善外部环境的一项内容。此外,通过公共关系广告,树立良好的企业形象,还可以使与企业有供应关系的原材料供应商、中间商、零售商更愿意与本企业开展稳定的合作并扩展业务联系,结成更稳固的关系。这样一来,企业的发展就有了基础,效益就有了保障,也使与这样的企业结成稳定的合作关系和供应关系的企业觉得有利可图。

就企业内部环境而言,企业和职工的关系可以通过公共关系广告紧密地连接在一起,增强企业的向心力,利用公共关系广告宣传本企业的情况,既让职工了解企业的成就,也让职工了解企业的薄弱和不足,促进职工和企业之间的互相沟通。日本丰田公司的"丰田人""车到山前必有路,有路必有丰田车"的公共关系广告,使得每一个丰田员工从内心深处感受到了作为一个丰田人的骄傲与自豪,增强了企业的凝聚力。

(四)为企业吸引人才

人才是决定现代企业竞争能力的最主要因素,通过公共关系广告,树立企业良好的社会形象,对于吸引人才具有很大的作用。在人们心目中,经常做公共关系广告的企业必定是实力雄厚,有前途、有发展的企业,在这样的企业里,才更有可能发挥自己的才智。因而,人们更愿意进入这样的企业就职。

公共关系广告就是企业进入社会的清道夫,是企业获得消费公众、金融公众、政府及协作者的理解和支持的桥梁和纽带,是增强企业向心力的重要手段。公共关系广告把企业价值观、企业方针和企业精神巧妙地结合在一起,给社会和公众以巨大影响,使企业形象悄然进入人们的心目中。

第二节 公共关系广告的创意与策划

小小一则广告,一个画面,短短几行字,就想打动公众的心,引起共鸣,达到树立企业形象和推销产品的目的,可谓一担挑起千斤重。公共关系广告的创意与策划,就是使公

共关系广告担起这千斤重的关键。它要求在制作广告之前，首先要了解企业处境，然后选择对象目标，再进一步确定广告的主题、手法、媒介等，也只有这样形成的公共关系广告，才可以起到应有的作用。

一、企业处境分析

常言道"知己知彼，百战不殆"，公共关系广告的运用亦是如此。因此公共关系广告的创意与策划，是从对企业自身状态分析，即企业处境分析开始的。公共关系广告对企业处境的分析，主要是分析公众对这个企业的看法如何，进而通过公共关系广告，改变公众对企业不良态度或模糊认识，强化和完善公众对企业的良好印象(见表7-1)。

表7-1　公众对企业当前不良态度及转变情况

公众对企业当前不良状态的态度	通过公关广告转变后的态度
敌视	同情
偏见	接受
冷淡	兴趣
无知	熟知

企业处境分析，首先要发现和掌握公众的真实态度，一般可以通过两种方式获知。一是通过调查、访问，直接了解情况；二是从本企业的产品销售情况与同行的对比分析入手。前者比较准确，但费用较高；后者费用较低，但结论的准确性较差。

在获取公众对企业的态度以后，作为企业分析的第二步工作，就是要弄清公众对企业持不良态度的原因，进一步寻找解决的办法。例如速溶咖啡问世之初，销路打不开，产品不被公众接受，原因就是：在许多国家，一般家庭主妇把煮咖啡作为拿手厨艺，而选择速溶咖啡会使丈夫觉得妻子偷懒或治家无方。针对这种情况，就必须通过宣传，如召开品尝大会，或宣传速溶咖啡的省时省事，味道纯美，从而改变公众的消费观念，使其接受这一产品。如果公众总对企业的态度是冷淡的，如对保险公司不感兴趣，不愿去参加保险，则可以通过公共关系广告，介绍保险公司的发展和规模，介绍保险事业给公众带来的好处，使公众感到有兴趣。关于公众对企业的无知，原因可能有很多，通过公共关系广告，可以起到使公众从无知到熟知的作用。确定了企业的处境以后，就可以确定公共关系广告要完成的任务，做到有的放矢。

二、选择目标对象

企业要想通过公共关系广告转变各种不良态度，树立良好形象，在公共关系广告活动中就必须选择好目标对象，即确定自己的广告是向谁宣传的，要影响哪一类人，这就需要对公共关系广告的对象进行细分。与企业的产品广告的对象不同，公共关系广告的对象可以细分为八种。

(一)政府

所谓政府,包括国家政权机构,又包括地方政府。在国外,政府对企业同样有重要的作用,这一作用主要表现在两个方面。第一,政府是法律的制定者,尤其是反垄断法,对一些大型企业有着重要的制约作用。在企业迅速发展时期,通过公共关系广告,宣传企业的继续发展和扩张对整个国家经济发展如解决就业等问题的作用,可以避免政府用反垄断法干预企业的发展,甚至强行把企业分为若干小企业;而当企业经营不善时,通过公共关系广告宣传企业破产后对社会可能带来的失业、其他大企业的垄断、社会经济发展受阻等负面影响,也可以促使政府在财政等方面对企业给予支持。第二,政府是最大的公共产品购买者。企业通过公共关系广告,可以影响政府的购买决策,也有利于产品促销。从国内情况分析,随着我国社会主义市场经济体制的建立,政府的职能亦开始转换,指令性计划亦要逐步变为国家订货为主。因而,通过企业的公共关系广告影响政府有关部门,有利于政府更好地为本企业服务和增加对本企业的订货量。

(二)社区居民

任何企业都处在一定的空间范围之内,所谓社区居民,就是企业或工厂所在地区的公众。企业的存在经常会给社区居民带来许多困扰和不便,如排放的废气、废水、废渣对环境的污染,噪音对社区居民正常生活的影响,把原材料堆放在厂区外的街道上给附近居民带来很大的不便等,自然会引起公众的意见。因此,首先要搞好与所在地区公众的关系。为举办2008年奥运会,北京市从2002年上半年开始整治三环路,在三环路的主要路口改造了一系列立交桥。由于立交桥的改造给三环路的交通带来了许多不便,导致了道路的拥挤和行车时间的延长。为减少司机对道路阻塞的不满和怨气,市政公司的建设者们在立交桥改造现场立起了"感谢司机同志对北京市政建设的支持"等公共关系广告,对于消除对道路改建的不满起到了良好的作用,为立交桥的改造创造了良好的条件。

(三)雇员

雇员包括管理人员和一般员工,他们都是企业公共关系广告的目标对象,对他们进行公共关系广告宣传,目的是要使全体职工了解企业过去的历史、目前的规模和成就以及发展的远景计划,使职工团结一致,共同为建设一家现代化的企业而奋斗。有不少企业是通过编辑企业刊物来协调企业和员工的关系的,如日本三井物产株式会社将自己编辑出版的《三井生活》送给职工,企业每次招收职工,都要举行一次入社仪式,把这份刊物送给他们,并在封面印上"欢迎新入社员诸君"。

即使是在面向企业外部的公共关系广告中也可以带上一句话,起到激励职工的作用。如美国米多拉电子工业公司在自己的广告中有这样一句话:"通过职工参与管理而提高质量和产量。"职工看到本企业的广告中提到自己,很容易产生一种自豪感,于是会更加努力地工作,随时提供合理化建议。

(四)供应商

供应商主要是指原材料、能源的供应商以及企业的协作单位,它们与企业之间的经济关系十分密切，对企业的生存和发展具有重要的作用，是利益相关者。因此，企业的供应商也是企业公共关系广告的重要对象。通过公共关系广告告诉它们保持良好的合作关系，可以获得供应商的更大支持，乃至结成命运共同体。

(五)财务公众

财务公众包括企业的股东、银行和与企业有信贷关系的其他金融集团和机构。企业财务公众是企业资金的注入者，也是企业命脉的掌握者，企业必须使财务公众了解企业的财务状况是健全的，企业是有前途的。国外的大企业每年都有《年度报告》发给股东和金融界。这种《年度报告》印刷得很精致，使收到的股东感到投资于这家企业是值得的，使金融界在对企业有了深刻的了解以后，乐于在资金上予以支持。此外，许多企业往往在年度结算以后，利用各种宣传媒介刊登公共关系广告，以便取得更广泛的财务支持。对于一些股份制企业来说，这也是影响其他股民投资取向的重要手段。

(六)消费者和用户

消费者和用户是企业公共关系广告的最主要对象，是企业产品和服务的消费者，他们对企业的态度与企业的命运生死攸关。在企业竞争日趋激烈的今天，消费者一般购买自己熟悉企业的产品和服务。因此，企业公共关系广告的首要任务是在消费者和用户中树立起良好的形象。

(七)经销商

经销商是企业商品流通中的一个重要环节，是企业通向市场的桥梁和纽带。企业与经销商之间的关系是决定产品能否顺利进入市场的重要因素。特别是当企业准备进入新的市场和需要沟通新的经销商时，企业与经销商的关系就更为重要。这一关系的形成和巩固往往也需要依靠公共关系广告。

(八)舆论领袖

舆论领袖主要是指一些在社会上具有较大影响的人士，他们的演讲、评论可以影响许多人。这些人士包括报刊的新闻记者、评论家、文艺体育明星等，此外还包括一些政界人士。由于这些人对舆论和公众的影响较大，他们对企业的印象、态度和好恶往往可以影响相当一批人。舆论领袖虽然数量不多，但与企业形象关系很大，是企业公共关系广告的重要对象之一。

上述八种对象，是企业的基本公众，其中每一种公众都有自身的特点，如消费者公众数量多、分布广，而企业的供应商和协作单位可能只有若干家，相对集中。每个企业，需要根据企业自身处境状况和发展需要来确定自己的广告对象，使企业的公共关系广告更好地发挥作用。

三、广告定位和广告主题

人无完人,企业更是如此,任何想通过公共关系广告把企业打扮得完美无缺的想法都是无法实现的。恰恰相反,按照这一目标制作的公共关系广告,必然是一则失败的广告。

一则好的公共关系广告,不论其广告内容长短,都是在向公众宣传企业某一方面的良好形象,如告诉公众本企业的技术力量和资金力量雄厚,或宣传自己全心全意为公众服务,或塑造企业热心公益事业的形象等。因此,在制订有效的公共关系广告的宣传计划时,必不可少的一项工作是广告定位,即确定自己的公共关系广告将企业放在竞争中的什么位置上。

(一)广告定位

具体讲,广告定位主要从企业实力和公众心理两个方面着手进行。

1. 企业实力

企业实力主要是指企业在经济、技术方面所拥有的实力以及在同行业中的地位。一般来说,在同行业中居于领先地位的大企业,其公共关系广告的一个重要内容就是要宣传企业自身在技术上、经济上的实力,突出表现自己时代先锋的形象。而当企业在行业中并不处于绝对领先地位时,往往还可以采取另一种策略,即"甘居第二"的策略。如美国爱菲斯汽车公司的广告是:"在汽车出租业中,爱菲斯只是第二。"在美国这样一个出租汽车公司多如牛毛的国度里,位居第二也已是十分不易了。这也是大企业根据自身实力进行广告定位的一个杰作。此外,许多企业,尤其是一些小型企业,运用相反的方法宣传企业实力,把自己说成是最差的、最坏的,往往也会有出奇制胜的效果。如美国俄勒冈州的一家小饭馆,在饭馆前竖起了一个大的广告牌,上写"俄勒冈最差的食物",该饭店老板也声称自己是一个最差劲的厨师。其结果,"最差"二字不但没有把顾客吓跑,反而越来越多,甚至连来自世界各地的游客也要前来品尝。

2. 公众心理

公众心理对于公共关系广告的受众来说,主要指的是公众的价值观,即对于广大公众来说,他们对企业的评价有其固有的标准。如我国许多公众认为国有企业是比较可靠的;大多数年轻人喜爱体育运动,对关心和支持中国体育事业腾飞的企业充满好感;还有一些人认为只要是合资企业,技术力量和经济实力就比国内其他企业强;还有更多的公众认为关心公益事业的企业是好的。企业的公共关系广告,必须在研究公众的心理因素基础上,才可能更有效。1984年,我国四川省由于箭竹大面积开花死亡,国宝大熊猫的生命受到极大威胁,人们为此心急如焚,如何救助国宝成为议论纷纷的话题。南京无线电厂利用这一时机,联合了五家以"熊猫"为商标的企业,在2月份联合刊登了"关于以'熊猫'为商标的企业联合救助熊猫的倡议"的大幅广告,广告语为"熊猫厂关爱熊猫,救国宝更应尽力"。广告文稿是这样写的:

熊猫是我国的"国宝",是世界各国人民的共同财富,我们以"熊猫"为商标的企业倍感荣耀。惊悉四川大熊猫因缺少食物,致使生命受到威胁,我们心情十分焦急。为了响应中国野生动物保护协会关于救助大熊猫的号召,我们倡议全国以"熊猫"为商标的企业和全国人民一道,发扬爱国主义精神,组织起来,共商有关事项。既要为抢救熊猫捐助财力,让熊猫更加壮美,又要为提高"熊猫"信誉尽责尽力,让"熊猫"为国争辉。

广告刊登后,上海几家以"熊猫"为商标的工厂立即响应,也在报刊刊登广告,措辞和上述广告相仿。结果发展到全国38家以"熊猫"为商标的工厂,为抢救大熊猫共捐款106500元。这次公关广告活动,既为抢救大熊猫出了力,又扩大了以"熊猫"为商标的企业的知名度,赢得了广大公众的好感,同时也获得了新闻单位的支持,为此发布了新闻。这是一次利用公众心理进行得十分成功的公共关系广告。

(二)广告主题

广告定位以后,就可以确定公共关系广告的主题了。很多广告,将企业和产品从头到脚着实打扮一番,仿佛除了天仙,就数本企业美了。这种遍地开花的公共关系广告宣传策略,必然使广告宣传效果不佳,究其原因,就是广告缺乏主题。

广告的主题就是广告的灵魂,它是通过思维、提炼、浓缩,用简单的语言、动作、画面、声音等来表达广告的中心思想;通过主题,来宣传企业的特色,树立企业形象。公共关系广告的创作中能否把握主题,是公共关系广告宣传成败的关键。

比如,美国联合航空公司为了宣传该公司航班安全、舒适,只用了一句话来表达:"乘美国联合航空公司的航班到处都是好天气",这就是广告的主题。一般来说,企业的公关广告主题可以分为:企业名称广告、企业风格广告、事业广告、业绩广告、技术广告、传统广告、告知性广告、问候广告、纪念广告、征募广告、企业文化广告、意见广告、赠奖广告、合成广告以及其他广告等。

广告的主题一旦确定以后,还要通过一定的表现方法,把这一主题信息传递给公众。公关广告的主题能否完整的传达给公众,取决于公共关系广告的表现手法。在既定目标下,表现广告主题要在新、绝、深、美四个方面下功夫。

(1) 主题要新。这样才能比其他广告技高一筹。英国吉尼斯啤酒是已有200年历史的老产品,为了扩大本企业的影响,除进行大量广告宣传外,还出版了许多书,其中有一本《吉尼斯世界纪录》,把世界上最长的、最短的、最高的、最快的……东西都记录在内。因为它知道什么是最长的、最短的等经常是人们在酒吧间中争论不休的话题。这本书第11版就印制了43万册,后被译成22种文字出版,成为世界各地家喻户晓的畅销书。该企业通过这种出版物和消费者建立了良好的关系,因此"不管你是否喝啤酒,你一定喜欢吉尼斯"成为某些人的口头禅。

(2) 主题要绝。就是要想到别人想不到的,使得广告一问世便能产生强烈的效果。如台湾某丛书的广告:"书与酒,价格相同,价值不同",通过书与酒的对比,突出书对人类的益处,让人叫绝。

(3) 主题要深。是指在确定主题时,要经过深刻的思考,进行提炼,使主题寓意深刻,使公众产生联想,受到启发。如台湾某儿童用品生产企业的广告是"小孩是大人的复制品",

短短的九个字，极富哲理，且寓意深刻，回味无穷。

(4) 主题要美。是说通过广告要给公众留下美的感觉、美的享受、美的印象。日本富士彩色胶卷曾以"盒中自有花满谷"为主题，含义深刻，使人不禁联想起美丽的富士山，从而对富士胶卷产生信赖。

第三节 公共关系广告的媒介分析及选择

企业的公共关系广告必须借助于一定的媒介，才能传递给公众。公共关系广告媒介是做广告者与广告宣传对象之间联系的纽带和桥梁。公共关系广告媒介的选择是否得当，对广告效果和广告费用高低具有重要影响。

一、广告媒介的一般性分析

广告媒介多种多样，但在现实的公共关系广告的宣传活动中，一般只选用其中几种。据统计，在公共关系广告最为发达的国家——美国，企业的公共关系广告主要分布在下列十种媒体中：①消费者杂志；②报纸副刊；③报纸；④户外；⑤电视网；⑥电视插播；⑦辛迪加影视；⑧有线电视；⑨广播网；⑩互联网。对于以上十种广告媒体，不同的企业也有不同的偏好，如福特汽车公司所使用的首先是电视网，其次是消费者杂志，再次是广播网。而希尔斯·罗勃克公司则不用电视网，而以报纸为主，消费者杂志次之，第三是广播网。下面简单介绍怎样选用广告媒介。

一般来讲，一种媒介是否适合承载公共关系广告，是通过对其相应的长处和局限性的分析和评价而决定的。分析和评价每种媒介的优劣，要有一个标准，而这一标准应当服从广告宣传的目的。

(一)媒介标准

总的来说，媒介标准主要有如下几个。

(1) 媒介的普及性。媒介的普及性越好，广告的宣传面越宽，效果越好。

(2) 媒介对象与广告对象的一致性。媒介的宣传目的与广告的目的不尽相同，媒介对象与广告对象也不完全一致。广告的目的是要引起广告对象对广告信息的重视，其对象仅是媒介对象中的一部分，而媒介对象的大部分对广告并不感兴趣。在借助媒介宣传广告时，如何让媒介对象与广告对象一致或尽可能一致，是正确选择广告媒介的关键。这种一致性，不仅是人数总量的一致，更重要的是人数结构的一致性。这是广告宣传效果的重要保证。根据这一原理，企业应努力寻找与自己的广告对象尽可能相一致的媒介。

(3) 媒介的吸引力。媒介的吸引力，在很大程度上会影响广告的吸引力。这里所说的吸引力，有两方面的含义：一是如果同一广告可以在多种媒介上作宣传，且价格相同，应考虑哪种广告媒介更能吸引广告对象；二是如果在同一媒介的不同位置(时间)做广告的费用相同，应考虑什么位置(或时间)做广告更能吸引广告对象。

(4) 广告反复性。如果在某一媒介中做广告，能使广告对象反复接受，这种媒介就比无反复性媒介值得选择。

(5) 购买条件。购买条件指购买广告时间或版面的难易程度，是否能达到广告宣传活动的要求。

(6) 时效性。时效性指广告预期刊登或播出时间与实际刊登或播出时间的差别大小。

(7) 说明性。说明性指某一媒介能否把一些内容复杂、细致的广告充分表现出来。

(8) 保存性。保存性是指广告对象能否把载有广告的媒介载体保存下来。

(9) 制作水平。制作水平指媒介制作广告的硬技术水平(设备、仪器等)和软技术水平(制作风格、表现手法等)。

(10) 购买费用。购买费用，这是影响媒介选择决策的重要因素。以较少的广告费用取得较好的广告效果，始终是作广告者追求的目标。

(二)媒介分析

用以上十个标准对几种主要广告媒介的评价如下。

1. 报纸媒介

(1) 普及性。一般而言，报纸发行量大，覆盖面广，全国性报纸适合于对象是全国性公众的广告宣传，地区性报纸在地区内影响较大，适合于广告对象是某一地区公众的广告宣传。

(2) 一致性。报纸的读者对象是有差异的。据北京抽样调查，《人民日报》的订户以机关团体为主(26%)，而个人订阅较少(0.25%)。因此，如果企业的公共关系广告的对象是团体或机关工作人员，则《人民日报》这样的全国性综合大报较为理想。而如果广告的对象是以一般市民为主，则选择各地的晚报、广播电视报可能更合适。

(3) 吸引力。很难评价报纸广告与其他媒介广告相比哪种更具有吸引力。一般而言，报纸的新闻性强，容易吸引人们在看新闻的同时接受广告，不过报纸不像电视那样具有丰富的视觉图像(图画变动、色彩)，这也会影响广告的吸引力和表现力。在同一报纸上，广告所占面积的大小及所处的位置不同，引起读者注意的程度也有差别，广告所占版面越大，越能吸引读者注意。

(4) 反复性。正由于报纸的新闻性强，所以寿命一般较短，反复阅读的可能性小。

(5) 购买条件。一般来说，购买报纸的广告版面比较方便，手续不复杂，但不同报纸情况有所不同，这个问题可以在做广告时通过实际的调查分析来解决。

(6) 时效性。报纸的时效性较强，只要在广告的购买和制作环节上不出问题，基本能保证在较短的时间内让广告见报，而且报纸的出版周期越短(如日报)，时效性越强。

(7) 说明性。报纸的说明性强，它可以在很有限的版面内把广告的内容表达清楚。

(8) 保存性。一般来说，报纸的保存时间较短，但当公众认为报纸上的新闻或广告有价值时，也很容易将它保存下来。

(9) 制作水平。报纸的广告制作水平无法一概而论，只能在具体的广告宣传时针对具体的报纸进行调查。不过，报纸与电视相比，制作受硬技术限制大一些，与杂志相比硬技术限制也比较大。

(10) 购买费用。关于广告的购买费用，因报纸不同而有所差异。报纸广告的计价方法一般有两种：一种办法是按广告版面计价，可分为整版、半版、1/4 版、1/8 版。另一种方法是按行按数字计价(当然还要视字号大小而定)。需要指出的是，报纸广告的收费高低和报纸发行量大小成正比，如《人民日报》和《人民日报海外版》虽同为人民日报社的报纸，但由于二者的发行量差别很大，因而广告费亦有很大差别。

2. 杂志媒介

(1) 普及性。据《中国统计年鉴》的资料，我国平均每人拥有的杂志比报纸还要多，可见杂志的普及程度还是比较高的，这也是杂志作为广告媒介的优越性。

(2) 一致性。为了使杂志媒介对象与广告对象保持一致，必须对杂志进行不同分类，从而找出适合做广告的种类。杂志的分类方法很多，一般有三大类：第一类是面向全体社会公众的杂志，如《读者》《幽默大师》《消费者》；第二类是面向特定读者的杂志，如《青年文摘》《健康》《新体育》，分别是面向年轻人、老年人、体育爱好者的杂志；第三类是面向社会团体的，如《求是》《信息世界》。一般而言，除面向社会团体的杂志外，其他杂志个人订阅的比重较大，而且大多是固定订户，具有一定的知识水平，经济条件也较好。

(3) 吸引力。杂志给人的视觉形象优于报纸，所以从这个角度讲，杂志吸引力大于报纸。但不同的杂志对公众的吸引力是不同的。就同一杂志而言，不同的版面引起读者注意的程度也不一样。一般来说，封面最能引起读者注意，其他版面次之。

(4) 反复性。杂志的寿命一般比较长，而且传阅率高，读者阅读广告的反复性强，这是杂志优于报纸之处。

(5) 购买条件。杂志的购买条件与报纸基本相同。

(6) 时效性。与其他媒介相比，杂志的时效性要差得多，而且杂志的出版间隔越长，时效性越差。

(7) 说明性。杂志的说明性与报纸相仿。

(8) 保存性。杂志的保存时间比报纸长得多，这也给广告的收效创造了良好的条件。

(9) 制作水平。杂志制作的硬技术和软技术要视具体杂志而定，但一般而言，其受硬技术限制比报纸少。

(10) 购买费用。杂志广告大多在有限的版面上刊登，其费用的计算一般按广告版面大小确定，当广告需要彩印时，费用更高。不同的杂志，由于其发行量不同，广告价格亦不同。也可以通过计算每百万册广告费的方法进行选择。

3. 广播媒介

(1) 普及性。目前，我国广播电台达 461 座，市县级有线广播电台 2546 座，已在全国形成了一个庞大的宣传网，覆盖了全部国土面积，并影响到周边国家。从 1980 年元旦开始，中央人民广播电台率先开办广告节目，目前每天的广告节目时间在 1 小时以上。

(2) 一致性。目前我国的广播宣传已深入千家万户，广播媒介对象与广告对象保持高度一致。值得注意的是，在具体的广告宣传中，应考虑到广告对象的地区差别，以便采用合适的地区广告媒介方式。

(3) 吸引力。广播媒介通过听觉向媒介对象传递各种信息，在这一点上广播媒介与报纸和杂志媒介显然不同。在同一广播媒介中，有三个方面的因素会影响广告的吸引力：第一方面是广播声音的清晰程度，不同的波段、不同的地区，收听的清晰程度不同；第二方面，在广告节目中，安排在前的广告与安排在后的广告对人的吸引力不同；第三方面是广播的内容和时间。

(4) 反复性。广播的声音转瞬即逝，给听众留下的只能是记忆。因此，用广播作广告时反复性较差。

(5) 购买条件。一般而言，由于广播时间较长，购买相对容易，但也要视具体情况而定。

(6) 时效性。一般来说，由于广播播出时间较长，时效性较好。

(7) 说明性。广播媒介的时间限制较强。在有限的时间内，将详细而复杂的广告内容表达清楚是较困难的，因而其说明性较差。

(8) 保存性。广播媒介不具有保存性。

(9) 制作水平。广播的手段只限于声音，因此要充分利用声音的优势来表现广告内容，其制作的硬技术较受限制，软技术视具体广播电台而定。

(10) 购买费用。广播广告的购买费用是按时间计算的，即价格与播出时间成正比，这一点与电视相同。但与电视相比，广播的广告购买费用要低得多。在国外，相同的时间广播与电视价格的比价是 1：4，在我国，广告价格更为便宜，如中央人民广播电台每分钟的广告播出费用是中央电视台第一套节目在相同时间内播出费用的十分之一。

4．电视媒介

电视将人的视觉和听觉充分的结合起来，利用运动的图像和声音给人留下更为深刻的印象。利用电视媒介作广告，有其独到之处。

(1) 普及性。随着电视在我国的普及，目前电视已经成为仅次于广播的十分普及的大众宣传媒介，电视节目已经占用了绝大多数公众的晚间时间。

(2) 一致性。电视媒介与报纸和杂志不同，其综合性较强，照顾了社会各个阶层，这对广告宣传很有好处，使媒介对象基本包括了广告对象。

(3) 吸引力。与其他媒介相比，电视媒介是吸引力最强的，其原因就是电视集视听效果于一身，而且视觉的色彩吸引力很大。当然，电视媒介只给广告宣传提供了一个良好的条件，至于广告如何吸引观众，在很大程度上与广告的制作技术有关。另外，在电视媒介中做广告受电视播放时间影响很大，并且在多频道并存的情况下，广告节目常被跳过不看。

(4) 反复性。电视同广播一样，声音和图像转瞬即逝，广告收看的反复性差，补救的办法也只能是加大播出频率。

(5) 购买条件。由于广告媒介总体吸引力较强，购买难度较大，经常会遇到排长队购买的情况。

(6) 时效性。电视广告的时效性受两个因素影响：一是广告购买的难易程度；二是电视广告的制作周期。一般而言，电视广告制作需要电视部门协作，而且制作难度远远大于其他媒介，这无疑会影响广告的时效性。

(7) 说明性。电视广告的说明性可以从两个方面来看，一方面，电视广告的时间限制很强,一般是 15 秒或 30 秒,在这样短的时间内要将公共关系广告的内容说清楚难度较大;而另一方面,由于电视媒介兼有声音和图像,广告内容可以同时运用这两种方式表现,在一定程度上弥补了时间限制的缺陷。

(8) 保存性。电视媒介不具有保存性。

(9) 制作水平。电视广告的制作水平因电视台而异。近年来,兴起了一批具有较高水平的专业广告制作公司。制作水平对广告效果影响很大。

(10) 购买费用。电视广告的费用是很高的,除广告播出费用较高外,广告制作费用也十分惊人。要制作一个好的电视广告,需要导演、编排、美工、音乐、声响、灯光、摄影等方面一同合作,在这些方面所支出的费用,往往是广告播出费的几倍乃至几十倍。如果企业缺乏一定的经济实力,对电视广告就无法问津。采用一次制作,多次使用的方法,可以相对降低制作费用。

5．企业对外刊物

企业对外刊物是许多企业普遍采用的一种公共关系广告媒介。这种广告媒介的普及性很差,与前四种广告媒介不可同日而语。但一致性极强,吸引力虽然不大,但反复性、购买条件、保存性、购买费用等方面均较好。其最突出的优点是说明性强,企业可以将想要宣传的内容,包括企业和产品全部融于刊物之中。

二、媒介的选择

从前面对几种主要媒介的一般性分析可以看出,每一种广告媒介均有其独特的优点与不足,究竟选择哪一种媒介形式,就需要对各种广告媒介进行综合分析评价。

(一)评价标准数量化

对各种广告的综合评价是在一般性分析基础上进行的。首先要将上述十大标准尽可能数量化,在此基础上,得到各种媒介的综合评价值,这样就便于对各种广告媒介进行分析比较了。在十大评价标准中,每个标准的计量水平是不一样的,有的可以精确计算,有的只能按等级判断。现将每个标准的数量化问题分析如下。

(1) 普及性。为便于各种媒介之间进行比较,媒介的普及性要用一般性指标来表示。我们现在选用的指标是"媒介接触人数"。对于电视来说,就是电视观众人数;而对于报纸、杂志来说,就是读者人数;对于广播来说,就是广播听众人数。

(2) 一致性。关于媒介对象和广告对象的关系,我们可以概括为重合、覆盖、交叉、分离四种情况,参见图 7-1。

从图 7-1 可知,广告对象与媒介对象交叉重合的部分越大,媒介做广告的效果越佳。据此,我们构造了一个反映一致性程度的指标,即"一致率"或"交叉率"。计算公式为

$$一致率 = \frac{交叉部分人数}{广告对象人数} \times 100\%$$

这个指标数值的变化范围在 0~1,某种媒介的一致率越接近 1[如图 7-1(a)],说明该媒介作广告媒介越合适,反之亦然。值得注意的是,一致率为 1 时的情况有两种,一种是两

者完全重合，如图 7-1(a)。图 7-1(a)的情况，即完全重合是最为理想的，广告效果最佳，且经济性好，而图 7-1(b)的情况则不然，在这种情况下，广告对象被媒介对象全部覆盖，是可行的，但另一方面，企业要为媒介覆盖面超过广告对象部分付费，不够经济，尤其当媒介对象人数超过广告对象过多时，经济性更差。此时，可用不一致率指标作为补充。

$$不一致率 = \frac{媒介对象人数 - 广告对象人数}{媒介对象人数} \times 100\%$$

不一致率只有在出现如图 7-1(b)所示的情况时方可使用，此时，这一指标将在 0~1 变化，不一致率越接近于 1，说明媒介的选择越不经济；反之，指标接近于 0，则经济性较好。图 7-1(c)的情况比较复杂，但也可以通过一致率指标进行分析，结论与前述内容相同。图 7-1(d)的情况是一种完全不可取的情况，即一致率为 0。

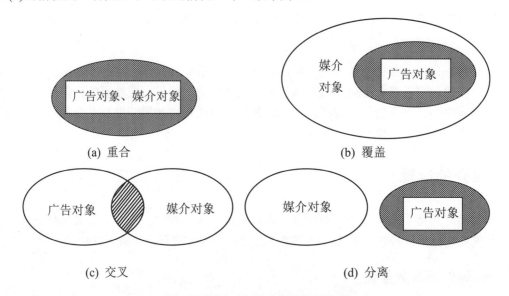

图 7-1　媒介对象和广告对象的关系

(3) 吸引力。不同媒介的吸引力是不同的，但要把这些差别数量化是十分困难的。解决这一问题的办法，主要是经验判断或抽样调查。抽样调查可以得到较为准确的不同媒介的吸引力大小排名，但其费用较高。经验判断法则可以在企业广告活动的调查阶段，请一部分专家来评议，给每种媒介吸引力打分。指标名称为：吸引力评价。

(4) 反复性。反复性的数量化方法也是靠经验判断和市场调查获得。指标名称为：反复评价。

(5) 购买条件。购买条件可以用从广告购买活动开始到成交所需要的时间来表示。指标名称为：购买难易程度。

(6) 时效性。可以用从广告制作开始到广告在媒介上刊出(播出)所需要的时间来表示。指标名称为：制作效率。

(7) 说明性。说明性只能根据经验判断来数量化。指标名称为：表达详度。

(8) 保存性。既可由专家对多种媒介保存性打分，又可根据调查媒介载体的保存时间来表示。指标名称为：保存期或保存性评价。

(9) 制作水平。制作水平的数量化主要有两种方法,一是经验判断评分;二是分别研究广告制作设备的现代化水平和制作人员的素质,进行数值计量和等级评分,然后再综合起来。指标名称为:制作水平评价。

(10) 购买费用。购买费用可以用百万人(广告对象)广告费表示。计算公式如下:

$$百万人广告费 = \frac{广告购买费用}{预计交叉部分人数(百万人)}$$

公式中的预计交叉部分人数是指上面提到的广告对象与媒介对象的交叉部分人数。

(二)评价指标数值的标准化

以评价指标数量化以后得到的数据为原始数据。由于原始数据的计量单位不同,且比较基数不一致,各指标之间很难比较,也就不能进行各种指标的综合比较。为解决这一问题,需对原始数据进行两方面的整理。

(1) 数据同序化。十个指标数值大小与它表明的问题有时并不一致,有的指标数值越大,说明越有利于做广告;而有的指标数值越大,却说明越不利于做广告。为了统一标准,必须将原始数据同序化,也就是说,对指标数值进行调整,使其都是越大越好。具体调整方法是计算反指标的倒数,使反指标变成正指标。

(2) 数据同度量化。数据同度量化就是去掉所有指标的计量单位,以相对数形式表示。计算方法很简单,就是将每个指标的最大值抽象为100,其余值与之相比,算出相对数值。

(三)媒介综合评价与选择

对不同媒介进行综合评价的过程,实际上就是选择过程。综合评价与选择的最简单的方法就是将每一媒介的标准化数据相加后进行排序,排在最前面的,即分值最高的就是企业要选择的媒介。

但是,这种简单的评价和选择方法有其不足之处,因为各评价指标对广告宣传的重要程度不同,而且差别较大。只有充分考虑各指标的重要程度,所进行的评价和所作出的媒介选择才更有科学性。指标权数的确定有许多方法,这里仅介绍三种。

(1) 专家评定法。这种方法的具体做法是:选择一批专家,让他们根据企业的情况进行分析,对十个指标按重要性不同排出位次,然后调整为指标权数来计算每种媒介的总评分。根据位次确定权数的方法为:①先计算每个位次值的倒数;②将所有位次倒数值相加;③用每个位次倒数除以所求得的和,即得权数。

(2) 关键因素法。这种方法是从企业所关心的主要问题出发,给主要指标赋予较大权数,而次要指标可以不区分其重要程度。如企业关心的主要是如何尽快让广告与公众见面,则与速度有关的指标可以分配给较大的权数,而其他指标的权数可以小些。

(3) 最小差别法。一般来说,如果某一指标在各种媒介上的评分差别不大,那么该指标对于媒介选择的影响就比较小。所以,我们可以根据指标差别的大小而确定其权数,计算指标的差别可以用标准差指标,计算公式为

$$\sigma = \sqrt{\frac{\sum(X_i - X)^2}{N}}$$

式中，σ 为标准差；X_i 为指标在每种媒介上的评分值($i=1,2,\cdots,n$)，i 为指标所有评分值的平均；N 为供选择的媒介种数。

思 考 题

1. 广告的含义是什么？
2. 公共关系广告对于企业有何重要作用？
3. 公共关系广告包括哪几种类型？
4. 一个好的公共关系广告怎样进行定位？
5. 怎样选择公共关系广告的媒介？

第八章

公共关系工作程序

【学习目标】

了解公共关系工作的四个基本程序,即公关调查、公关策划、公关方案实施和公关效果评估的含义、内容及程序;理解和掌握公关调查的方法,灵活运用公关调查和公关策划理论组织公关活动。

第一节　公共关系调查

公关调查是组织就公众对组织形象的评价进行统计分析，用数据或文字的形式，显示公众的整体意见，或者就某一具体公关活动条件进行实际考察的过程。公关调查作为公关工作程序的基础步骤和首要环节，对组织的整个公关活动具有重要意义。

一、公共关系调查的内容

公关调查的内容主要有三方面，即组织的自我期望形象调查、组织的公共关系状态调查、组织的公关活动条件调查。

(一)组织的自我期望形象调查

组织的自我期望形象是指组织所期望建立的形象。它是公关工作的内在动力、基本方向和目标。确立组织的自我期望形象时，必须对组织的主观愿望和客观实际可能进行调查。

1. 组织领导层的公共关系目标和要求

作为组织的决策者和领导者，他们对自己组织形象的期望水平，对于组织目标和组织信念的形成，对组织形象选择和建立具有决定性的意义。因此，公共关系调查首先必须详尽研究领导者所拟订的各项目标政策，研究领导者的决心和意图，测定他们对组织形象的期望水平和具体要求，并以此作为设计组织形象的重要依据。

2. 组织员工的要求和评价

一般来讲，组织的目标和政策必须得到员工的认同和支持，才能有效地转化为该组织的实际行动，因此，必须通过调查了解员工对组织的要求、看法及各种建议，了解他们对领导层提出的总目标的信心和支持程度，确定他们对组织的自我期望形象的认同。

3. 组织的实际状况和基本条件

组织的自我期望形象不能脱离组织客观的实际状态和条件。公共关系调查必须完整地掌握本组织各方面的基本资料，包括经营方针、管理政策、生产状况、财务状况、技术开发状况、市场营销状况、人事组织状况等，并以此作为确定组织形象的客观依据。

(二)组织的公共关系状态调查

公共关系状态调查包括组织社会形象状态调查和公众舆论状况调查。

1. 组织社会形象状态调查

组织社会形象与组织自我期望形象相比，往往更能真实反映组织的本来面貌，较为客观，它是社会公众对组织的全部看法和评论、要求和标准。组织社会形象的调查主要是对组织社会形象的两个基本指标——知名度、美誉度所包括的具体内容的调查。了解组织在公众心目中的形象。就知名度而言,主要包括组织规模、组织领导人在社会上的影响、员工的才能(或名气)、产品的新颖程度、组织公关活动的效果等。而美誉度主要包括组织服务方针、组织决策的正确性、产品和服务质量、办事效率、组织信用、组织的服务态度、组织的创新意识等。

2. 公众舆论状况调查

公众舆论状况调查是对公众的态度倾向进行统计、测算,用数据显示公众整体意见,具体来说要确定出舆论标志和指标体系。舆论标志表明确定出公众舆论意见在一定时间和空间所达到的规模和发展趋势。它显示各类舆论的综合对比关系,是对舆论总体趋向的描述。按舆论的分布区域和公众人数的多少可将舆论标志分为四个等级,这就是主导舆论、分支舆论、次舆论和微舆论。通过调查可以揭示出某种舆论整体的理度和度量特征。公众舆论的第一类指标成为舆论的量度指标,包括舆论的公众数量和分布。一般来讲,公众对组织形象的意见和态度覆盖多大的公众范围,就应该在多大的范围选择调查对象。公众舆论的第二类指标是理度指标。即公众所表示意见、态度观点的理论程度。调查对象在表达对组织的意见时,不同的调查对象具有不同的强烈程度,而舆论程度正是表达了公众态度的坚定程度,它剔除了各种虚幻的成分,描述了公众对组织形象评价的质量。通过公众舆论量度指标和理度指标的显示,就可以对公众舆论作出准确的说明。

(三)组织的公共关系活动条件调查

公共关系活动条件的调查,是指组织在开展公共关系活动之前,对开展活动的主客观条件进行调查研究。

1. 公共关系活动主体人力、财力情况调查

组织开展某项公共关系活动之前,必须对参与此项活动的人力和组织所能承担的财力进行调查分析。

2. 公共关系活动的客观环境调查

客观环境调查分宏观、微观调查两部分。宏观调查是对社会环境的调查,即对社会政治、经济形势进行冷静分析,对市场和人们的社会心理进行调查分析。微观调查即对开展公共关系活动的场地、设备以及各类规章和规定等进行调查。

二、公共关系调查的程序

公共关系调查的程序可以分为以下四个阶段。

(一)调查准备阶段

调查准备阶段的工作内容主要包括三项。

1. 确立调查任务

在公共关系调查实施前,公共关系调查者要通过对社会组织面临的现实公共关系问题

的探讨，根据社会组织公共关系工作对公共关系信息的实际需要，确立具体、实在的公共关系调查任务，使公共关系调查真正做到有的放矢。

2．开展调查设计

公共关系调查设计的任务较多，主要包括调查课题设计、调查指标设计、调查样本设计、调查问卷设计、调查过程设计、调查方案设计等。其中一个完备的调查方案应包括八项内容。

(1) 调查的目的、意义和研究课题。
(2) 调查研究范围和分析单位。
(3) 研究类型和调查方式。
(4) 调查对象的选择方案或抽样方法。
(5) 调查内容、调查指标和调查项目。
(6) 调查的场所、时间和进度。
(7) 调查所需的经费和物质手段的计划与安排。
(8) 调查人员的选择、培训和组织。

调查方案的设计必须全面考虑这些问题。

3．准备调查条件

准备调查条件也是公共关系调查准备阶段的一项重要工作。调查条件主要涉及三个方面。

(1) 人员条件。公共关系调查的人员条件不仅包括数量要求，而且包括知识、能力、素质等方面的质量要求，社会组织要根据本次公共关系调查的需要，有针对性地开展调查人员的培训工作。

(2) 经费条件。公共关系调查活动需要经费的支持，要作好经费预算，确保经费到位。

(3) 物质条件。公共关系调查往往需要一些物质技术手段的支持，如录音机、录像机、摄影机、电话机、电传机、计算机等，这些都应尽量做好准备。

(二)资料搜集阶段

资料搜集阶段也称为具体调查阶段，是整个公共关系调查过程中最为重要的阶段。资料搜集阶段的主要任务有两项。

1．实际搜集资料

实际搜集资料是公共关系调查唯一的现场实施阶段。在公共关系调查中，搜集资料的方法是多种多样的。根据搜集资料方式的不同，可以划分为直接搜集和间接搜集；根据搜集途径的不同，可以划分为正式途径搜集和非正式途径搜集；根据调查者显隐特征的不同，可以划分为公开搜集和秘密搜集等。在公共关系调查过程中，无论搜集何种资料，也无论采用何种方法搜集资料，都应以保证资料的真实、准确、全面、丰富为原则。

2．争取多方支持

资料搜集阶段是公共关系调查者在一定的社会环境中与被调查者正式接触的阶段，也是公共关系调查者接受种种外部因素制约而无法完全控制自己工作进程的阶段。为了确保资料搜集工作的顺利进行，真正搜集到真实、准确、全面、丰富的资料，公共关系调查者必须有效协调各种关系，争取多方支持。具体的工作内容有：第一，要协调好与被调查者的关系，努力争取他们的支持与合作。第二，协调好与那些和被调查者有关的组织及人事的关系。

(三)整理分析阶段

整理分析阶段也称为研究阶段。它是运用科学的方法，对资料搜集阶段搜集得来的各种资料进行提炼、整理，并加以分析、研究的信息处理过程。整理分析阶段的主要任务有两项。

1．整理调查资料

公共关系调查资料的整理是公共关系调查资料分析研究的基础工作，是公共关系调查从具体调查阶段过渡到研究阶段、由感性认识上升到理性认识的一个必经的中间环节。公共关系调查资料整理的工作内容主要包括以下几点。

(1) 按照真实性、准确性、完善性、标准性的要求对调查资料进行审核；
(2) 按照科学性、实用性、渐进性、相斥性的原则对调查资料进行分类；
(3) 按照条理化、系统化、精练化、规范化的要求对调查资料进行加工。

2．分析调查资料

公共关系调查资料的分析是指调查者运用一定的科学分析方法，对公关调查资料的内容进行深度加工的过程。这一过程所运用的分析方法很多，一般可以概括为定性分析方法和定量分析方法两类。在这一过程中，调查者可以通过对已经整理的公共关系调查资料进行由此及彼、由表及里、由浅入深的测算、比较、推理、判断，发现隐匿于大量的调查资料之中的某些重要信息，揭示隐藏在大量的调查资料背后的某些关键问题，并以此提出社会组织公共关系工作的若干对策措施，形成公共关系调查的科学认识成果。

(四)报告写作阶段

调查报告写作实质上是公共关系调查者对调查所获信息资料的一种高级处理工作过程。这一过程的具体工作内容如下所述。

(1) 综合分析经过审核和加工处理的信息资料，确定调查报告的主题；
(2) 全面汇集有关信息资料，概括出相关事物存在与变化的一般情况；
(3) 综合研究相关信息资料，提炼出有关观点；
(4) 选择运用有关信息资料，具体的说明社会组织公共关系工作中应当注意的有关问题等。

三、公共关系调查的方法

公共关系调查的方法按信息资料的来源划分，调查方法可以分为间接调查法和直接调查法两类。

(一)间接调查法

间接调查法也称文案调查法,是指公共关系人员不是直接和公众接触,而是通过某些中间环节达到调查目的的方法。它的作用在于:

(1) 可以发现问题,并为市场研究提供重要参考依据。几乎所有的市场调查都始于收集现有资料,只有当现有资料不能为解决问题提供足够的依据时才进行直接调查。

(2) 可以为直接调查创造条件,为直接调查提供基本的情况,检验直接调查的结果。

(3) 可用于有关部门和企业进行经常性的市场调查,不受时空的限制。间接调查法的主要渠道是企业内部资料和企业外部资料。企业内部资料是从财务部门、计划统计部门、档案部门等取得的;企业外部资料是从统计部门、信息中介、国内外文献等取得的,其方法有查找法、索取法、收听法、咨询法、采集法、互换法、购买法和委托法。间接调查资料的方法有综合法、相关法、推导法、反馈法、追踪法。

(二)直接调查法

直接调查法是指公共关系人员与公众面对面地沟通,直接了解情况、掌握信息。

常见的直接调查法主要包括观察调查法、访谈调查法和问卷调查法等。

1. 观察调查法

观察调查法就是在产生信息的地方通过耳闻目睹,客观记录下信息源产生过程的调查方法,其优点在于调查对象没有意识到自己正被调查,具有很好的自然性。观察调查法的类型有直接观察法、间接观察法和比较观察法。

2. 访谈调查法

访谈调查法也称访谈法,是指调查人员通过与调查对象进行有目的的谈话,收集口头资料的调查方法。

访谈法的特点是:收集信息是通过访谈员与调查对象进行面对面交谈的方式来实现的,因此它具有直接性的特点;具有较好的灵活性和适应性;资料由访谈员通过访谈直接获取,因此访谈员个人的访谈技巧、人品气质和性格特征等都会直接影响到调查的结果;回答率高、效度高,但标准化程度低,常常给统计分析带来一定的困难;费用高,一般应用于那些准确性要求较高的问题的研究上,或者应用于探索性研究。

按访谈提纲的方式访谈法可划分为结构性访谈和非结构性访谈;按访谈的场所划分,访谈法可分为机关访谈、街头访谈、家庭访谈和公共场所访谈;按受访谈的人数划分,访谈法可分为集体性访谈和个别访谈;按访谈的时间划分,访谈法又可分为一次性访谈和跟踪访谈。

3. 问卷调查法

问卷调查法是目前国内外社会调查中使用最为广泛的一种方法。问卷是指为统计和调查所用的、以设问的方式表述问题的表格。问卷法就是研究者用这种控制式的测量对所研究的问题进行度量，从而搜集到可靠资料的方法。

除了上述三种常用方法外，还可采用电话采访或询问的方式进行，不需面对面，而且速度快、效率高；或充分利用网站设置调查问卷，在虚拟的世界中得到真实的反馈信息。

四、公共关系调研的原则

(一)客观性原则

公关调研要为企业提供决策依据，所以调研活动和调研过程应有很强的科学性。为了保证公关调研的科学性，调研人员必须遵循客观性原则。

公关调研是为了准确地了解公众对企业形象的评价。坚持调研的客观性是调研人员应遵循的最重要原则。调研人员在调研过程中，应从客观实际出发，要注意区分公众的客观态度和主观臆想。公众的客观态度是指调研对象对企业形象的直接感受和评价，而主观臆想则是调研对象对企业形象的一种想象和愿望。在调研过程中，只有把握了调研对象的客观态度，才能对公众的有关评价得出科学、准确的结论。此外，调研人员在调研过程中，切忌主观性，不可随心所欲地给客观事实加入主观猜测的成分，而应随时随地从客观事实出发，不回避更不掩盖事实。只有这样，才能充分保证调研结果的可信度和效果。

(二)全面性原则

公关调研的客观性本身就要求调研的全面性。公关调研的全面性要求调研人员在搜集调研对象对企业形象的评价时，必须注意搜集各方面公众的意见。这里应注意两点：一是调研对象必须能够代表公众，如果调研对象没有代表性，尽管他们对企业形象地评价是客观的，但这并不能代表公众的整体态度。所以，调研人员必须用严密的科学方法收集有代表性的调研对象的客观态度。二是调研所得的资料必须全面，既要有调研对象的正面意见，也要有调研对象的反面意见，并注意各种意见之间的联系，不能一叶障目、不见泰山。以偏概全的调研对所有企业都是十分有害的。

(三)时效性原则

公关调研是用来了解调查对象在某一确定时间对企业形象地评价，调研结果具有很强的时效性。对一个企业来说，调研所得信息的价值，与提供信息的时间成正比，迟滞的信息会导致企业失去取胜的良机。所以，在调研过程中，调研人员不仅要注意调研信息的准确性，还要注意信息传递的快捷性。此外，客观事物总是处在不断运动和变化之中，公关策划的一次调研，只能反映此时此刻公众的态度，这种态度会随着时间的延续而发生变化。切忌根据公众的一时态度，或高枕无忧，或自暴自弃。公关调研的时效性，也包含调研的长期性、反复性。遵循公关调研的时效性原则，有利于企业及时收集情报并作出果断的决策。

(四)计划性原则

公关调研是企业形象管理中的重要一环。企业不可期望通过一次调研获得所有情报。

公关调研工作应列入企业的整体运作计划中，使之制度化、规范化。公关调研的制度化、规范化不仅可以使企业适时得到有价值的信息，同时也可以不断地总结调研的经验，提高调研工作的质量。另外，对一项具体的调研工作来说，事前必须要制订一个完整、严密的调研计划，对调研任务及完成任务的人力、物力做出合理的安排；对调研中可能会遇到的各种问题及其对策都要考虑充分。这样，才能保证调研的顺利进行，提高调研工作的效率。

(五)伦理性原则

所谓伦理行为，按照韦伯斯特的说法，是与公认的职业惯例相一致的行为。在公关调研中，伦理原则是调研人员应当遵循的基本原则之一。

在调研过程中，使调研对象受到某种程度的伤害，对调研对象采用欺骗手段，使调研对象处于某种心理压力之下，或是调研人员在进行资料分析时，片面地引用调研事实等，都被认为是非道德的行为。调研人员在调研过程中，既要注意调研的科学性，又要注意调研行为是否符合道德规范。如果调研人员的行为不道德，就难以取得调研对象的信任，这样，调研结果的客观性、全面性就难以保证。调研人员与调研对象之间的关系，应当是诚实和公开的关系，而绝不是欺骗和隐瞒的关系。

第二节　公共关系策划

一、公共关系策划的含义

公共关系策划是组织为实现形象战略目标和公共关系活动的成功而事先进行的有科学程序的谋划、构思和设计最佳方案的过程。

公共关系策划概括起来有两类：一是组织公关战略的策划，二是组织公关具体策略的策划。公关战略策划直接体现公关战略目标即塑造组织形象。具有全局性、长期性、指导性、稳定性等特征。公关战略策划的内容将在组织形象分析一章中讲述。本章所讲的公关策划是指公关具体策划，即具体公关实物活动的谋划及设计最佳方案的过程。

二、公共关系策划的程序

公关策划是在公关的调查基础上，充分收集公关信息，包括政府决策信息、新闻媒介信息、立法信息、产品形象信息、竞争对手信息、消费者信息、市场信息、企业组织形象信息、流通渠道信息等，从而分析组织现状和实际可能。其策划主要包括以下内容。

(一)确定目标

公关目标即公共关系人员经过努力要达到的目的以及衡量这一目标是否达到的具体指标。公关目标是一个复合目标系统，其内容如下所述。

(1) 提高企业的知名度、信任度和美誉度；

(2) 使企业或组织与公众保持沟通，并完善其渠道；
(3) 依据社会环境的变化趋势，调整企业或组织行动；
(4) 妥善处理公关活动中的纠纷，化险为夷；
(5) 帮助企业提高产品及服务的市场占有率等。

公关组织在确定目标时要注意四点。

1．公共关系目标应与组织的整体目标相一致

公共关系人员在策划目标时，应具有全局观念，通盘考虑，使该项公共关系活动方案不仅要实现该项活动的特定目标，而且有助于在公众中不断完善和提高组织整体形象。

2．公共关系目标应有一定的灵活性

公共关系目标是组织为完善、提高在社会公众中的形象而努力的整体目标，必须具有一定的稳定性。但在保持相对稳定的前提下，也要有一定的灵活性，使目标具有随组织内部和外部环境的变化而进行调整的灵活性。

3．公共关系目标应按重要程度和执行的先后顺序排列

公共关系目标按时间可划分为迫切目标、近期目标、长期目标，并按轻重缓急分别实施。

4．公共关系活动目标应尽可能具体化

对每一个目标应尽可能分解为若干更为具体的小目标，同时对每个小目标都应有具体规定和定量指标，并指明完成的时间期限。

(二)确定公众

确定与组织有关的公众即确定目标公众。这就应选择与本组织的信念和发展利益相同、相近，或利益关系特别重要的公众作为目标公众。因为他们对组织的支持和信赖程度直接关系到组织的生存和发展，因而应考虑他们的权利和要求。这就需要做必要的公众分析研究。

在进行公共关系策划时，对目标公众的分析应包括以下方面内容。

(1) 目标公众分属于哪些不同的社会组织和社会群体？他们居住在什么地方？他们当中谁是意见领袖。
(2) 目标公众的共同利益要求及特殊利益要求是什么？
(3) 目标公众习惯读什么书刊，喜欢收看什么电视节目及收听哪些广播节目？
(4) 目标公众对本组织的看法如何？他们对本组织感兴趣的原因是什么？
(5) 目标公众与本组织目前关系如何？

对这些问题分析得越透彻，公共关系目标就越有针对性，策划就越有可行性。

(三)设计主题

公共关系活动的主题是对公共关系活动内容的高度概括。它提纲挈领，对整个公共关

系活动起着指导作用。主题设计的是否精彩恰当，对公共关系活动的成效影响很大。

公共关系活动主题的表现方式是多种多样的。它可以是一个口号，也可以是一句陈述或表白。比如，日本精工计时公司为使精工表走向世界，利用在东京举办奥运会的机会，进行了以"让世界人都了解精工计时是世界第一流技术与产品"为目标的公共关系活动，活动的主题是："世界的计时——精工表。"

公共关系活动的主题看上去非常简单，但设计起来并不容易。设计出一个好的活动主题，必须做到。

(1) 公共关系活动的主题必须与公共关系目标相一致，并能充分表现目标。

(2) 表述公共关系活动主题的信息要独特新颖，表述上也要有新意，词句能打动人心，具有强烈的号召力。

(3) 公共关系活动的主题设计要适应公众心理需要，富有激情并使人感到亲切。

(4) 公共关系活动的主题设计要简明扼要，易于记忆。

(四)公关时机策划

公关主题确定后，公关策划必须对公关最佳时机进行策划。公关时机策划与选择很重要，它直接关系到公关效果，时机选得好，公关将会收到事半功倍的效果。否则，如错过公关时机，公关效果将事倍功半，可谓"机不可失，时不再来"。

组织策划常利用的公关时机有：①组织创办或开业之际；②组织更名或其他组织合并之际；③组织推出新的服务项目或新产品之际；④组织快速发展但声誉尚未建立之际；⑤组织获得新的荣誉之际；⑥组织出现局部失误或遭某方面误解之际；⑦组织遇到突发性事件或危机事件之际等。

(五)预算经费

公共关系活动的经费预算，应根据组织的类型和规模、公共关系活动的目标和要求而定。一般来讲，组织公关活动所需经费开支主要包括以下几项。

1. 劳动报酬

包括公共关系人员及相关人员的业务报酬。

2. 行政管理费

如房租、水电费、电话费、办公费等。

3. 传播媒介费

包括投放在报纸、杂志、广播、电视、网络等上的费用。

4. 器材费

包括投入到制作各项印刷品、纪念品、摄影设备和材料、美工器材、电视录像设备、展览设备和用品等的费用。

5．活动费

如举办记者招待会，召开座谈会，举办大型活动，组织展览和参观费及其他应酬费、赞助及人员活动费。

6．其他应急或机动费用

对公共关系活动经费的预算主要采用以下方法：①按销售量抽成法。即按本组织过去(或将来)的总体销售量或纯销售量，拨出一定百分比款项作为公共关系活动经费。②目标作业法。即按目标和计划详细列出完成公共关系任务所需各项活动经费，以最后核定金额作为预算的极限。

(六)形成方案

形成方案是公关策划中的关键环节，它使公关策划由确定目标与公众、设计主题、预算经费等策划准备阶段进入实际策划阶段，即计划编制阶段。它是以上几个阶段的具体化和操作化。以四川泸州酒厂借助于一次产品荣获国际金奖的机会进行的公关活动为例。

1987年9月13日，这个厂生产的中国名酒——泸州老窖特曲，在泰国曼谷第二届国际饮料食品展览会上荣获该会设立的唯一金奖——金鹰杯奖。这是继1915年该酒获国际巴拿马博览会金奖后的再次获奖。该厂接到泰国发回的获奖电文后，立即组织策划，提出量与质要实现的目标。量——在中央电视台、中央人民广播电台以及全国各主要报刊上播发消息，至少让2亿人次得知获奖消息。质——让公众知道泸州酒厂又获国际金奖，为国再度争光。为方便公众记忆，他们拟订了一条简练的口号："四百年泸州老窖飘香，七十年国际金奖不倒"作为这次活动的宣传主题。

按照拟订的目标，该厂分三步开展公关活动。

第一步，扎彩车组织游行队伍，到火车站迎接金鹰奖杯，而后在全市举行大游行，彩车通过市区，市民争相观看，喜悦之情溢于言表，"酒厂为我们争了气，为国家争了光"。

第二步，向市领导报喜，以取得政府的支持，扩展获奖的社会影响。省领导获讯以后，以省政府的名义及时向该厂发去祝贺电报。市政府专门召开全市大会表彰酒厂为全市、为国家争了光，并批准企业免税发放一次性奖金。

第三步，在征得省政府、商业部的同意之后，准备以四川省人民政府、中华人民共和国商业部的名义在首都举行隆重庆祝大会。

经过再三策划，时间选在党的十三大刚闭幕之后的1987年11月3日晚上，地点选在人民大会堂。在邀请领导人方面，他们拟订了两套方案。最后证明，有两套方案才能保证万无一失，否则筹备一个多月的庆祝会就将前功尽弃。在选择传播手段上，他们利用宣传效果好的电视媒介，由专人负责在中央电视台及北京电视台录像，提供一切便利条件，同时与电视台记者协商，请他们将整个大会主要过程实录下来，作为企业的历史资料、公关档案。至此，一个较为完整的公关活动方案就完成了。

(七)审定方案

审定方案包括优化方案和论证方案两个部分。

1. 优化方案

公共关系活动方案优化过程是提高其合理值的过程。一般从三个方面去考虑，即增强方案的目的性，增加方案的可行性，降低耗费。通常采用以下方法：①重点法。对一个方案进行优化时，先分析目的性、可行性、耗费三个方面，把影响最大的方面确定为重点，再着重突破薄弱环节使方案整体优化。②移植综合法。在基本确定某一方案后，将其他方案可以移植的优点部分综合到被选定的方案中，达到最优化。

2. 论证方案

论证方案一般是由有关领导、专家和实际工作者对方案的可行性提出问题，由策划人员答辩论证。方案论证包括以下几方面：①对目标进行分析。即分析目标是否明确以及实现的程度如何？②对限制因素进行分析。即方案在哪些条件下可以实行，在哪些条件下不可能实行。③对潜在问题进行分析。即预测方案实施时可能发生的潜在问题障碍，分析防止和补救的可能性。④对预期结果进行综合效益评价，判断该计划是否付诸实施。

方案进行论证后，必须形成全面的报告。报告内容包括：综合介绍、公关活动的计划书和方案论证报告。然后，提交有关领导批准。当然，一项公关活动的策划内容由于公关活动的灵活性与实际情况的差异，有时也会根据情况酌情增减，并非完全按照上述程序进行，这是允许的，也是可能的。

三、可借鉴的公共关系活动策划

(一)宣传型策划

以运用各种传播媒介向外宣传为主，目的是迅速地将组织的有关信息传播出去，形成有利的社会舆论，创造必要的声势或气氛。其具体形式有：发新闻稿、各种广告、各种视听资料、演讲或表演等。要广泛运用报纸、杂志、电台、电视台等不同的传播媒介，要与新闻界人士保持密切、友好的关系。宣传型策划的特点是主导性强、时效性强、传播面广、推广组织形象的效果快。

(二)交际型策划

以人际交往为主，目的是通过人和人的直接接触，深化交往层次，巩固传播效果，为组织广结良缘，创造亲密气氛。其方式包括社团交际和个人交际，如工作会餐、宴会、座谈会、招待会、谈判、专访、慰问、接待参观、电话沟通、亲笔信函等。总之，通过语言、文字、人与人之间的直接对话等来往与沟通。交际型策划的特点是直接、灵活、亲密、富有人情味。

(三)服务型策划

以各种优质服务为媒介，以行动去赢得公众的了解、信任和好评，使组织与公众之间的关系构成一座看得见摸得着的巩固桥梁。如各种消费教育、消费培训、消费指导、售后服务、免费保修、各种完善的服务措施等。服务型策划的最大特点是实在，商业痕迹不浓。

(四)社会型策划

以各种社会性、文化性、公益性、赞助性活动为主，目的是树立组织的形象，提高组织社会知名度和美誉度。其形式有：赞助文化、教育、体育、卫生等事业，支持社会福利事业、慈善事业，扶持新生事物，参与国家和社区重大活动并提供赞助；还包括利用本企业的庆典活动和传统节日为公众提供有益的大型活动或招待。社会型策划的特点是公益性、文化性强，影响力大，但成本也较高。

(五)征询型策划

以收集信息、舆论调查、民意测验、参与决策为主，目的是通过分析、研究信息，为经营管理决策提供参考，为公众服务。其形式有：开办各种咨询业务，建立来信来访制度和合理化建议制度，制作调查问卷，设立热线电话，分析新闻舆论，开展社会调查，进行有奖测验，聘请兼职信息员，举办信息交流等。征询型策划的特点在于通过日积月累的努力，逐步形成丰富的信息网络。

第三节 公共关系方案实施及其意义、过程特点

一、公共关系方案实施的意义

在公关活动方案被采纳之后，将方案中所确定的内容转化为现实的过程就是公关方案实施。公关活动能否获得预期效果，不仅要看公关活动方案制订的是否可行，更重要的是要看方案如何实施及实施的效果如何。公关方案实施是公关工作程序中最为复杂、最为多变的关键环节，因此，公关方案的实施具有很重要的意义。

(1) 公关方案的实施是解决问题的中心环节。
(2) 公关方案的实施决定了方案实现及实现的程度和范围。
(3) 公关方案实施的结果可以作为以后方案制订的重要依据。

二、公共关系方案实施过程的特点

(一)实施过程中的动态性

公共关系方案的实施是由一系列连续活动构成的过程，是思想和行为需要不断变化、不断调整的过程。不断地改变、修正或调整原定的实施方案、程序、方法、策略等都是实施过程中不可避免的正常现象。但是，公关方案的修正、调整并不等于说公关人员可以随意以一些无关大局的变化为借口，而不按原计划实施。

(二)实施过程中的创造性

公关方案的实施过程,对公关人员来讲,并非机械照章办事的过程,而是需要进行再创造的过程。正如出色的演员能使优秀的剧本在表现时趋于完美。准确地选择传播渠道、媒介;合理地选择时机;正确地分配任务;灵活调整步骤;及时巧妙处理突发事件等,都需要公关人员创造性地去完成。有时,实施过程中公关人员创造性地处理问题会弥补原方案的不足。

三、公共关系方案的有效实施

公关方案的实施主要是通过一系列的活动进行的。一项公关方案在实施时能否真正达到预期效果,还要把握以下几点。

(一)有效地排除沟通中的障碍

公关方案的实施目的在于实现组织和公众之间的双向沟通。但在沟通过程中有不少障碍因素如语言障碍、习俗障碍、观念障碍、心理障碍、组织障碍等都会影响信息的传播,使组织无法顺利实现与对象公众的沟通。因此,在公关方案实施过程中,必须把这些障碍因素考虑到,并采取有效的措施予以排除。

(二)正确选择方案实施时机

公关方案实施时机的选择对实施效果影响也很大。正确选择时机是提高公关方案成功率的必要条件。不同的公关方案,时机的选择也不相同。公关时机的选择一方面要服从组织整体公关策划,另一方面要使公众的心理期望得到满足。从公众与组织的关系角度来讲,公关活动实施的最佳时机应是在当前公众即将向知晓公众转化之前。例如20世纪50年代,法国白兰地酒开拓性地打入美国市场就是公关人员善于利用最佳时机,开展公关活动的一个典型的公关杰作。当时,担任这项工作的公关专家,经过详细策划决定抓住法美两国人民的情谊大做文章。他们选定的时机是美国总统艾森豪威尔的67岁寿辰。他们把两桶极为名贵的、酿造已达67年之久的白兰地酒作为献给美国总统的贺礼,并充分发挥新闻媒介的宣传功效,吸引了美国公众,以致在总统寿辰的当天,华盛顿出现了万人空巷的罕见景象。同时,有关名酒的新闻报道、专题特写、新闻照片等挤满了当天的报纸。在这种庄严的气氛中,法国白兰地酒昂首阔步地进入了美国国家宴会厅,也摆上市民的餐桌。

另外,在实施公关方案时,正确选择时机还应注意把握以下两点。

1. 要避开或利用重大节日

凡是同重大节日没有任何联系的活动都应避开节日,以免被节日气氛冲淡。凡是同重大节日有直接或间接联系的公关活动方案则可考虑烘托气氛,扩大公关活动影响。

2. 要注意避开或者利用国内外重大事件

凡是需要广为宣传的公关活动都应避开国内外重大事件,以免被重大事件所冲淡。凡是需要为大众所周知，又希望减少震动的活动则可选择重大事件发生之时。

(三)科学控制目标导向和活动进度

在公关方案实施过程中，必须保证活动不能偏离公关方案目标，实施人员可利用目标对整个实施活动进行引导、制约和促进，以把握实施活动进程和方向。同时，在公共关系方案实施过程中，由于分工不同，实施人员各负其责开展工作，往往会出现多方面工作不同步的现象。为此，在公关活动的进程中，应经常检查各方面工作的进度，及时发现超前或滞后的情况，搞好协调，使各方工作同步进行或平衡发展。

目标导向和活动的控制是相互联系的，把握好目标导向才能很好地控制活动进度。如美国一家牛奶公司意欲将该公司消毒牛奶打入日本市场，但在整个过程中遇到日本消费者、消费者联盟、销售商、牛奶场主、卫生部门和农林部门不同程度的障碍。公司的第一步行动是说服大销售商来经销消毒牛奶。第二步，进行大量公益活动，塑造良好的社会形象。第三步，与牛奶场联系。第四步，对消费者进行指导消费教育。这四步均在前一个行动取得成功的基础上，迈向新的目标。

(四)及时调整方案及行动

由于公关方案实施的环境及目标公众的情况是复杂多变的，因而，在实施过程中，必须不断把公共关系方案在客观环境中实施的结果与公共关系目标进行对照，如有偏差，应及时对方案、行动或目标做出相应调整。要依靠各种形式的信息反馈渠道，把方案实施的各种信息及时、准确搜集汇总上来，研究分析并作为调整行动的依据。

第四节　公共关系效果评估

一、评估的意义

公共关系活动效果的测评与反馈既是对上一阶段公共关系工作的总结，又是对下一阶段公共关系状态的调查研究。在公共关系活动中，公共关系评估起着承上启下的作用。

第一，公共关系评估是改进公共关系工作的重要环节。对公共关系活动进行全面、彻底、客观的事后评价，可以了解哪些工作确已成功、哪些工作未能成功、哪些工作是意外的成功、哪些工作可以做得更好些，原因何在。这样我们可以总结成功的经验和失败的教训，供以后的公共关系工作借鉴。

第二，公共关系评估是开展后续公共关系工作的必要前提。通过评价，我们可以了解组织形象的现状，发现组织面临的公共关系新情况、新问题，为后一项公共关系工作提供决策依据。

第三，公共关系评估是鼓舞士气、激励内部公众的重要形式。公共关系人员将公共关系活动效果向内部员工解释和说明，可以增强全体员工的公共关系意识，使他们自觉地将实现本组织的战略目标与自己的本职工作紧密联系在一起，并付诸行动。

第四，公共关系评估能使组织的领导看到开展公共关系活动的明显效果，从而更加自觉地重视公共关系工作。

二、评估的内容

公共关系评估的目的是取得关于公共关系工作过程、工作效益和工作效率的信息，作为决定开展公共关系工作、改进公共关系工作和制订公共关系新计划的依据。

一般来说，评价分析公共关系活动的主要内容有四个方面。

(一)检查目标是否实现

检查目标是否实现，就是详细、客观地分析公共关系活动解决了哪些公共关系问题，达到了哪些目标以及实现的程度如何。公共关系目标是衡量公共关系活动的具体标准，因而在评估效果时，需要重温公共关系目标，看既定的目标是否实现，既不要拔高，也不要降低标准。

(二)分析公共关系状态

运用前面介绍的调查研究方法，收集关于公众的各项资料(知晓、态度、行为资料)，然后进行分析比较，看哪些达到了原来的目标、哪些还没有达到、哪些超过了预期效果。

(三)向决策部门报告分析结果

如实地将分析结果以正式报告的形式传达给决策部门直至组织的最高决策层。报告内容包括陈述活动及成果、比较实际活动与预期目标、预测今后的工作。这一工作内容是使组织有关领导层重视、支持公共关系工作的有效途径。

(四)把分析结果用于决策

将评估结果用于将要制定的项目决策、调整公共关系活动的总目标。

三、评估的方法

公共关系评估必然要分析组织的公共关系状态，了解和掌握组织形象的变化，所以本章第一节介绍的调查研究方法同样适用于评估效果。除此之外，还有以下一些方法常用于效果评估。

(一)直接观察法

直接观察法即通过观察公众的反应来检验公共关系活动的效果。例如本组织的公众是否增加了，公众投诉的电话和信件是否减少了，纠纷是否平息了。

(二)态度测量法

态度测量法是运用态度理论,通过问卷的形式,测量公众态度转变的情况。可用抽样调查、座谈等方法确认公共关系活动影响特定公众可以度量的效果,然后进行质的分析,掌握公众态度倾向的变化。

(三)新闻调查法

新闻调查法是通过统计分析报纸、杂志、广播、电视等大众广播媒介对本组织的报道情况来评估公共关系活动的效果。统计分析的内容包括:①报道的次数和篇幅。次数越多,篇幅越大,引起公众注意的程度越大。②媒介的级别。是全国性媒介还是地方性媒介,是重要媒介还是一般性媒介。③报道的方式。是正面报道还是反面报道,是重点报道还是一般报道。④报道的时间。是及时道报道还是迟发道报道。⑤报道文章的来源。是本组织撰写的还是记者采编的。

(四)目标管理法

在制订公共关系计划时,确定可以度量的具体目标和标准。活动结束后用实际效果对照目标做出较科学的评估。

四、公共关系状态的评估

公共关系状态的评价与分析在公共关系的调查研究和效果评估中占有重要的地位。下面介绍几种公共关系的评估方法。

(一)组织形象地位图

组织形象地位,如图8-1所示,是一个二维平面坐标图。横坐标代表知名度,从左到右,最小为0,最大为100,数值越大代表知名度越高;纵坐标代表美誉度,从下到上,最低为0,最高为100,数值越大,表示美誉度越高。

具体运用的方法是:

(1) 确定知名度。如果某个组织调查了1000名公众,其中有200人知道该组织,则知名度为200/1000×100%=20%。

(2) 确定美誉度。如果200人中有80人对该组织表示好感或赞赏,则美誉度为80/200×100%=40%。

(3) 标记形象地位点。在坐标图上找到一个点,使其横坐标为20,纵坐标为40,即为组织的形象地位点。如图8-1中的A点。

根据知名度与美誉度数值大小的不同组合,可以将组织形象地位图划成四个区域,这四个区域分别表示四类不同的公共关系状态。

Ⅰ区表示高知名度,高美誉度。处于这种形象地位,说明组织的公共关系处于较好状态,Ⅰ区是最佳形象区,是公共关系努力的方向。

Ⅱ区表示高美誉度，低知名度。处于这种形象地位，说明组织的公共关系具有良好的发展基础，公共关系工作的重点应放在维持美誉度的基础上提高知名度。

Ⅲ区表示低知名度，低美誉度。处于这种形象地位，表明公共关系的状况不佳，其公共关系工作甚至要从零开始，首先应该完善自身，争取较高的声誉，而在传播方面保持低姿态，待到有了较高的美誉度以后，再加大提高知名度的工作。

Ⅳ区表示低美誉度，高知名度。处于这种形象地位，说明组织的公共关系活动处于臭名远扬的恶劣境况。其公共关系工作应该是先扭转已经形成的坏名声，默默地努力改善自身，设法逐步挽回信誉。

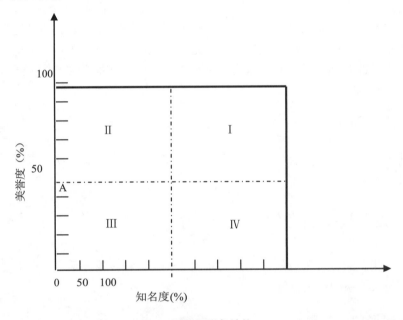

图8-1　组织形象地位

在进行公共关系评估时，将公共关系活动前后的组织形象地位进行比较分析，即可准确地得出公共关系活动的效果。

(二)组织形象要素表

组织形象要素表是运用态度测量理论中的语意差别分析法来制作组织形象要素，并以此为工具评估组织形象。

组织形象要素表的制作方法是：将认定构成组织形象的较为重要的属性，如经营方针、办事效率、服务态度、业务水平等，分别用正反相对的形容词表示好与坏的两个极端，在这两个极端中间设置若干个程度有所差别的中间档次，以便公众能对每一个调查项目均可以分档次进行评价，如办事效率非常高、相当高、稍微高、中等、稍微低、相当低和非常低，即可得到组织要素表(如表8-1所示)。

然后公共关系人员将此表发给公众(抽样确定)，请他们就自己的看法在表格上进行选择，作出评价(画√)。待所有发出的表收回后，公共关系人员再进行统计，计算各个档次中持某种意见的人在调查总人数中的比例。将这些百分比数字填入一张表内，就能比较直观地获知公众态度,即得到组织形象的具体内容。

表 8-1 组织形象要素

调查项目	评 价							调查项目
	非常高	相当高	稍微高	中等	稍微低	相当低	非常低	
经营方针正直								经营方针不正直
办事效率高								办事效率低
服务态度诚恳								服务态度恶劣
业务水平有创新								业务水平缺乏创新
领导人有名气								领导人无名气
企业规模大								企业规模小

注:请在同意的栏目内打"√"。

假设某个组织的组织形象要素表的统计结果如表8-2所示,那么组织的形象内容为:经营方针比较正直,办事效率一般,服务态度比较差,业务缺乏创新,领导人的名气甚低,企业规模较小。

表 8-2 组织形象要素表 (统计结果)%

调查项目	评 价							调查项目
	非常高	相当高	稍微高	中等	稍微低	相当低	非常低	
经营方针正直		65	25	10				经营方针不正直
办事效率高			25	65	10			办事效率低
服务态度诚恳				15	20	65		服务态度恶劣
业务水平有创新					20	70	10	业务水平缺乏创新
领导人有名气						10	90	领导人无名气
企业规模大					25	55	20	企业规模小

(三)形象要素差距图

利用组织形象要素表,公共关系人员还可以绘制形象要素差距图。

如图 8-2 所示,即将上述统计结果用曲线图表示出来,与组织的自我期望形象加以对比,使实际形象与自我形象的差距一目了然。方法是把形象要素表中各项属性的档次数量化。例如:0~10 表示非常低,10~20 表示相当低,20~30 表示稍微低,30~40 即中间状态,40~50 表示稍微高,50~60 表示相当高,60~70 表示非常高。然后,将统计结果计算平均数,将平均数分别标记在各属性数值标尺的相对位置上,最后连接各点,即得到实际的形象曲线。图 8-2 是以表 8-2 为例的。图中实线部分是该组织的实际形象,虚线部分则是该组织的自我期望形象。两条曲线之间的差距是组织的形象差距。公共关系人员应通过公共关系活动去缩小这个差距。

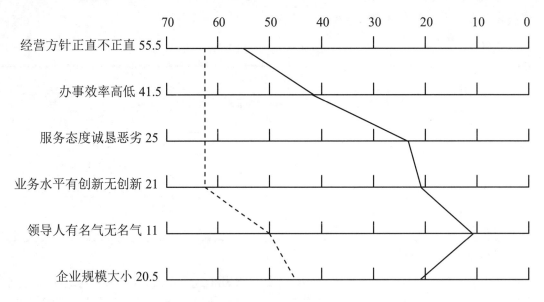

图 8-2 形象要素差距

思 考 题

1. 简述公关调查的内容与方法。
2. 简述公关策划的内容。
3. 公关方案实施应把握哪些问题?
4. 公关方案实施有何特点?
5. 公关效果评估的内容和意义是什么?

第九章

组织形象分析及 CIS 战略

【学习目标】

了解组织形象的含义、作用以及类型;理解组织形象设计的含义及步骤;掌握 CIS 的构成,能利用 CIS 的相关知识指导社会组织的发展。

第一节 组织形象分析

一、组织形象的含义及其作用

(一)组织形象的含义及其构成

1．组织形象的含义

组织形象是指一定文化背景下的公众对组织内在精神或外显特征感知后形成的总体印象，它的特质是组织文化现象在人们头脑中的综合印记。

理解和把握组织形象的含义应包括三个要点：①组织形象感觉的主体是一定文化背景下的社会公众。②组织形象塑造的主体是具有一定的内在精神和外显特征的组织自身。③组织形象是社会公众对组织所形成的综合印象。

2．组织形象组成要素

组织形象的组成要素虽然非常复杂，但我们可以将其归纳为三个层次，即组织理念形象、组织行为形象和组织视觉形象。

(1) 组织理念形象，是由组织哲学、宗旨、精神、发展目标、经营战略、道德、风气等精神因素构成的组织形象子系统。

(2) 组织行为形象，是由组织及组织成员在内部和对外的生产经营管理及非生产经营性活动中表现出来的员工素质、企业制度、行为规范等因素构成的组织形象子系统。内部行为包括员工招聘、培训、管理、考核、奖惩，各项管理制度、责任制度的制定和执行，组织的风俗习惯等；对外行为包括采购、销售、广告、金融、公益等公共关系活动。

(3) 组织视觉形象，是由组织的基本标识及应用标识、产品外观包装、厂容厂貌、机器设备等构成的组织形象子系统。其中，基本标识是指组织名称、标志、商标、标准字、标准色；应用标识是指象征图案、旗帜、服装、口号、招牌、吉祥物等；厂容厂貌是指组织自然环境、店铺、橱窗、办公室、车间及其设计和布置。

在组织形象的三个子系统中，理念形象是最深层次、最核心的部分，也最为重要，它决定行为形象和视觉形象；而视觉形象是最外在、最容易表现的部分，它和行为形象都是理念形象的载体；行为形象介于上述二者之间，它是理念形象的延伸和载体，又是视觉形象的条件和基础。如果将组织形象比作一个人的话，理念形象好比是他的头脑，行为形象就是其四肢，视觉形象则是其面容和体形。

(二)组织形象的作用

在市场经济条件下，组织的社会形象对其生存和发展直接产生作用，良好的组织形象，是组织最重要的无形且无价的资产。组织形象的作用具体如下。

1．组织形象提升消费信心

良好的组织形象就像社会颁布给组织的"信用证"一样，它可以使消费者对组织及组织的产品和服务产生信赖。这种信赖不仅使消费者放心选择、购买该组织产品，接受该组织服务，而且这种信赖之情更具有奇妙的"传导"作用，能为组织新产品、新服务的推出，寻找到潜在的市场。

2．组织形象适应竞争的需要

随着时空缩短，产业结构改变，特别是市场竞争的国际化、自由化，顾客对商品的品质要求提高，顾客指定品牌购买的比例也将增加。在这种情况下，良好的组织形象就成了竞争的利器。

3．组织形象形成人和环境

组织形象是理念和精神文化合一的具体表征，只有全体员工认可和接纳了同样的理念和文化，组织形象才能建立起来。良好的组织形象可以使员工产生归属感、优越感、自豪感。同时可以吸引人才、稳定人才，形成良好的组织气氛和强大的凝聚力，从而使组织始终保持高昂的士气和旺盛的生命力。

4．组织形象创造适宜的外部经营环境

良好的组织形象具有强大的磁力作用，它能够成为吸引资金的先决条件。一旦一个组织在社会公众心中形成良好的形象和声誉，它就会使公众乐意购买组织的股票，银行乐意为组织提供贷款，政府乐意为组织提供优惠的经营条件，甚至保险公司也乐意为它的经营作保。同时，良好的组织形象也有利于组织寻求到稳定的经营销售渠道。这些，都可以为组织创造一个优于其他组织的外部经营环境。

二、组织形象的类型

为了全面认识理解组织形象，我们可以从不同角度对组织形象进行分类。

(一)组织内在形象和外在形象

这是以组织的内在、外在表现来划分的。就如我们观察一个人，有内在气质和外在容貌、体形之分，组织形象也同样有这种区别。内在形象主要指组织目标、组织哲学、组织精神、组织风气等看不见、摸不着的部分，是组织形象的核心部分。外在形象则是组织的名称、商标、广告、厂房、厂歌、产品的外观和包装、典礼仪式、公开活动等看得见、听得到的部分，是内在形象的外在表现。

(二)组织实态形象和虚态形象

这是按照主客观属性来划分的。实态形象又可以称为客观形象，指组织实际的观念、行为和物质形态，它是不以人的意志为转移的客观存在。诸如组织生产经营规模、产品和服务质量、市场占有情况、产值和利润等，都属于组织的实态形象。虚态形象则是用户、供应商、合作伙伴、内部员工等组织关系者对组织整体的主观印象，是实态形象通过传播媒体等渠道产生的影像，就好像我们从镜子中去观察一个物体，得到的是虚像。

(三)组织主导形象和辅助形象

这是根据公众对组织形象因素的关注程度来划分的。公众最关注的组织形象因素构成主导形象，而其他一般因素构成辅助形象。例如，公众最关心电视机的质量(图像、色彩、音质等)和价格(是否公道合理)，因而电视机的质量和价格等构成电视机厂的主导形象。而电视机厂的组织理念、员工素质、组织规模、厂区环境、是否赞助公益事业等则构成组织的辅助形象，组织形象由主导形象和辅助形象共同组成。决定组织形象性质的是主导形象，辅助形象对主导形象有影响作用，而且在一定条件下能够与主导形象实现相互转化。

三、组织形象的基本特征

(一)主客观二重性

主观性是指组织形象作为在公众心目中的印象，必然受到公众自身价值观、思维方式、道德标准、审美取向、性格差异等主观因素的影响，因此同一个组织在不同公众心目中会产生有差别的形象。客观性是指组织形象的存在这一事实，不受组织的规模大小、经营业绩好坏的影响，也不受组织是否主动去塑造形象的影响，它与组织本身如影随形。组织形象从企业诞生之时起便开始形成，伴随组织的成长而发展变化，甚至企业由于各种原因不存在了(如倒闭、被兼并)，组织形象也还会在一定时间一定范围内存在，其生命力超越了企业本身。因此，我们有理由认为，自组织创办之时起，组织形象便是一种客观存在。当然，承认组织形象的客观性，并不是说组织在自身形象面前无能为力。组织是由具有主观能动性的人组成的社会组织，人们可以通过管理组织、改善经营、公共关系及对外宣传等有意识的实践活动，来主动影响和塑造企业形象，而不是只能被动地接受它。

(二)系统性

组织实态形象本身是由复杂因素组成的，有公众容易感知的产品质量、功能、形状、色彩、包装、组织的标志(厂标和商标)、服装、旗帜、厂房、店面；有公众不太容易感受到的组织员工素质、行为规范、风俗习惯；还有一些看不见、摸不着，因而公众最不容易感受到的组织目标、宗旨、精神、风气等。这些看似复杂的组成因素之间有着内在的必然联系，它们相互依存、互为条件，因此决定了组织实态形象是一个具有很强系统性的整体。主观建立在客观的基础上，因此公众主观形成的组织虚态形象也应该有很强的系统性。公众形成对一家组织的整体感觉、印象和认知，需要通过多种媒介渠道，是多方面信息综合作用的结果。

(三)动态性

由于组织的生产经营情况、构成公众的人群、信息传播所借助的媒介渠道等决定组织形象的因素总是处于发展变化之中，因此组织也是运动的，而不是静止不变的，这就是动态性的第一层含义。主导形象和辅助形象，以及内在形象和外在形象，它们作为组织形象的组成部分也不是固定不变的，而是相互间处于矛盾运动之中，在一定条件下对立面之间还能相互转化，这是动态性的第二层含义。

(四)相对稳定性

组织形象具有动态性、始终处于运动变化之中，并不意味着组织形象神秘莫测、不可认识和把握。组织形象不是凭空想象出来的，其产生、更新和发展是一个连续的过程，在一段时间内它又是相对稳定的、静态的，这是我们可以从客观角度认识、了解、分析和把握其基本规律的重要前提。从相对稳定性出发，我们还可以看到组织形象发展变化离不开原来的基础，即组织形象具有继承性，组织形象策划与塑造中任何割裂历史的做法都是非常危险的。

四、组织形象的基本标志

组织形象的基本标志有两个，即知名度和美誉度。

(一)知名度

知名度是指一个组织被公众知晓、了解的程度，是评价组织名气大小的客观尺度，侧重于"量"的评价，即组织对社会公众影响的广度和深度。简单的计算方法是：

将公众对组织的认知情况分为"完全了解""基本了解""了解一点""只知道"和"完全不了解"五个等级，每个等级的加权系数分别规定为 4、3、2、1 和 0。经过调查，可以获得处于每一等级的人数占被调查公众总数的百分比为 a_1、a_2、a_3、a_4 和 a_5，再由下述公式可计算出知名度 K 的数值。

$$K=4\times a_1+3\times a_2+2\times a_3+1\times a_4+0\times a_5$$

显然 K 的最大值为 4，最小值是 0，而实际上，组织的知名度只可能是 0～4 的某个数，数值越大，说明某组织的知名度越高，反之越低。

(二)美誉度

美誉度是指一个组织获得公众欢迎、接纳、信任的程度，是评价组织声誉好坏的社会指标，侧重于"质"的评价，即组织对社会影响的美丑、好坏。

(三)二者的关系

组织在公众中良好的形象是由知名度和美誉度构成的，缺一不可。但实际上二者并不一定能够同步形成和发展，有知名度不一定有美誉度，没有知名度也不意味着没有美誉度。反之，美誉度高不一定知名度高，美誉度低也不意味着知名度低。总的来说，知名度需要以美誉度为客观基础，才能产生正面的积极效果；美誉度需要以一定的知名度为前提条件，才能充分显示其社会价值。

当然，就一个组织而言，从其存在的本质上看，组织更需要的是与目标公众取得和谐，在目标公众的心目中树立良好形象。如此，在一定意义上，组织形象的知名度和美誉度如脱离了组织利益的关注点，就是脱离了社会组织的实际需要。当一个社会组织远离目标公众，一心追求所谓"知名度与美誉度"的时候，华而不实的浮躁将使它的决策人在追求虚名的轨道上越滑越远，甚至出现重大危机，危及组织的生存与发展。

第二节　组织形象设计

一、组织形象设计的基本含义

组织形象设计是公关策划中的战略策划。具体来讲，组织形象设计就是组织根据实际条件及形象追求目标的调查，结合组织的独特性质，对组织形象战略及具体塑造组织形象活动进行整体构思、策划的运作过程。

理解和把握组织形象设计含义应包括三个要点。

(1) 组织形象设计是为组织形象战略目标服务的。

(2) 组织形象设计是建立在组织实态形象追求目标调查的基础之上的。

(3) 组织形象设计分为总体组织形象战略的设计，如组织名牌战略策划、CI(企业识别)总体策划和具体塑造组织形象活动的设计，如组织广告策划、CI技术操作设计等。

二、组织形象设计的步骤

(一)调查研究组织形象现状及形象目标

对组织形象现状及形象目标的调查在第八章第一节公共关系调查中有详细介绍。调查的目的在于确定组织形象现状及存在的问题，确定组织所追求的形象目标，使组织形象设计有明确的目的。

(二)确定明确的组织理念

组织理念是组织形象的核心和灵魂，是组织形象设计首先要解决的问题。确定组织理念和组织精神要考虑以下几方面。

(1) 突出个性，有自己独特风格，能鲜明地使本组织与其他组织的理念区别开来。例如，"体育、表演、洒脱自由的运动员精神"是美国生产体育用品的耐克公司所追求的个性化组织理念。"装点人生、服务社会"是服装生产企业雅戈尔公司所追求的组织宗旨和根本理念。

(2) 强调民族特色，体现民族文化。例如，"超越自我，产业兴国"是移动通信系统设备的制造商和供应商——中国东方通信公司所追求的具有民族特色和文化的组织理念。美国企业理念设计明确强调"让每个员工充分展示自己的个性，让每个员工的潜力得到最大发挥"这一民族文化特色。

(3) 简洁概括，如IBM公司的企业理念概括为"科学、进步、卓越"。

(三)设定形象概念

设定形象概念,不仅要依据组织理念,还要找出社会公众心目中的某一行业所应具有的理想特性,找出本组织在公众心目中的地位,并与竞争者进行全盘比较,以确定组织形象的定位。如我国台湾某企业励志创新,为塑造追求卓越、永续经营、无限企业的新形象,根据经营理念"高品质、高效率、亲切配合、适当成本",设定的形象概念是"创造:技术革新的高贵品质感;生活:便捷舒适的空间环境性;文化:人类共享的精致生活观"。

(四)形象概念具体化

形象概念具体化是组织理念应用于组织标志、标准字、商标、组织造型上,使传达到意识层中的组织理念化作声音、色彩、形状,使看过这些形象的人都能过目不忘的过程。这一过程需要组织形象设计者独具匠心,创造性地将深层次的组织理念、组织形象外观化,使公众能够感知。假设某企业的企业理念及企业形象为"永远的生命""新鲜""希望"等,那么其"形象概念"在经过具体联想之后,可以用"绿色"来表达,使凡看过绿色标准色的人,都能联想到该企业及其特有的形象。绿色是一种能提高味觉以及嗅觉的颜色,由它所联想出来的公司歌及广告歌是以"Fa"为中心的音乐;而由绿色所联想到的标准字、商标形状,为六角形;至于包装的联想,则为20面体。这样的联想,是将企业理念和企业形象转化为具体形象后,透过五官感觉作为联系公司内外的最佳沟通渠道,并取得企业形象的有力定型。

好的形象概念具体化,确实能产生共鸣效应。如卡尔比斯食品工业株式会社,将企业形象定位为"一切为了人民大众的身心健康、安定生活和适应社会发展"。在新的标志设计时,用8个圆形体来表现健康、家庭、环境、体育、情绪、社会时尚、技术、国际性,以代表太阳的大圆为一个圆形组合体的中心,在太阳表面用蓝色来形容水。太阳和水是生命的起源,围绕着太阳的七个小圆形体,昭示着生命的跃动感,加之圆形组合体重叠而成的画面效果,暗示了卡尔比斯与社会大众之间的协调精神,突出表现了健康与家庭的密切关系。卡尔比斯的宣传口号经过反复斟酌,确定为"神清气爽,与君同乐"。把新的公司标志和宣传口号糅在一起仔细品味时,心中会油然产生朝气蓬勃的感觉,这也在企业与消费者之间结起了一条感情交流的纽带,使公司与大众由过去单纯的买卖关系,转换为气氛融洽的伙伴关系。

第三节 CIS战略的基本内涵

一、CIS战略的定义

CI是Corporate Identity的英语缩写,即企业识别。美国在第二次世界大战后把企业形象作为新的经营技巧来进行研究,于是有了Corporate Identification System的概念,称之为企业识别系统,简称CIS。

CIS是现代企业经营发展的一种重要战略方法。所谓CIS是组织、企业将其理念、行为、视觉、听觉形象及一切可感受形象实行统一化、标准化与规范化的科学管理体系。它是公众辨别与评价企业的依据，是企业在激烈的市场竞争中赢得公众认同和支持的有效手段。CIS 可以运用于一切组织，因为现在企业界使用得较多，所以社会上普遍称之为"企业识别系统"。企业识别系统是企业对自身的理念识别、行为识别、视觉识别、听觉识别等进行刻意创造，使之具有独特性、鲜明性，并借助于各种宣传媒体传达给企业内外部的公众，以产生强大的社会影响力，达到制胜效果。

(一)CIS 的含义

对 CIS 的含义要从以下几个方面来理解。

(1) CIS 不仅仅体现在企业的视觉识别上，比如大家常见的商标、标准字、标准色、广告牌、徽章等，而且表现在企业的理念、精神、经营宗旨、目标以及企业风格、企业文化和企业战略上。这种识别系统不仅仅是反映企业个性，而且要被公众所识别和认同。CIS 通过经营哲学的具体化，变成客观、可闻、可感知的系统，而不是空洞的理论和策略。

(2) 企业在导入 CIS 时首先必须得到内部员工的认同，在企业内部管理中实施标准化的管理，规范员工和各个部门的行为，把企业识别系统化为员工的价值观，形成企业中自上而下的统一价值观，并在管理行为和员工行为中体现出来，在企业内部对标准色、标准字的使用都严格规范。只有得到员工认同的 CIS 才能在企业中持续、全面地进行运作，不能认为这仅仅是设计人员和企业决策层的事情。所以，CIS 是一个动态系统，不是即兴之举，而是长远规划。

(3) CIS 战略必须运用各种媒介和渠道进行传播，使企业得到社会各界公众的认同，从而达到企业实施 CIS 战略的目的。在企业内部也要通过信息传播，强化员工意识，获得员工认同，培养企业文化环境，从而为企业全面导入 CIS 并进入一个良性循环状态打下良好的基础。

(二)实施 CIS 战略的意义与作用

(1) CIS 能提高企业的形象和知名度，是企业的无形资产。CIS 的实施，有利于企业个性的发展，良好的企业形象统一被公众所接受，对开拓市场和促进销售都将起到积极的推动作用。公众对导入 CIS 的企业，容易产生组织健全、制度完善、管理科学的印象，增加对企业的信赖感和认同感。CIS 战略的实施不一定会立刻带来经济效益，但它能扩大企业的知名度，获得社会的认同，未来的企业竞争不仅仅是产品质量、品种的竞争，更重要的还是企业形象的竞争。有人说"产量和销售的上升是给企业建立起自己的钢筋水泥大厦，形象设计则为这个钢筋水泥大厦披上万丈金辉，使之有擎天立地之感。"

(2) 从世界各国导入 CIS 的热潮中可以得出这样的结论：企业导入 CIS 是投资于企业的无形资产，会带来不可估量的经济效益和社会效益。世界著名品牌可口可乐、索尼、奔驰、柯达、迪士尼、雀巢、麦当劳、IBM、百事可乐等，都因为导入 CIS 而名扬全球，也带来非常可观的经济效益。消费者在产生购买行为前对商品或企业必须有好感，在产生好感前必须先了解商品或企业的存在，所以认知是首先考虑的问题。CIS 正是展现自己形象的一种设计系统，它将企业的经营理念、精神口号、企业文化以及名称、标识、标准字、标准色等企业特征，通过广告、包装、产品及服务向外界传播，给社会公众一种信任感和亲切感，从而产生购买欲望，最终使企业产品畅销，效益倍增。这种经过策划设计建立起来的企业形象，包括企业理念系统的经营宗旨、经营方针、标语口号、行为准则；行为系统的营销策略、规章制度、管理办法、公关活动、促销活动；视觉系统的企业名称、标识、标准字、标准色以及信誉、信息、知名度等，都是企业的无形资产，因而有着极其重要的经济价值。

(3) CIS 能传达统一信息。企业的一切活动都直接或间接地传递着企业的信息。在这一信息传递的过程中，需要耗费大量资金。如果信息不统一，不仅会浪费宣传经费，还可能引起公众的反感，造成无法弥补的损失。CIS 战略的实施，传播了企业独特、鲜明、个性化的统一信息，增强了信息的可信度。CIS 为公众提供了理念、符号、口径、行为相统一的形象。多角度、立体化的全面、统一的形象能加深消费者的印象，使消费者能从众多的企业和商品中识别出自己想要的产品和服务，而不必浪费时间和精力去寻找所需的商品。

(4) CIS 有利于新产品的上市。CIS 的导入不是为了某一特定商品的推广，而是宣传企业的形象，保持企业的生命力。从有悠久历史的企业中可以看到，每次研发出来的新产品推向市场时，在设计与广告方面都具有连续性，消费者通过识别这样有良好形象的企业而获得对新产品的认知。通过统一的 CIS 提示消费者产品更新换代了，功能更好了，产品更成熟了，而不会导致新产品信息的混乱，从而引起消费者的怀疑。比如，海尔集团在企业扩张的过程中，通过资产运作而涉足许多新领域，如电视机、医药、空调、手机、电脑等新产品，但在宣传方面始终打出"海尔，真诚到永远"的企业理念和统一的视觉识别系统。消费者通过识别著名的"海尔"品牌而识别这些领域的"海尔"产品，因为对海尔企业及品牌的信任而对新产品产生认同。所以海尔推出新产品的代价会较小而成功的概率很大。

(5) CIS 能激励员工奋发向上的精神。CIS 信息传播的对象也包括企业内部的员工。从外部看，良好的企业形象可以获得消费者的充分信任，从而为改善经营环境提供契机。从内部看，良好的企业形象可以使全体员工有一种归属感、优越感和自豪感，在工作中能培养与企业同呼吸、共命运的价值观念，建立统一意识，提高员工士气，最大限度地激励员工，也能吸引优秀人才，使企业保持旺盛的活力。

20 世纪 70 年代，日本在电子产品、汽车、钢铁、家用电器、电机设备等领域全面超过美国。于是，美国企业界纷纷把目光转向日本。他们经过研究发现，企业管理不仅是一门科学，还是一种艺术和文化。和日本相比，美国在管理手段、方法和技术方面不落后，而是缺少一种以企业文化为核心的理念。他们把全部精力都放在技术、方法和方案上，而忽视了生产产品和提供服务的人以及使用产品和享受服务的人，没有在企业管理中提出以人为本的管理思想。

(6) CIS 有利于降低广告费用。导入 CIS 后，通过各种统一的信息传播强化了信息传播的效果，同时以各种应用要素增加了信息传播的频率。企业所属各公司、部门可以将统一的设计形式应用到所有的项目上去，这样既可以节省各自为政的设计制作费用，减少无效的传播时间，又避免了视觉传播的混乱、繁杂和相互干扰的现象。麦当劳快餐店以一个金色拱门的 M 形象配以金黄色的标准色，形象鲜明，高度统一，让人在很远的地方一眼就能认出。麦当劳以高度统一、鲜明的形象走遍全世界而无须做很多的广告。

(7) CIS 使企业走上国际化道路。中国已经加入 WTO，意味着企业在家门口迎接国际化的竞争。中国的企业不仅要在国内市场上创造出名牌，还要走向国际市场。在传媒技术高度发达的今天，一个企业将不可避免地遇到不同国家、民族和文化的差异而带来的各种问题。CIS 战略是企业树立国际性形象的重要手段，使得企业在不同国家和地区能够以统一的信息和形象供世界各国的消费者来识别，在各国交流中形成一种共通的无声语言和识别信号。海尔走向国际市场就是靠坚持自己的品牌和全世界统一的形象，一句"海尔，中国造"成了世界语言，也塑造了一个世界著名大企业的形象，从而走上国际化道路。

二、CIS 战略的构成

CIS 是一项系统工程，根据最新理论界对它的定义，这个完整的系统由五个相互关联、相互作用的部分构成，他们是 MIS(理念识别系统)、BIS(行为识别系统)、VIS(视觉识别系统)、AIS(听觉识别系统)、EIS(环境识别系统)。

(一)MIS(理念识别系统)

MIS 是"Mind Identity System"的英语缩写，译为"理念识别系统"，是 CIS 的灵魂。企业经营理念的明确与完善，是企业实施 CIS 战略的关键，是企业最核心的内涵，是整个 CIS 运作的原动力和实施基础。所谓企业理念是一种企业整体的价值观和经营思想，指经营观念和经营战略的统一，其目的就是告诉员工和社会：我们是谁，我们为什么而生存，我们要做什么，我们将怎么做。通常由组织的精神、核心价值观、使命和宗旨、准则等组成。MIS 的形成需要来自企业内大多数员工对企业存在的意义、社会使命、发展方向和发展目标的认同，而且 MIS 中的核心价值观一般不随趋势和时尚的变化而变化，甚至也不随市场状况的变化而变化。发达的企业往往能够自觉意识到这一点，从而能够自觉地明确、统一、完善、更新自己的理念系统。比如 SONY 公司的核心价值观是：弘扬日本文化，提高国家地位；作为开拓者，不模仿别人，努力做看似不可能的事情；尊重和鼓励每个人的才能和创造力。

MIS 设计的意义：根据马斯洛的需要层次理论，人的最高层次的需要是"尊重和自我实现的需要"，是人的行为的最高层次的动力。在组织中用理念来协调人们的行为，既能充分发挥每个员工的自主性和创造性，又能使他们的行为自觉趋向一致，构成团结和谐的整体，它是一种无形而有效的管理方式，是企业的精神支柱。古今中外，理念在指引人的行为和形成组织凝聚力方面都有着独特的、不可替代的作用。具体来说，企业理念的功能主要有下列几方面。

(1) 理念像灯塔，是指路的明灯。它告诉企业及全体员工，企业将要向何处去，企业将来是一个什么样的企业，企业应该具备什么样的"人格"、一颗什么样的"心"。IBM 公司提出"尊重个人，顾客至上，追求卓越"，引导企业成为科技巨人。

(2) 理念像发动机，是动力的源泉。例如，海尔公司提出"要么不做，要做就要做第一"，正是这种"永争第一"的理念激励着公司的员工在生产、销售、研发等各方面取得非常好的业绩。

(3) 理念像规范，是行为的准则。它告诉员工该做什么，不能做什么，什么是最重要的。例如，麦当劳提出"质量、服务、清洁加价值"的理念，明确指出员工做什么、企业的追求是什么，同时提出"与其背靠墙站着，不如起身打扫卫生"的口号，所以人们看到麦当劳的员工总是在忙碌着，店堂内始终是光亮、干净如新的。

(4) 理念像警钟，是质量的保证。例如，老字号同仁堂的理念就很有指导意义："炮制虽繁必不敢省人工，品味虽贵必不敢减物力。"

(5) 理念像标志，是识别的特征。公众通过企业的理念识别并把握企业的特色和定位。例如，松下公司的理念是"团结一致，奋发向上，感恩报恩，产业报国"；大家都知道"真诚到永远"是"海尔"的理念。理念既规范企业员工又让公众从众多的企业中识别出某个企业。

企业理念识别系统的设计应遵循以下原则。

第一，企业理念应反映企业存在的意义、企业的标志和远大目标，包括经济目标和社会目标，指引企业前行的方向。

第二，企业理念应得到企业员工的认同，同时符合公众的心理需要，而并不是企业家个人意志的表现。

第三，企业理念的设计要有个性，突出企业文化和精神境界，不要和其他企业的理念相雷同，独特、新颖、具有创造性的理念能给人留下深刻的印象，增强其识别功能。

第四，企业理念在提炼成口号、观念时，应高度精练、语言简练、琅琅上口，易于记忆和理解，适宜传播，不会产生歧义和让人误解，要用老百姓能懂的语言再现哲学家般的思维高度。

(二)BIS(行为识别系统)

BIS 是 "Behavior Identity System" 的英语缩写，译为"行为识别系统"，有人称之为"企业的手"，指在企业经营过程中，在理念识别系统的指导下，展现企业内部的制度、组织、管理、教育、生产、研发等，并扩展到企业外部的活动以及各项社会公益性活动，以获得社会的承认和肯定。

行为识别系统是通过具体行动来塑造企业形象的，包括对内和对外两个方面的内容。

对内活动包括企业组织结构、管理制度、干部教育、员工教育(服务态度、礼仪仪表、敬业精神)、工作环境、生活福利、生产设备、研究开发项目等。企业之间的差别不仅体现在理念上，更重要的是由企业员工的行为反映出来。如果企业的经营理念是追求卓越，那就应该培养员工追求卓越、奋发向上的精神，在生产、研发、技术革新、严格管理等方面展示出来。

对外活动包括市场调查、产品推广、公共关系、市场开拓、促销活动、流通策略、销售渠道以及社会公益活动等。企业要在社会公众中树立良好的形象，一流产品品质和优秀的服务是基础，同时还要开展公共关系和社会公益活动，以提高企业的知名度和美誉度。有了行为识别系统，企业的理念才能落到实处，推动企业良性发展。

(三)VIS(视觉识别系统)

VIS 是"Visual Identity System"的英语缩写,译为"视觉识别系统",有人称之为"企业的脸",是企业的"门面"。视觉识别系统是对企业理念的静态表现,是企业形象的直观展示。心理学研究表明:人所感觉接收到的外界信息中,83%来自眼睛,11%来自听觉,3.5%来自嗅觉,1.5%通过触摸,另有 1%来自味觉。由此可以看出,视觉是人们获取信息的主要渠道。CIS 中 VIS 的内容清晰可见、非常鲜明,具有极强的感染力和很好的视觉传播效果。

视觉识别系统包含以下两大要素。

(1) VIS 基本要素。这指构成企业视觉识别系统的基本内容,包括企业名称、商标、品牌、标识、标准色、辅助色、标准字体、专业印刷字体(用于手册、广告、文件等)、象征图案和吉祥物、企业宣传口号、标语等,它要求达到使人过目不忘的效果。

(2) VIS 应用要素。这指对视觉识别系统基本要素的具体应用和体现,包括办公用品系列,信封、名片、文件夹、公章、工作证、发票、单据、收据、优惠券、贵宾卡、公文包等;产品系列,如产品的内在设计和外观装潢及包装、运输包装等;环境系列,如建筑物的外观及装潢、招牌、指示牌、路标等;广告系列,如电视广告、报刊广告、路牌灯箱广告、产品目录和说明书等;交通系列,如运输车辆、船、集装箱、传送带等活动载体的标志和色彩的设计;销售系列,如展览、橱窗、陈列室、货架、样品、物价卡、拎袋、宣传印刷品、服务指南、价目表等;服饰系列,如员工的工作服、安全帽、胸牌、手提袋、徽饰等;礼品系列,在礼品的内外包装上印制企业的标志以及其他信息。

(四)AIS(听觉识别系统)

AIS 是"Audio Identity System"的英语缩写,译为"听觉识别系统",主要作用于公众的听觉。有些企业在导入 CIS 时,不仅设计了鲜明、直观的 VIS,还创造出了动听的企业歌曲和广告歌,成为传播企业形象的又一重要手段,在实践中成为企业内部激励员工、凝聚员工的工具,对外成为公众识别的要素。设计优秀的 AIS,从传播的角度看具有出人意料的效果。大多数国家都有国歌,军队有军歌,著名企业有自己的企业歌曲。

AIS 的内容一般有下列几点。

(1) 歌曲。如企业歌曲、军歌、球队歌曲、校歌、国歌等,它既是教育员工、凝聚员工、陶冶情操的宣教工具,又是企业文化的重要组成部分。在 CIS 中还有识别功能,公众听到歌曲就会知道是哪个组织的活动歌曲,如奥运会会歌、世界杯足球赛主题歌曲等。

(2) 广告音乐。包括有歌词有乐谱的歌曲和有曲无词的主旋律或乐句。

(3) 企业注册的特殊声音。如本田公司将自己生产的摩托车发动机的特殊声响进行注册保护,公众通过识别这一声响可以防止假冒伪劣产品。

(4) 特殊发言人的声音。将声音与某一固定的形象统一起来,如小霸王学习机请"唐老鸭"的配音演员李扬为其产品代言,一打开小霸王就有"小霸王,其乐无穷"的特殊声音。

(五)EIS(环境识别系统)

EIS 是"Environment Identity System"的英语缩写,译为"环境识别系统",环境识别系统是企业的"家"。随着市场经济的发展,环境识别也已逐渐为中国的消费者所接受。商业企业良好的购物环境和完善的服务设施越来越成为竞争的关键,消费者不仅购买了商品,而且享受了服务和环境,即使价格高些也愿意接受。

EIS 竞争不仅反映在商业企业中,而且在工业企业中也被重视。花园式厂区就是工业企业为了吸引人才、提高工作效率、争取公众的社区信任的体现。随着经济的发展和社会文明程度的提高,EIS 的竞争作用会越来越明显。环境识别包含的内容很多,如在企业门面上标有企业名称、标识、口号,厂区环境整洁、空气清新,通道设计合理、科学、美观、实用,有文化宣传设施,楼道、室内的指示系统完善,智能化通信设施、安全设施齐全,环境的绿化和美化、雕塑、吉祥物的设计和摆放、组织环境风格与社区环境是否融合等。EIS 的统一也是连锁业、特许加盟业发展的一个明显体现和前提条件,没有 EIS 的统一,公众难以识别这样的企业。

三、CIS 战略与公共关系的关系

在学术界和工商界,有不少人对 CIS 战略与公共关系的关系理解不太准确,有人把这两者混为一谈,有人认为两者之间没有任何关系,是毫不相干的两个概念。其实,两者既有联系,也有区别。

(一)CIS 战略与公共关系的联系

1. 共同的发展基础

CIS 战略和公共关系的发展基础是市场经济的发展所带来的社会经济与社会生活的改变。20 世纪 50 年代,在欧美、日本这些资本主义国家,企业只要推出品质优良而价格便宜的商品,就会非常畅销,这是"商品力"的时代。到了 20 世纪 60 年代,在价廉物美的基础上,还得配合推销的技巧,才能有良好的销售业绩,这是同时依赖"商品力"和"营销力"的时代。自 20 世纪 70 年代以来,世界经济进入了"印象时代"或称"感性时代",形成"商品力""营销力"和"形象力"三足鼎立的经济时代。随着商品经济的发展和人们生活水平的不断提高,在琳琅满目的商品面前,顾客显得比以往任何时候都犹豫不决。商品的功能特点和品质、技术越来越趋向同质化,消费者在选购商品时,取决于对某个企业、某种产品的综合印象和感知,这种印象和感知就是企业和产品在公众心目中的企业形象和产品形象。良好的企业形象和产品形象是企业的历史规模、产品品种、质量产量、技术水平、管理水平、价格与服务、营销能力等各种因素综合起来给消费者的印象。消费者选择购买这样的产品,觉得放心,又能带来信任、荣誉、个人偏好、情趣等方面的满足感。公共关系和 CIS 战略就是为了塑造这样的企业形象和产品形象而发展起来的新型手段,这是人类文明进步的需要。

2. 共同的发展条件

CIS 战略与公共关系发展条件是市场经济的发展所带来的竞争加剧的结果。公共关系的作用是通过与公众的沟通，增进相互的了解和信任，目的是塑造良好的企业形象，扩大企业的知名度和美誉度，从而取得公众的支持，获得企业进一步的发展。CIS 战略是通过企业内部加强管理，规范员工，对外采用统一的视觉系统进行宣传，希望给公众留下深刻而鲜明、独特的印象，在众多的企业和产品中能够识别出某个企业及其产品。市场经济中竞争日趋激烈的状况使得企业不得不采用公共关系的手段去争取公众的信任，采用 CIS 战略去吸引公众的注意，得到公众的认同和支持。

3. 共同的追求目标

CIS 战略和公共关系追求的目标是树立良好的企业形象而获得较好的经济利益。公共关系以企业的自我完善为基础，以信息传播为手段，以塑造良好形象为目标。CIS 战略以经营理念为主导，以规范行为为己任，以统一识别为表现，以追求完美为目标。公共关系的自我完善和 CIS 战略的统一识别都是在企业理念和价值观的指导下，开展公共关系活动，进行识别系统的设计和宣传，都希望得到公众认可和支持以取得企业的长远发展。

(二)CIS 战略与公共关系的区别

1. 策略的侧重不同

CIS 战略侧重于组织自身的形象统一，对从理念到行为规范，对外的视觉、听觉宣传的设计方面进行统一的规划。而公共关系更侧重于组织与公众的沟通，通过各项公共关系工作的开展去协调组织的环境。一方面组织自身要适应环境；另一方面通过组织公共关系工作的开展使环境朝着有利于组织的方向发展。

2. 采取的方法不同

CIS 战略实施要运用传播的手段对内、对外进行宣传，统一价值观、统一行为规范和视听信息，传播的内容均是正面的、恒定的，可以得到良好的信息反馈。但 CIS 战略的信息传播呈单向、多元化、稳定的特点，在一定时期和环境下没有太大的变化。公共关系的信息传播是双向对称的模式，是不断变化的，需要根据公共关系的策略、各个时期不同的公共关系目标和公共关系活动的开展而动态地进行传播，除此以外，公共关系还要进行调研，收集信息，为企业决策的制定提供依据，为各部门提供信息，做好接待、文秘等具体工作。

3. 发挥的功能不同

CIS 战略注重于形象传播中的认识、识别功能的发挥，从而使一个企业的表现形式区别于其他的企业，使企业的形象鲜明易认。而公共关系除了争取公众的认知和了解以外，更重要的是争取社会公众的理解和信任，与公众建立起一种和谐、信任的相互关系。在公共关系中，认知和了解仅仅是前提，是传播的初级阶段，影响公众的观点、态度和行为是公共关系传播的最终目的，这是 CIS 战略所不能及的。

4．投入的方式不同

CIS 战略是一项系统工程，是企业在一段时期内的工作重点，而随后就按照这样规划好的系统进行运作，它强调全面导入，一次性投资很大。CIS 经过一系列调研、策划、设计，形成系统的标准化的企业标识，然后在企业内部和外部加以运用和统一。这其中涉及一切可用、可视、可感的东西，从企业宣传品制作，到办公用品、建筑物、车辆、员工服装、招牌、包装物等。并且 CIS 战略要求必须按严格标准来执行，所以一次性投入很多。而公共关系是企业的一项管理职能，它随着企业的不断运转而不断投入，是一项长期性的工作，强调工作的连续性、效果的累积性。

5．要求的条件不同

实施 CIS 战略要求企业必须具备一定的条件和导入 CIS 的时机，因为投入较多，所以并不是所有的企业都有实力和有必要导入 CIS 的。首先，企业要具备正确的经营理念和组织结构，产品和服务品质稳定且具有一定的市场基础。其次，企业要有一定的经济实力，企业领导要有强烈的 CIS 意识，内部员工的素质条件好，能够接受这样的识别系统。因此，新建的企业、重组的时机、新产品上市、企业领导人更换、公司上市等都是导入 CIS 的良好契机。而公共关系则是每个企业日常管理活动的一部分，任何企业都离不开公共关系，只有发展良好的公共关系，企业才能顺利地生存和发展下去。

CIS 战略和公共关系之间的区别，正是说明了两者具有不可替代的性质和功能。

四、CIS 战略的作业要求

(一)CIS 战略的发展方向

随着社会经济环境的变化以及人类对企业经营要求的进一步提高，企业识别系统(CIS)的理论和实务也在发展和完善。近年来，CIS 战略的发展方向主要有两个方面。

1．从 CIS 到 CS 的演变

在 20 世纪八九十年代，正当中国的 CIS 战略兴起时，在全球工商界又形成了一种新型的企业观念，即 CS 战略，它是 Customer Satisfaction 的英语缩写形式，译为"顾客满意"，CS 战略就是"使顾客满意的战略"，是指企业为了使顾客能完全满意自己的产品和服务，综合客观地测定顾客的满意程度，并根据调查分析结果，一体化地改善产品、服务及企业环境、企业文化的一种经营战略。它在"顾客至上"理念的指导下，要建立让顾客满意的产品服务、环境、文化、视听等系统的标准，最终形成让顾客满意的形象从而推动企业的发展。

CS 战略的基本观念是"顾客至上""顾客永远是对的""一切为顾客着想""一切为顾客服务"的思想。CS 战略是建立在 CIS 的基础上的，是 CIS 外延的扩大和内含的延伸，即企业的 CIS 战略实施要让顾客对企业的理念、行为、视觉识别体系等方面感到满意，外加对产品和服务的全面满意。

2. 从 CIS 到 CE 的发展

CE 是 Corporate Environment 的英语缩写,即企业环境战略,是人类可持续发展的需要和环境意识增强的结果。科学技术的发展带动工业发展的突飞猛进,人类在享受高度物质文明的同时,又受到来自环境破坏的威胁,自然资源日益匮乏也是影响工业进一步发展的关键因素。越来越多的企业终于认识到环境的重要性。企业环境战略就是企业通过树立环境保护方面的优秀企业形象,从而赢得公众的理解、信任、支持和合作,提高企业的知名度和美誉度的一种经营战略。

(二)CIS 视觉识别的设计要求

CIS 中的视觉识别系统是通过识别符号传达企业经营理念、战略与目标,展示其独特形象的设计系统,是企业内在本质的外在表现,也是层面最广泛、效果最直接、传播力和感染力最强的视觉传达形式。因此,在 CIS 的设计中,VIS 的设计是最复杂、最困难的一个系统,它的设计成功与否,直接关系到 CIS 战略的实施能否取得成功。VIS 的设计要求主要有下面几点。

1. 高度的统一性

在当今社会,新产品不断推出,新兴企业不断涌现,令人目不暇接,每个企业都希望自己的产品以独特的造型、色彩、包装和商标来吸引消费者,让他们在眼花缭乱的商品中做出选择。人们在不断地探索和寻找一种能将企业精神和消费思想、消费者情感相联结的视觉形象,一种将信息和认识表现、传达和储存的视觉表达形式。高度统一性是 VIS 设计的基本要求,是企业精神、经营原则和目标的视觉化体现。在企业经营过程中,企业与环境系统之间进行着不断的信息交流,传递信息的途径也很多,信息内容也不一样。在这种情况下,如果缺乏完整统一的视觉识别系统,就容易造成企业形象的分裂。企业为此花费的精力和资金会因为信息的不统一、甚至发生互相抵触的情况而出现浪费,更严重的可能会引起公众的困惑和不信任。反之,企业采取组织化、统一性的信息处理方法,就可以传达统一的信息,塑造独特的形象,提高信息的可信度。

2. 有效的传播性

VIS 的设计是一种目的性很强的作业,是将企业理念、文化特质、服务内容等抽象语义转换为具体符号的理性设计和视觉表现,而不仅仅是艺术创造。CIS 中的视觉设计应该而且必须体现企业的精神、理念、价值观和经营战略,而且 VIS 的设计应易于推广和应用。企业的价值观、理念等都是通过视觉识别系统的有效传播反映出来的,而不是简单的口号和标语。

3. 严格的规范化

VIS 的设计工作几乎包括企业的所有层面,操作难度相当大,要求进行严格的规范化操作。随着企业规模日趋扩大,连锁业、集团化、跨国公司成为企业的主要形式,这样庞大的企业,如果没有统一合理的标准化管理方法和视觉识别系统,就无法开展经营活动。

如果世界各地的麦当劳快餐店分店都各行其是,在店铺外观、色彩、包装、广告等方面按照自己的意愿进行设计的话,那么,五彩缤纷、大小不一的包装和广告只会给人留下混乱不堪的印象,谁会相信各店都是麦当劳的分店呢?麦当劳支离破碎的总体视觉形象就会大大降低顾客对它的信任感,同时造成经营管理的困难和成本的提高。因此,人们走遍世界都会发现:麦当劳快餐店的门口和屋顶上都有一个统一的金黄色 M,识别性很强。麦当劳的各种包装、广告都经过规范化设计。麦当劳的 VI 手册厚达数英寸,其内容非常详尽,甚至包括了所有物品的标准和规定,各分公司、分店都必须严格按照 VI 手册的规定,在有关部门的监督下进行各种标识、包装、广告的复制。

4. 以人为本的艺术设计

VIS 的艺术性和美学含义不能像哲学家、美学家的思想那样抽象,VIS 的设计是为了统一对外传播的,它的受众主要是消费大众,因此,VIS 的设计要适应大众的审美情趣和艺术偏好。那些具有亲和力、温馨、含蓄的设计往往以其明亮、鲜美的色彩造型给人们以愉悦的感受,从而留下深刻的印象。在社会文明进步的同时,消费者对商品中的文化内涵和美学意义越来越重视,把它们当作消费的必不可少的一部分。企业的产品要想获得消费者的青睐,就要在产品造型、色彩、图案、名称、商标等方面体现以人为本的艺术设计思想,让消费者能够喜欢并选择这样的商品。

(三)CIS 视觉识别系统的作业流程

CIS 视觉识别系统的设计作业包括基本要素的设计、应用要素的设计和 VI 手册的编制,它也是 CIS 中一个复杂、关键的系统工程。

基本要素设计系统包括:企业名称、企业标志、标准字体、企业标准色、企业常用印刷字体、企业造型、象征图案、基本要素的组合。

应用要素设计系统包括:办公用品类、招牌标识类、交通工具类、产品包装类、广告媒体类、产品设计类、展示设计类、员工服饰类。

下面是 CIS 视觉识别系统中几个重要的基本要素。

1. 企业名称的设计

(1) 企业名称要"名正言顺"。

企业名称是企业信息与公众心灵之间的第一个接触点,要提供尽量多的理念信息,成为传达企业理念的一种方式。企业名称在设计时要让人产生联想,带有吉利、优美、高雅的提示,以反映企业自身的品位和意图,在市场中争取好的印象。

中国的"红豆"集团,被国外译成"爱的种子",产品之所以畅销不衰,扬名海内外,正是因为"红豆"是一个富有诗意的名字,借助于人们非常熟悉和喜爱的诗句"红豆生南国,春来发几枝,愿君多采撷,此物最相思",中国人自古就把它作为美好感情的象征。红豆正是把这种诗情画意融入服装这种贴近人体的商品中,和消费者之间的感情紧紧联系在一起,以其丰富的文化内涵,特有的感情魅力吸引了广大消费者。企业名称是企业精神、经营思想的本质体现,被视为企业的人格,反映企业的独特个性,应避免混淆。

(2) 企业名称设计简短易记。

美国著名零售连锁店 Seven eleven(意为 7—11 点)读来韵味十足,朗朗上口,令人难忘。

杭州娃哈哈食品集团的取名也是成功的范例之一,"娃哈哈"是一种儿童营养液,其市场目标是儿童,宗旨是增强儿童的体质。为了实现这样的理念,曾广泛地征集名称,并组织了市场学、心理学、传播学、社会学、语言学等方面的专家对几百个应征名称加以分析和筛选,最后选中了"娃哈哈"。第一,"娃哈哈"发音简单、响亮,很容易被儿童接受和模仿;第二,"娃哈哈"表达了一种欢快喜悦的感受,能引起儿童的兴趣,符合他们的心理。企业名称应当是"音、形、意"的完美结合,以达到好听、好看、好记的效果,字形不易混淆,音韵要求悦耳,以易读好写为原则。Coca 和 cola 只是两种植物的名称,把它译为"可口可乐",这样把饮料的特点巧妙地融入其中,听起来悦耳、好记。

2．企业标志的设计

标志是以特定、明确的图形来表示事物,不仅起单纯指示事物存在的作用,更重要的是以具体可见的图形来表达一种抽象的精神内容。一个成功的企业标志应该具备以下几个特点。

(1) 设计独特。与其他企业、组织的标志有明显的区别,确实代表企业的身份。

(2) 容易识别。使公众能一眼认出来,并且能理解其中所凝聚的含义。

(3) 实用方便。标志设计要能应用于小至名片、大至建筑物、绿地等各种传播媒介上。

(4) 美观大方。标志应给人以美感,简洁、明快、新颖别致、独具特色,有较强的视觉感染力。

(5) 力求单纯。标志在造型上切忌烦琐、堆砌,丧失易看易记的功能。好的企业标志应该高度精练,将审美和实用融为一体。

3．标准字体

标准字体往往与企业标志同时使用,运用广泛,出现频率很高,几乎覆盖了各种应用设计要素。标准字体的设计不但是信息传达的手段,也是构成视觉表现力的一种不可缺少的要素。企业根据经营理念、企业文化的不同,塑造不同特性的字体,以传达企业性质和商品特征。用书法字体作标准字,具有古朴、稳重、端庄的特点;用美术体作标准字体,具有刚劲、有力、现代和多样的优势。不论哪种字体的笔画、结构都要遵循规则,虽然可以适当装饰或简化,但要符合现代企业高速度、高效率的精神,具有准确、易读的特点,达到传递信息的效果。标准字体设计的成功与否还取决于造型因素,要使其富于美感、亲切感和创新感。

4．企业标准色

企业标准色是指作为企业专用的一种或几种特定的色彩。俗话说"远看颜色近看花",色彩对人们的视觉来说是最敏锐的,能给人们留下深刻的第一印象。如"可口可乐"饮料的市场对象多为年轻人,所以选定活泼、鲜明而轻快的红色作为企业的标准色;而柯达公司的黄色则充分展示色彩饱满、璀璨辉煌的产品特征。由于受生活习惯、宗教信仰、社会文化等的影响,人们见到色彩会产生各种具体的联想或抽象的感情,包括喜爱和禁忌。因此,企业在选定标准色时,也要考虑目标公众的色彩偏好和禁忌。

5. 企业造型

企业造型是利用人物、植物、动物等基本素材，通过象征、寓意、夸张、变形、拟人、幽默等手法塑造出形象，也称吉祥物。企业吉祥物因其醒目、活泼、有趣，较之严肃庄重的标志、标准字体更富弹性、更生动、更有人情味，能使人过目不忘，对于强化企业形象、提高宣传效果具有不可估量的作用，越来越受到企业的重视。企业造型具有很强的可塑性，并可根据经营环境、宣传媒体、促销活动的不同而制作各种变化设计，如欢迎、微笑、跳跃、奔跑等不同的表情、姿势、动态，强化企业造型的说明性与亲切感。

CIS 中视觉识别基本要素设计出来后，就要严格规范地应用于各种应用系统中，把企业标志、标准字体、标准色等加以组合运用，产生统一、规范、标准化的视觉识别体系。为了确保 CIS 概念准确无误的应用，创造完美统一的企业视觉形象，还要将 CIS 的视觉识别基本要素及其应用的规定和方法编辑成一份权威性的指导文件，即企业识别手册，简称 CI 手册。CI 手册就像企业产品的技术标准、管理条例，严格地规定了企业各类物品的规范标准和复制要求，保证无论何时何地在与该企业接触中，其形象都能以同样的视觉语言传达出来。CI 手册还能使各类广告及传媒保持一定的设计水平，方便内部管理，增加效率，节约成本。

思 考 题

1. 组织形象的含义及组成要素。
2. 简述组织形象的作用。
3. 组织形象设计的基本步骤。
4. CIS 的含义及构成要素。
5. 简述 CIS 与公共关系的联系与区别。

第十章

公共关系危机处理

【学习目标】

了解公共关系危机的含义与特点;理解公共关系危机管理的内涵;明确公共关系危机管理的组织落实;掌握处理各种公共关系危机的基本原则和基本程序。

第一节 危机与危机管理

一、公共关系危机的定义、特点及类型

(一)公共关系危机定义

公共关系危机是指危及组织利益、形象、生存的突发性或灾难性的事故与事件。处理和化解公共关系危机事件历来是组织形象管理的一项重要任务。曾经有一则被美国公共关系协会推举为世界性公共关系范例的"35 次紧急电话",很能说明及时补救是遏制危机蔓延的重要手段。

一次,一位名叫基泰斯的美国记者来到日本东京的奥达克余百货公司。她买了一台"索尼"牌唱机,准备作为见面礼送给住在东京的婆家。售货员彬彬有礼,特地为她挑了一台未启封包装的机子。

回到住所,基泰斯开机试用时,却发现该机没有装内件,根本无法使用。她不由火冒三丈,准备第二天一早就去"奥达克余"交涉,并迅速写好一篇新闻稿,题目是《笑脸背后的真面目》,准备第二天送报社。

第二天一早,基泰斯在动身之前忽然收到"奥达克余"打来的道歉电话。50 分钟以后,一辆汽车赶到她的住处。从车上跳下"奥达克余"的副经理和提着大皮箱的职员。两人一进客厅便俯首鞠躬,表示特来请罪。除了送来一台新的合格的唱机外,又加送蛋糕一盒、毛巾一套和著名唱片一张。接着,副经理又打开记事簿,宣读了一份备忘录。上面记载着公司通宵达旦纠正这一失误的全过程。

原来,昨天下午 4 时 30 分清点商品时,售货员发现错将一个空心货样卖给了顾客。她立即报告公司警卫迅速寻找,但为时已晚。此事非同小可,经理接到报告后,马上召集有关人员商议。当时只有两条线索可循,即顾客的名字和她留下的一张"美国快递公司"的名片。据此,奥达克余公司连夜开始了一连串无异于大海捞针的行动:打了 32 次紧急电话,向东京各大宾馆查询,但都没有结果。之后再次拨打电话询问纽约"美国快递公司"总部,深夜接到回电,得知顾客在东京婆家的电话号码。终于弄清了这位顾客在东京期间的住址和电话。这期间所打的紧急电话,合计 35 次!

这一切使基泰斯深受感动。她立即重写了新闻稿,题目叫作:35 次紧急电话。

有时候危机反映的是事物的一种不稳定状态,关键是如何使这种状态向好的方向转化,而不至于转向负面,最后酿成危机。比如一家制造公司离发工资的日子只有两天时间了,应收账款在本月还没有收进,因此,手头没有足够的现金——显然这是危机的前兆。如果公司的领导注意到这个潜在的问题,并向银行短期贷款的话,危机就不会发生。但如果事情是这样的:粗心的出纳员按管理程序把所有员工的付薪支票交给总经理支付。几天之后,支票被拒付,员工工资没能按时发放。此时,员工会产生不满情绪;供货商也会忧心忡忡,催促公司支付欠款;甚至银行也会拒绝财务状况不佳的企业追加信用贷款……如此恶性循环,便会酿成一场更为严重的危机!

危机从其自身发展来说,一般有四个阶段:前兆期——加剧期——处理期——消除期。

危机的前兆期是向人们发出警告的阶段。大量事例表明，它是一个真正的转折点，以上例子充分说明了这一点。例如对危机的前兆期熟视无睹，那么，人们在危机加剧阶段，只能使任何控制危机的努力变成对损失程度的控制。

危机的加剧期一经到来就不会自行消失。这时，问题暴露、公众投诉、媒介追踪、声誉大降，有时甚至情况危及组织生存。

危机的处理期包括调查清理、自我分析、安抚公众、联络媒介等。

危机的消除期主要是落实整改，依靠公共关系手段消除影响，矫正形象。

(二)公共关系危机的特点

公共关系危机的特点是突发性、普遍性和严重性。

公共关系危机的突发性是指危机的发生往往是不可预见的。如有的组织根据自己产品的特点知道消费者如果使用不当很可能会出现问题，但究竟何时何地何人会发生，却不可预见。可谓"已知的未知"。

公共关系危机的普遍性是指任何能出错的都会出错，这是危机的法则。据调查，89%的企业领导人认为"企业发生危机如同死亡和税收一样，是不可避免的"。也有人说，危机是趁你不注意时积累的灾难。因此，危机普遍性的特点告诫人们必须防患于未然，做到居安思危。

公共关系危机的严重性是指出现危机对组织形象的影响是很大的，有时甚至是灾难性的。根据美国学者的调查表明，每有一名通过口头或书面直接向公司提出投诉的顾客，就有约 26 名保持沉默的感到不满意的顾客。这 26 名顾客每个人都有可能会对另外 10 名亲朋好友造成消极影响，而这 10 名亲朋好友中，约有 33%的人会有可能再把这个坏消息传给另外 20 个人。换言之，只要有 1 名顾客不满意。就会产生 1+(26×10)+(10×33%×20)，即 327 人的不满意。可见，一个小小的非媒介投诉，就会产生如此的影响。

(三)公共关系危机的类型

我们这里探讨的公共关系危机是除了自然灾害危机、人为破坏危机(劫机、劫银行)、社会宏观环境危机(政治的、经济的)以外的危机。这些危机类型可分为经营危机、管理危机、法律危机、素质危机和关系危机等。经营危机包括投诉危机、产品的定价失误、销售网络的丢失、经营骨干的跳槽、广告宣传失误等；管理危机包括对人、财、物管理的失误，产品质量出现问题，社区投诉环境污染等；法律危机包括合同未履行、偷税漏税，以权谋私等；素质危机包括人心涣散，技术水平低下，缺乏文明礼仪等；关系危机包括与相关公众的关系不和谐、公众投诉多等。

二、公共关系危机管理内涵

公共关系危机管理是针对组织自身情况和外部环境，分析预测可能发生的危机，然后制定出针对性措施，一旦发生危机，就能有条不紊地将危机化解，重新恢复信誉和市场的一整套机制。

它和危机公共关系不是一个概念。严格地说，危机公共关系与危机处理比较一致，它们都是指对已经发生的危机事件的处理过程。因为任何一类的危机处理，实际上都是一种公共关系的处理，都必须做好与这一事件中相关公众的协调沟通，以求得谅解和支持。

危机管理的建立可以使组织防微杜渐，将不利的苗子消灭在萌芽状态，也将危机爆发的可能降低到最低限度。因此，危机管理具有预警、防范、化解的可能。

三、加强公共关系危机管理的意义

(一)加强公共关系危机管理是"四高"组织的一门必修课

"四高"组织是指高知名度、高成长性、高品牌排行、高管制(指直接危及人生命的产品或组织，如食品、药品、保健品、医院、交通等)的组织。高知名度、高成长性和高品牌排行的组织一般都是优秀的组织，为什么优秀的组织还必须加强危机管理？以下的这则寓言就最能回答这个问题。

三个旅行者同时住进了一个旅店。早上出门的时候，一个旅行者带了一把伞，另一旅行者拿了一根拐杖，第三个旅行者什么也没拿。

晚上归来的时候，拿伞的旅行者淋得浑身是水，拿拐杖的旅行者跌得满身是伤，而第三个旅行者却安然无恙。于是前两个旅行者很纳闷，问第三个旅行者："你怎么会没事呢？"

第三个旅行者没有回答，而是问拿伞的旅行者："你为什么会淋湿而没有摔伤呢？"

拿伞的旅行者说："当大雨来的时候，我因为有了伞，就大胆地在雨中走，却不知怎么淋湿了；当我走在泥泞坎坷的路上时，我因为没有拐杖，所以走得非常仔细，专拣平稳的地方走，所以就没摔伤。"

然后，他又问拿拐杖的旅行者说："你为什么没有淋湿而是摔伤了呢？"

拿拐杖的说："当大雨来临的时候，我因为没带雨伞，便拣能躲雨的地方走，所以没有淋湿；当我走在泥泞坎坷的路上时，我便用拐杖拄着走，却不知为什么常常摔跤。"

第三个旅行者听后笑笑，说："这就是为什么你们拿伞的淋湿了，拿拐杖的跌伤了，而我却安然无恙的原因。当大雨来时我躲着走，当路不好时我细心地走，所以我没有淋湿也没有跌伤。你们的失误就在于你们有凭借的优势，认为有了优势便少了忧患。"

这则寓言告诉我们：许多时候，我们不是跌倒在自己的缺陷上，而是跌倒在自己的优势上，因为缺陷常能给我们以提醒，而优势却常常使我们忘乎所以。可见，"四高"组织加强危机管理的必要性。

(二)加强公共关系危机管理可以降低组织的隐性成本

组织成本分显性成本和隐性成本。显性成本是会计成本，就是常说的料、工、费等，属历史成本。而隐性成本包括领导者的人格成本、信息成本、决策成本、团体影响力成本等。组织在经营管理上所发生的危机，不管是表现为内部的危机，还是表现为外部的危机，都直接导致组织的隐性成本上升，从而使组织形象受损，严重的甚至使组织纳入下降通道，直至破产解散。因此，国外有些组织用"末日管理"法来居安思危，降低组织的隐性成本。如百事可乐公司成立了"找问题小分队"，每位员工必须轮流参加，以培养全员的危机意识,并提出:居优思劣——自找缺点;居盈思亏——往坏处打算;居胜思败——往长远着眼。正因为加强了危机管理,才能使企业保持每年15%的增长速度。

第二节 公共关系危机管理的组织落实

一、公共关系危机管理组织架构的设置

(一)三级组织三级管理

公共关系危机管理组织架构的设置是实现危机管理机制的组织保证。理论上所阐述的组织架构的各种形式,对某一个具体的组织来说,无所谓哪一种形式是"最好的"或哪一种形式是"最差的",而应该探索哪一种形式是"最合适"的,或者哪几种形式组合才是"最合适的"。一般而言,危机管理组织架构的设置应实行三级组织三级管理的方式。

第一级为"危机管理委员会",是决策机构,由组织中有关方面的中高层领导组成,是一种兼职的矩阵式组织,它的主要职责是制定危机管理的政策、制作本组织的《危机管理手册》,配备危机管理办公室的人员,检查监督平时危机管理的工作,主持定期的危机管理工作会议,负责处理重大的危机事件等。

第二级为"危机管理办公室",是常务执行机构,由一定的专职人员组成。作为常设机构一般平时可由公关部或办公室承担。它的主要职责是负责危机管理各项工作的贯彻和落实,收集信息,监控市场,做好兼职人员的培训工作,负责处理一般性的危机事件,定期向危机管理委员会汇报工作。

第三级为"危机管理工作小组",对一些跨地区的组织来说属基层性的操作机构,或叫现场性的操作机构,也是一种矩阵式组织。而平时由一些兼职人员负责与总部的危机管理办公室保持业务联系,当然,也负责处理日常的零星投诉。

三级组织三级管理的架构如图10-1所示。

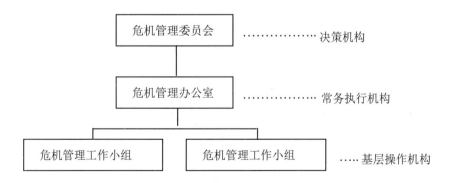

图10-1 三级组织三级管理的架构

(二)公共关系危机管理人员的配备

英国危机公关专家里杰斯特(Regester)提出,危机管理人员的配备最佳方案应该如下。

(1) "出主意的人"，点子多，创意多；
(2) "善于收集情况的人"，信息最重要；
(3) "提反面意见的人"，多角度多方位考虑，可万无一失；
(4) "管理档案的人"，材料是最好的见证；
(5) "重视人道主义的人"，是处理危机时各方注意的焦点。

危机管理人员必须具备公关危机处理的能力，特别是要具有以下四个素质。

(1) 具有灵敏的嗅觉，能于细微处感觉危机的萌芽；
(2) 具有水一样的思维——"液态思维"，即以"柔性"的方法来处理严峻的危机现场，讲究方式方法；
(3) 具有闪电式的应变力，"兵来将挡，水来土掩"，一切模式都不可能在现场生搬硬套；
(4) 具有换位思考的素质，用"假若我是他(她)会怎样做"的方式，设身处地地为公众着想。

二、"发言人"制度的确立

公共关系危机事件的初期，往往是传言四起，消息混乱。为了保证对外宣传的高度一致性，主动引导舆论，危机管理委员会必须设立"发言人"制度，"一个声音，一个观点"，以正视听，掌握危机处理的主动性。

"发言人"的选择，必须强调具有极强的沟通协调和应变能力。第一，他必须负责任地向外发布真实的信息。第二，他必须从容地面对新闻媒体、面对公众，甚至要面对意想不到的不利环境。第三，他必须有力有礼有节地驾驭场面，以良好的人格魅力影响公众。"发言人"的综合素质本身也体现了一种组织形象，他会对危机处理产生直接影响。

三、第一时间快速反应通道的建立

第一时间快速反应通道的建立包含两方面的内容。

(1) 意识问题，即对处在萌芽状态危机事件的一种敏感性。缺乏这种敏感性就丧失了快速反应的前提，从而贻误良机。
(2) 组织的管理系统问题，即组织的整个管理系统是否有利于快速沟通、快速决策、快速执行。如果整个组织管理系统层次复杂，势必反应迟钝，贻误良机。作为第一时间快速反应通道，它必须是畅通、首尾相接、快速反馈的一个成封闭状态的危机管理系统。每个组织应视自己的不同情况，制作一张"危机处理快速反应通道图"，并在培训时反复讲解，以便各部门在执行时按"轨道"操作。

四、公共关系危机形态的预测

公共关系危机形态的预测是一项很重要的防范措施。预测有两种方法：一种是找出组织历史上曾经发生过的危机，因为发生过的事可能再次发生；另一种方法是找出同行或类似组织发生过的危机，引以为戒。危机形态可按不同的角度划分。

1. 按危机引发原因分类

(1) 产品质量引发的危机；
(2) 产品价格引发的危机；
(3) 广告宣传不规范引发的危机；
(4) 竞争对手恶意中伤引发的危机；
(5) 销售员跳槽带走客户引发的危机。

2. 按危机危害程度分类

(1) 一级危机或 A 类危机危害程度大；
(2) 二级危机或 B 类危机危害程度较大；
(3) 三级危机或 C 类危机危害程度较小。

五、潜在公共关系危机的评估

评估潜在公共关系危机的基本任务是要预见可能发生的最坏情况，然后再估计其产生的影响。方法可以借助潜在危机评估的模型进行。该模型的形成必须有两个指标：危机影响值和危机发生的概率。

公共关系危机影响值的计算方法是先提出以下五个问题。
(1) 假如危机逐步升级，危机会加剧到何种程度？
(2) 新闻媒体或政府部门对公司的审查会达到何种程度？
(3) 危机会在多大程度上影响正常业务的进行？
(4) 公司在公众中的形象会受到多大程度的损害？
(5) 公司的净利会受到多大程度的影响？

可以把这些问题的答案绘制在标有从 1(零度)到 10(可能达到的最大限度)的 10 个尺度的一张图上。把这五个问题的答案对应的数值平均起来，我们便会得到从 1 到 10 的危机影响值 CIV(Crisis Impact Value)。假设我们对某一类危机五个问题的答案如下。

第 1 个问题的影响度是 5；
第 2 个问题的影响度是 4；
第 3 个问题的影响度是 6；
第 4 个问题的影响度是 7；
第 5 个问题的影响度是 4。
如图 10-2 所示。

于是这类危机影响值应该是这样计算的：(5+4+6+7+4)÷5=5.2。一般而言，危机影响值超过 5 是比较严重的，说明必须引起高度重视。

为了估计最坏的情况，还需要获得另一项信息，即这种情况发生的概率，显然，发生概率高的危机更应引起人们的高度重视。把危机影响值和危机发生的概率这两个值标在危机晴雨坐标(Crisis Barometer Grid)上,就形成了评估潜在危机的模型。这个模型有四大区域,如图 10-3 所示。

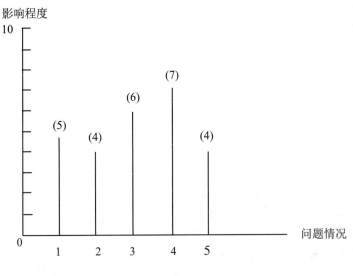

图 10-2　危机影响值

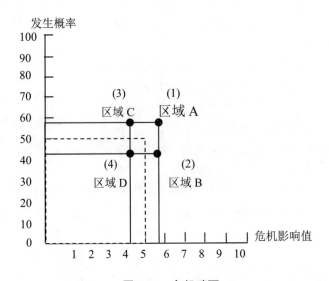

图 10-3　危机晴雨

(1) 区域 A 危机影响值高于 5,其发生的概率又大于 50%;
(2) 区域 B 危机影响值高于 5,其发生的概率又小于 50%;
(3) 区域 C 危机影响值低于 5,其发生的概率又大于 50%;
(4) 区域 D 危机影响值低于 5,其发生的概率又小于 50%。

了解和分析潜在危机所处的区域,是为了处理危机时更好地把握有理有节的原则,不至于"眉毛胡子"一把抓,而忘了轻重缓急,影响处理效果。

第三节　公共关系危机处理的基本原则

一、著名的三"T"

(1) Tell your own tale(以我为主提供情况);
(2) Tell it fast(尽快提供情况);
(3) Tell it all(提供全部情况)。

危机处理的三"T"原则是英国危机公关专家里杰斯特(Regester)提出的。它强调了危机处理时把握信息发布的重要性。

第一个"T"即强调了危机处理时组织应牢牢掌握信息发布的主动权,其信息的发布地、发布人都要从"我"出发,以此来增加信息的保真度,从而主导舆论,避免信息真空的情况。从操作上说,应该贯彻"发言人"制度,如果危机发生在外地,应该立即由"特派专员"赶赴现场,掌握第一手材料,以确保信息的真实性。

第二个"T"即强调了危机处理时组织应尽快地不断地发布信息。如何才能在速度上做到尽快呢?在危机处理过程中,危机管理小组需要在一个设备齐全的危机控制中心办公。里杰斯特说,这个办公室的设备应该如下:

(1) 充足的通话线路。其中至少一条为专线,这样可以方便焦急的当事人亲属和新闻媒介以及其他外界团体给组织打电话。
(2) 足够的内线电话。
(3) 无线电设备。
(4) 处在危险情况下的各种装置的显示图,应标明:
　　——纬线物质方位;
　　——安全设备位置;
　　——灭火水源系统或其他水源;
　　——其他灭火器材的储备;
　　——工厂通道的最新状况,尤其需指明哪条路不通;
　　——伤亡处理中心;
　　——工厂四周社区方位。
(5) 应能说明下列问题的显示图:
　　——危机影响波及范围或危险区域;
　　——应急车辆和人员调度;
　　——出现特别问题的区域;
　　——撤离区域;
　　——其他有关信息。

(上述显示图应用塑料或玻璃予以罩覆,以便于使用水笔随意书写、涂擦。)
(6) 用于记录信息或其他任何需要发出指示用的笔记本、钢笔、铅笔。
(7) 雇员名录。

(8) 重要人物的地址及电话。

第三个"T"即强调了信息发布应全面、真实，而且必须实言相告。越是隐瞒真相越会引起更大的怀疑。苏联在处理切尔诺贝利核事故时没有将全部真相公布于众，结果引起东欧乃至西欧国家更大的恐慌。

二、公众至上原则

这是公共关系的核心原则，也是危机处理的核心原则。没有这条原则，那么，小危机也会转化为大危机。以下是两个真实的案例，比较一下将会更说明问题。

案例 A

1991年8月5日，上海市远洋公司职工朱某携其妻前往上海某百货商店购买小天鹅8型全自动洗衣机。营业员查明单价后便直接开出了一式三联发票，发票开品名为小天鹅8型洗衣机，价格为1080元。收银柜核收货款和发货验票时均"一路绿灯"，钱货两清后，朱某雇车将洗衣机运回家中。

事后，商店发现了发票中的错误，营业员误将小天鹅8型全自动洗衣机的货款每台1290元开成了1080元，少收了210元人民币，随即前往朱某家要求补齐少交的210元，朱认为自己是按票提货，拒绝商店的补款要求。此后，商店便向朱某所在单位、居委会和派出所反映情况，请求"组织"协助做工作，使朱某被远洋公司暂停出海。

朱某认为，少收货款是由于营业员工作失误造成的，他买洗衣机本身没有过错，而商店这种追补货款的做法在各方面对其造成了不良影响。他坚持要求商店在消除影响后才返还洗衣机，并同时收回1080元。双方意见不一致，协商未成。商店遂于1991年12月6日分别向黄浦区人民法院和南市区人民法院提出诉讼，要求朱某返还不当得利210元人民币。

南市区人民法院于1992年5月开始审理这一案件，双方代理人在法庭上展开激烈辩论，原告律师认为是"差错"，被告律师认为是买卖双方的"合同行为"，有发票为证。最后一审判决被告归还原告洗衣机，原告退还被告1080元；同时，原告负担案件受理费20元，被告负担30元。

案例 B

在布鲁塞尔的一家超市里，一位顾客买了一台照相机和变焦镜头，货架上标价是2500比利时法郎，但在收款处电脑上打出的价格是1500比郎，收款员不相信自己的眼睛，又打了两遍，还是和第一次打出的一样。收款员只好耸耸肩对顾客笑着说："先生，你走运了。"然后按1500比郎收取货款。之后立即通知有关部门来修理电脑。

以上两个案例，事件的由头相似，严格地说也可以算是一种"危机"。然而，处理危机的原则不同，结果当然不同。B案例中的顾客会因此而成为该超级市场的"回头客"，甚至"忠诚顾客"，而且会将这种良好的感受进行人际传播。对该超市来说，虽然损失了1000比郎，但却换回了顾客的信任、赞誉，这是一笔无形资产。而这笔无形资产终会转化为企业的利润。而A案例中的商店，即使打赢了这场官司，其结果却是失去了更多的顾客，这不酿成了更大的危机吗？

危机处理的公众至上原则还体现在必须执行人道主义原则。危机在不少情况下会带来生命财产的损失。因此，危机处理中首先要把受害的公众放在第一位，只有这样才能安抚公众，尽快地化解危机。

三、维护声誉原则

维护声誉这是危机处理的出发点和归宿点。组织的声誉是组织的生命，而危机的发生必然会给组织的声誉带来影响，有时甚至是致命的。因此，在处理危机时，一切都应维护组织的声誉。

2000年10月10日，在北京发生了这样一件事：一家叫富亚的涂料厂，多年来一直为市场的混乱而苦恼，为劣质产品充斥市场而气愤。为证实自己的涂料无毒、无害，该企业精心设计了一场让"真猫、真狗喝涂料"的活动。为此，他们提前两天在《北京晚报》刊发了广告，一方面向广大消费者作出安全大承诺，另一方面也借此向同行发出倡议。

上午9点30分中国建筑文化中心建筑展览馆门前，真猫真狗喝"富亚"涂料的实验突然遭遇一场意外：几名海淀区动物保护协会的人不仅坚决要求立即停止使用动物进行喝涂料试验，还几次强行要把正准备喝涂料的小动物带走。现场秩序一时很乱，围观者越聚越多。

可到了眼前这个时候，突然终止试验，怎么向读者、消费者和顾客交代呢？总不能就这样结束一场已经策划好的活动吧。现场还特意请来了公证处公证员，公证处的同志面对突然出现的情况也表示无奈，既然没有真猫真狗喝涂料，公证也没有必要了，公证是否也要取消？

面对这一突发事件，企业的总经理采取了一个更绝妙的对策，亲自端起新开启的涂料当众喝了一大口，他说："既然动物保护协会出面了，不让我们的猫狗试验富亚涂料是否无毒，那么我是人，富亚涂料也是我研究开发出来的，为了证明富亚涂料无毒安全，又环保，就让我来喝吧。"

过了几天，北京一家媒体以"富亚公关活动遭抗议 老板当众喝涂料化解危机"为标题，刊登了这一案例。案例中的老总为了证实自己对消费者的承诺，以自己的身体做试验来维护企业的声誉，从而迅速化解了一场危机。

第四节 公共关系危机处理的基本程序

各种类型的公共关系危机虽有不同的处理方法，但在程序上是基本相同的，一般都经历这样几个程序。

深入现场了解事实→分析情况确立对策→安抚受众缓和对抗→联络媒介主导舆论→多方沟通加速化解→有效行动转危为机。

当然，在处理具体危机时，并不是很机械地按部就班地进行，有时根据实际情况需要几个程序同时进行。

一、深入现场，了解事实

这是危机处理中不可或缺的第一步，有的危机事件组织领导人还必须亲自出马。中外成功的危机公关案例都有一个共同的特点，领导人亲赴第一线，给人一种敢于负责，有能力、有诚意解决危机的形象。2000年8月，俄罗斯载有118位官兵的"库尔斯克号"核潜艇沉没，普京总统没有立即中止休假赶赴现场，犯了公关错误，导致普京的支持率从7月份的73%下降到65%。

二、分析情况，确立对策

这一步实际上是制订危机处理的方案，即如何对待投诉公众、如何对待媒介、如何联络有关公众、如何具体行动等。

三、安抚受众，缓和对抗

这一步很关键，因为一般的处理方式往往是先自我表白，一个劲地为自己做解释工作，这是危机处理时的大忌，即便你有千条理由，此时也应该先安抚受害公众，真心诚意地取得他们的谅解，这样危机才有可能顺利化解。在"库尔斯克号"事件中，如果说普京在前半期处置有失当之处，而在这一步的处理上就"公关"多了。在营救行动结束后，普京来到了"库尔斯克号"核潜艇的营地。他一到那里，做的第一件事就是会见遇难官兵的家属。由于失去亲人，家属们情绪激动，普京同他们的谈话持续了两个半小时，耐心地回答了他们的要求和问题。普京责成政府以最快的速度解决了遇难官兵家属的抚恤问题，他答应每个遇难官兵家属将得到10年工资的补偿，国家将会给他们提供住房。同时，普京决定授予"库尔斯克号"核潜艇官兵崇高的荣誉称号，为他们建立纪念碑，他们的纪念物品将被陈列在莫斯科的纪念馆。8月30日，民意测验显示：普京的支持率又上升到了70%。

四、联络媒介，主导舆论

危机事件发生后，各种传闻、猜测都会发生，媒介也会纷纷报道。这时组织应委派"发言人"主动与媒介联络，特别是首先报道事件的记者，以"填补信息真空"，掌握舆论主导权。1990年6月2日，《解放日报》头版以《一批新拖拉机病卧田头》报道了某厂一批新拖拉机返修状况严重，金山县长呼吁：目前正值三夏大忙，这到底是支农还是坑农！全文语气激烈，影响很大。厂领导立即决定：亲自带上技术人员，赶赴金山现场听取意见，现场整改，并马上与撰写此文的两位记者联络，一同前往，请记者参与整个处理过程。由于态度诚恳，而且整改措施很迅速，得到了农民兄弟的谅解。随后，全厂上下以此事件为契机，经过80余天的停产整顿，产品重新达到名牌的标准，赢得客户满意。6月5日、6月19日、7月20日，两位记者将整个过程连续发了三次长篇报道，彻底挽回了影响。

五、多方沟通，加速化解

这一步主要是争取与其他公众、社团、权威机构合作，协助解决危机。这是增加组织在公众中信任度的有效策略和技巧。1993 年 6 月，美国著名的饮料公司百事可乐公司发生罐装百事可乐饮料中发现注射器针头事件。虽然该件事不合逻辑，但媒介报道却让人宁可信其有。为了有力的澄清事实，百事可乐公司与美国食品与药品管理局密切合作，由该局出面揭穿了这其实是诈骗案，并请政府部门主管官员和公司领导人共同出现在电视荧屏上，更增加了处理这件事的权威性。

六、有效行动，转危为机

危机这个术语通常用于消极方面，但其真正含义并不仅限于此。韦氏(Webster)词典里危机的解释是"变好或变坏的转折点"。所以，成功的危机处理不仅能消除危机，而且还能创造机遇，和谐关系。下面这则案例就说明了这一问题。

1993 年 8 月 11 日，当巨化集团公司的人们还在议论着深圳的"大爆炸事件"时，他们万万没想到一场同样令人震惊的灾难正悄悄向他们袭来。

这天上午上班后，该公司电化厂氯化车间的职工在进行液氯灌装时，发现 4 台屏蔽泵的过滤器堵塞。换了一只过滤器后，泵启动了。但开始灌装液氯不久，泵又自动停掉。车间工段长带了 3 个人立即进行检查，发现情况有异常，这时听到"啪"的一声响，这台屏蔽泵的阀盖被冲出来，剧毒的氯气顿时腾腾涌出。

一起令人惊惧的泄氯事故就这样遽然间发生了。

人们记忆犹新，1966 年 8 月 8 日，也是在电化厂氯化车间，曾发生过一次跑氯事件，死亡 8 人，中毒者数百。

而 27 年前发生的那场灾难远没有眼前这场灾难让人感到更为严重、可怕。因为当时只是生产岗位上的管道发生泄漏，氯含量有限。而这次是罐槽内有 90 吨氯气在向外腾腾窜出。如果因氯气外泄引起氧化，使得另外 3 台屏蔽泵产生不测，后果将不堪设想。

"呜！呜！"刺耳的警笛声一次次划破夜空，一辆又一辆消防车驶向事故现场。

有人说："不得了了，巨化末日到了！"

有人说："已有 200 人死掉了！"

而真实情况是：下午 3 时 55 分，在事故抢险指挥部的统一指挥下，消防支队的官兵和电化厂职工组成的抢险队，在第六次冲锋中已成功地将泄漏氯气的阀门关死，污染源已被控制住。在事故发生与抢险过程中，共有 195 名职工、15 名消防队员不同程度地吸入氯气，其中有 5 名职工属中度中毒，5 名职工属轻度中毒，其余为氯气刺激反应症状，根本没有人员死亡。

但是，令人不安的流言、各种小道消息仍在车间、街头、饭店、车厢等地传播扩散。事故现场附近下风处的一些村庄的数百名村民因自己的农作物不同程度地受到污染，担心自己也吸到氯气而成群结队地拥到公司办公室、会议室、巨化集团公司职工医院，要求赔偿治疗。

面对这场突发性的严重危机，用什么方式去迅速、妥善的处理？一个严峻的公共关系课题摆到了巨化集团公司领导者的面前。

怎么办？

因成群结队的村民拥到公司来已在一定程度上影响了正常的办公，巨化集团公司领导首先想到要稳定他们的情绪，妥善做好他们的思想工作。这一想法与所在社区的领导人不谋而合。市长王似熊已先走一招，主动帮助公司把有关情况向柯城区领导做了通报，柯城区委书记、区长带领花园乡干部迅速赶到现场，积极主动配合、协助巨化集团公司做好疏导、稳定人心的工作，公司经理韩春根代表公司表态，对因氯气泄漏污染而给附近村民造成的损失，在调查的基础上，做出实事求是地处理、赔偿，这个消息通过媒介传出，当地群众以理解、谅解、信任的姿态立即给予了积极的响应。

针对社会上继续传播着的各种耸人听闻的小道消息，怎样迅速地把真实情况告诉人们，以稳定生产、稳定生活、稳定秩序？巨化集团公司不愧是中国十年最佳企业公关奖的获奖企业之一，几乎是同时，他们立即借助于公共关系的重要手段之一——新闻传播媒介，且熟练的运用起来。

当巨化电视台根据公司领导要求，把事故现场的目击报道和医院伤员情况、抢救情况录音剪辑整理好时，早已超过了电视台新闻节目的播送时间。公司领导分析了公众的心理后，当即要求晚上加播。于是晚上9点45分，巨化电视台中断正常节目，插播了将近15分钟有关事故发生、抢救经过的实况专题报道。

对于极为惦念事故情况的人们来说，这个报道太及时了。从报道中获知并无人员死亡、氯气泄漏源已被堵住等情况，顿时，悬在人们心头的石块落地了，大家奔走相告，欣慰地说："这下我们可以放心地睡个安稳觉了！"

巨化集团公司电化厂这次泄氯事故因性质严重而引起了新闻界的关注。对闻讯赶来采访的省、市各新闻单位记者，巨化集团公司的领导高度重视，根据各新闻单位的不同提问，及时、客观、具体地作了通报和介绍。

在事故善后处理中，公司经理韩春根、副经理骆光响还抽出时间接受记者专访，与记者沟通信息。由于巨化集团公司高度重视新闻媒介，充分利用平时与新闻媒介建立起来的良好关系，在事故善后处理中，得到了各个新闻单位的支持和合作。

以巨化集团公司经理韩春根表示要再三感谢的《浙江日报》为例，自11日事故发生到15日电化厂恢复生产，针对公众所关心的热点问题，《浙江日报》经济新闻部精心组织了连续报道，每天都向公众通报最新动态、信息，从不同程度、不同侧面，对巨化集团公司事故善后处理的各项工作产生了积极、有益的影响。

泄氯事故固然给巨化集团公司造成了重大的损失，但积极的沟通和传播，有效地控制了事态的扩大。从某种意义上说，通过新闻媒介的跟踪报道和由此反映出省委、省政府对这场事故的高度重视，无形中凸现了巨化作为一个大型化工集团公司在人们心目中的地位。

一个富于戏剧性的效果是，7月1日，原"衢州化学工业公司"改名为"巨化集团公司"。"衢"改"巨"，因种种历史、客观因素，一时很难被外界分清，产生印象，借助这次事故所产生的新闻热点契机，"巨化集团公司"这一新称谓一下就在人们的头脑中留下了深刻印象。

以上是一则突发性的严重危机，来势凶猛，令人恐惧！然而，巨化集团处理得相当得当成功，转危为机。综观整个处理过程，有两个阶段值得讨论。

第一，"深入现场，了解事实"这个阶段，不仅仅做到集团领导赶赴现场，连有些政府官员也亲临第一线，这对稳定公众情绪很有作用。同时，公司领导立即表态对因泄漏污染而给附近村民造成的损失，将在调查的基础上，做出实事求是的处理、赔偿。这就是危机处理中很重要的一条：及时安抚，缓和对抗！使本来群情激昂的受害公众心里舒坦了一些，这样就会使以后的危机处理更加顺利。

第二，"联络媒介，主导舆论"这个阶段处理得相当好。国外一些危机专家曾说过："危机中传播失误所造成的真空，会很快被颠倒黑白、胡说八道的流言所占据。'无可奉告'的答复尤其会产生此类问题，这就好像斗牛场上牛面前的那块红布。过时的消息会引起人们猜疑，并导致不正确的报道。更糟糕的是，他还会令人指责企业采取了不光彩的掩盖手段。只有进行有效的传播管理，才能进行有效的危机管理，因为外部重要公众对危机的看法主要依赖于他们的所见所闻。"巨化集团就是始终利用新闻传播媒介，并主动与记者沟通，让小道消息不攻自破，迅速消除不利舆论。

思 考 题

1. 公共关系危机的定义、特点及类型是什么？
2. 加强公共关系危机管理的意义是什么？
3. 公共关系危机管理中在组织架构上是怎样设置的？
4. 处理公共关系危机的基本程序是什么？
5. 什么是公共关系危机处理的三"T"原则？

第十一章

公共关系活动模式

【学习目标】

　　了解战略型公共关系活动模式与战术型公共关系活动模式的区别与联系；理解各种公共关系活动模式的适用领域；掌握用各种模式开展公关活动的方法。

第一节　战略型公共关系活动模式

　　战略型公共关系活动模式是针对组织自身发展的不同阶段而采取的公共关系活动模式。我们知道,不论是一个组织(以企业为例)还是一种产品、服务,都有其各自的生命周期。企业有成长期、发展期、稳定期、衰退期的生命轨迹,产品、服务也有成长期、发展期、稳定期、衰退期四个阶段。在不同的发展阶段,组织与周围环境的矛盾也有所不同,而任何社会组织,其发展都必须与周围环境相适应。组织在发展的不同时期,都必须适应不断变化的环境。因此,组织中的公共关系人员必须掌握组织发展不同时期公共关系活动的特点,适时适度地开展工作,将"时期"和"矛盾"配合起来组织战略目标。根据组织发展不同时期公共关系活动的方式和特点,可以归纳出以下模式。

一、建设型公共关系

　　建设型公共关系是社会组织初创时期或新产品、新服务首次推出时期,为开创新局面进行的公共关系活动模式。目的在于提高美誉度,形成新的感觉,直接推动组织事业的发展。建设型公共关系活动的重点是宣传和交际,实施的重点是主动向公众介绍自己,主动接近各方朋友,尽量地使更多的公众了解企业、关注企业、接近企业,以取得公众的信任和支持。

　　建设型公共关系活动可采用的方法很多,一般包括开业广告、开业庆典、新产品试销、新服务介绍、新产品发布会、免费试用、免费品尝、免费招待参观、开业折价酬宾、赠送宣传产品、主动参加社区活动等。特殊情况下,建设型公共关系活动包括:主动向社会公众介绍情况,举办大型公关活动,向社会征集企业名称、徽标,向社会招聘高级人才等。

　　组织在社会公众中的影响和一个人一样,如果总是一成不变,守着一种固定的形式,显示不出新的活力,树立不起新的形象,那么随着时间的推移,就会被公众所淡忘。因此对于一个组织来说,必须时刻注意在公众中的自我形象,以种种努力来引起公众的关注和社会的重视。

　　日本索尼的新产品"walkman"开拓性地打进市场,就是一次成功的建设型公共关系范例。带立体声耳机的超小型放音机"walkman"(随身听)自1979年由索尼公司开发出来之后,在日本青年人中间迅速普及,成为市场上的一大畅销产品。推销这一产品的公共关系活动的成功之处在于,它没有让该产品只是风靡一时,而是把它作为一种社会现象和社会风俗固定了下来。索尼公司把宣传超小型放音机同当时正在流行的散步和穿旱冰鞋进行锻炼等健身需要、室外活动需要结合起来,展开了一场独特的公共关系攻势。首先,索尼公司宣布"walkman"新产品的记者招待会将在东京闹市区的代代木公园举行,而那时的记者招待会多在宾馆或俱乐部举行,这是索尼公司的一个创举,也是为了强调超小型放音机可以满足室外需要的特点而做出的决定,即可以一边进行体育锻炼,一边欣赏音乐。其次,索尼公司聘请模特,让他们在公园带着"walkman"一边听音乐,一边散步或溜冰,给人们留下了深刻的印象。最后,索尼公司还把产品说明书录成磁带送给记者,将"walkman"新产品送给记者、文艺体育界知名人士使用,等等。这些公关活动为索尼公司开创了新的局面。

开展建设型公共关系活动应把握如下的原则。

第一,选择有利时机。对于建设型公共关系活动来说,选择时机十分重要,公司挂牌、商场开业、产品上市,都要注意研究公众的需要,选择有利时机,让企业在公众中形成良好的"第一印象",进而对企业产生兴趣,最后转为理解、支持的态度和行动。这种模式一般适用于:企业始建,新产品、新服务推广初期,更换厂名店名,改变产品商标或包装。

第二,选择恰当地点。根据产品的特点或公司的性质,或目标对象的不同,选择有利的场所,突出新产品或新形象的特点,让人过目不忘。

第三,练好内功。不管是为了一炮打响来个开门红,还是为了开创组织的新局面,赢得新市场,都必须首先在产品规格、质量、花色品种、外观设计等服务项目以及服务态度上下功夫。这是组织建立新形象的基础工作,这个工作做得不好,开创新局面将成为一句空话。

第四,掌握分寸。为了让组织迅速获得公众的认同,或者让新产品新服务迅速占领市场,必须通过各种传播媒介大力宣传组织的新情况、新进展、新产品、新服务,以便让公众了解组织、理解组织。但是又不能露出过多宣传的痕迹,宣传中应掌握分寸、以诚相待,不宜自我吹捧、言过其实,以免引起公众的反感。因此在宣传策略上,建设型公共关系的重点应放在"新"上,以崭新的姿态、崭新的形象出现在公众面前,给人以新鲜感、新奇感,以新取胜,以新博得公众的好感。

二、维系型公共关系

维系型公共关系是指社会组织在稳定发展期间,用来巩固良好形象的公共关系活动模式。目的是通过不间断的、持续的公关活动,巩固、维持与公众的良好关系和组织形象,使组织的良好印象始终保留在公众的记忆中。其做法是通过各种渠道和采用各种方式持续不间断地向社会公众传递组织的各种信息,使公众在不知不觉中成为组织的顺意公众。一方面通过各种传播媒介和传播活动,以较低的姿态把组织的各种信息持续不间断地传递给各类公众,使组织的良好形象始终保留在公众的记忆中,一旦有需要,公众就可能首先想到你,购买你的产品和服务,与你合作,为你带来利润和好处;另一方面,开展各种优惠活动吸引公众再次合作。

维系型公共关系的特征,是以渐进而持久的方式,通过针对公众心理精心设计的活动,潜移默化地在公众中产生作用,使组织的形象进入公众的长期记忆系统,为实现组织的公共关系目标铺平道路,追求水到渠成的效果。虽然不能迅速带来社会影响力,然而一旦见效,就能在公众中形成有利于组织的心理定式。

维系型公共关系是针对公众心理特征而精心设计的,具体可分为"硬维系""软维系"两种形式。

"硬维系"是指那些"维系目的"明确,主客双方都能理解意图的维系活动,其特点是通过优惠服务和感情联络来维系同公众的关系。比如许多西方航空公司明确宣布,凡乘坐我公司航班多少次以上者,公司可提供免费旅行一次,目的是同顾客建立长期联系。有国内外厂商还利用一些节日、纪念日，向长期顾客赠送一些小礼品，搞一些联谊活动，来加强感情联络，发展厂商与顾客之间的关系。"硬维系"一般用于已经建立了购买关系或业务来往的组织和个人。具体方式灵活多样，可利用各种传媒进行一般的宣传，如定期刊发有关组织情况的新闻、播出广告、提供组织的新闻图片、实行会员制、提供累计消费折扣等。也可以向常年顾客赠送小礼物，邀请用户联谊，定期或不定期发布提醒性广告，经常在媒体露面，经常派发企业小型纪念品或礼品。

"软维系"是指那些活动目的虽然明确，但表现形式却比较超脱的公共关系活动，其目的是在不知不觉中让公众不忘记组织。一般是对广泛的公众开展的公共关系活动，其具体做法灵活多样，但要以低姿态宣传为主，如定期广告、组织报道、提供组织的新闻画片、散发印有组织名称的交通旅游图等。保持一定的媒体曝光率，使公众在不知不觉中了解组织的情况，加深对组织的印象。比如1986年的圣诞节，北京长城饭店公共关系部请了一批孩子来饭店装饰圣诞树，除供应他们一天的吃喝外，临走时还特地送给每人一份小礼物。这些孩子分别来自各国的驻华使馆，他们的父母都是使馆的官员。长城饭店是五星级的豪华饭店，顾客主要是各国的来华人士，邀请这些孩子来饭店，表面上是为孩子们举行了一次符合西方习惯的传统活动，但"醉翁之意"是希望通过孩子来维系长城饭店与各使馆的关系。孩子在饭店过了一天，长城饭店的豪华设施在他们幼小的心灵中留下深刻的印象，他们的父母也一定会问孩子圣诞节在长城饭店过得是否快乐，还可能看看赠送给孩子的礼品，对长城饭店的好感油然而生，随之而来的必然是宾客盈门。

搞好维系型公共关系活动应把握以下原则。

第一，攻心为主。维系型公共关系从某种意义上说是一种"心理战"。一个组织与其公众发生并建立了良好的公共关系之后，随着时间的推移，这种公共关系状态可能向好的方向进一步发展，也可能向不好的方向转化。此时社会组织公共关系目标就是要维系良好的公共关系状态，防止逆转。实现这样目标的公共关系活动实质是使公众对组织产生有利的心理定式，因此研究公众的心理需求是工作的重点。要给相关的公众实实在在的优惠和实惠，在不知不觉中接受企业的产品和服务。

第二，渐进性。维系型公共关系活动要在公众中造成对社会组织有利的心理定式，即令公众在不知不觉中形成对社会组织的好感。有关组织形象的信息对公众的刺激强度不够、过弱，刺激强度过大、过猛，都不利于形成这种心理定式。通过渐进性的积累，保持适中的信息刺激度，最有助于形成这种心理定式。对这个"度"的把握，是维系型公共关系的艺术。因此，开展维系型公共关系活动，在方法上必须注重"细水长流"，而不是搞大张旗鼓的活动，不是集中人力、物力、财力去"打歼灭战"，去追求一举成功。它争取公众的主要手段是通过传播媒介不断向公众"吹风"，让组织的有关信息不时传到公众的耳朵里，使组织的形象经常呈现在公众面前。

第三，保持超脱姿态。维系型公共关系活动要让公众在不知不觉中形成对组织的好感，因此开展维系型公共关系活动要在"超脱"二字上下功夫，不论是硬维系还是软维系都要表现出一种高姿态，表现出"醉翁之意不在酒"的味道，使公众在心理上乐于接受。如北京印象广告公司为了维系自己的知名度和美誉度，于1993年母亲节前夕在北京地铁站推出了题为"回家"的公益广告。"回家"以夕阳余晖中母亲孤独的形象为主体，鹅黄的色调充满了温馨的慈爱,表达出母亲对子女的挂念和企盼。红色标题"回家"相当醒目,广告词诗意动人——"曾几何时,我们因为奔波事业,陶醉爱情,照顾子女,而冷落了终生操劳的母亲。回家,看看母亲最欣慰的笑容吧!哪怕只是打个电话。"这一句广告,没有任何说教,以其不可抗拒的情感力量令无数旁观者怦然心动。没有宣传自己的企业画面和文字,在公众心目中却形成了对印象广告公司的良好印象。

三、预防型公共关系

预防型公共关系是指社会组织为防止自身的公共关系失调而采取的一种公共关系活动方式。预防的目的是在组织与公众之间出现摩擦苗头的时候,及时调整组织的政策和行为,铲除摩擦苗头,始终将与公众的关系控制在期望的轨道上。

预防型公共关系的特点,在于确切地了解自身组织的公共关系现状,敏锐地发现其失调的预兆和症状,针对失调采取政策,及时消除隐患,同时进一步促使其向有利于良好的公共关系建设方面转化,因此特别适用于组织发展过程中的战略决策,是战略型领导者最重视的公共关系活动之一。具体来说,其特点可归纳为以下三点。

(1) 居安思危,防患于未然。当组织处于稳定发展的状态时,及早制定出防范措施,建立预警系统,达到未雨绸缪的目的。

(2) 洞察一切,见微知著。当组织机构与周围客观环境出现某些失调时,能及时发现,迅速采取措施,予以防治。

(3) 积极防御,加强引导。预防与引导相结合,一方面应及时发现各种危机苗头,通过及时调整组织的结构、产品、方针政策或经营方式等,适应环境的变化或公众的要求,防患于未然;另一方面还要通过自身的努力工作,积极引导,利用不利的时机开创有利的局面。

例如,海尔冰箱的前身琴岛冰箱厂的产品问世以来,一直受到消费者的喜爱。然而富有远见的琴岛人却居安思危,决心以质量保信誉,以信誉保品牌。当他们发现不合格产品时,当众成批砸毁,不准流入市场。对此有些工人不理解,流着眼泪要求厂长把不合格的冰箱"处理"给本厂职工。但厂长却回答说:在琴岛决不允许残次冰箱出厂,本厂工人也要用最好的。冰箱虽然成批被毁,企业出现暂时损失,令人心痛,但却消除了信誉受损的隐患,保住了品牌在公众中的形象,因而从长远来看,将为企业带来更大的效益。

由于可能出现的问题多种多样,导致问题的原因也多种多样,因此解决问题的方法也多种多样。其工作程序一般可概括为三步:第一步,发现问题,即通过调查、监测和预测,及时发现组织中存在的问题和潜在危机;第二步,分析问题,即运用研究和预测方法来分析问题;第三步,解决问题,即制定和采取相应的调整措施来解决问题,具体方式包括:市场调查,前景预测,假设后果影响分析,设计多套应急方案处置危机等。

开展预防型公共关系活动,应把握以下原则。

第一,具备危机意识。将问题扼杀在摇篮之中,切忌麻痹大意。

第二,形成预警系统。即有专人或专门机构来捕捉各种问题或危机苗头,一旦发现,组织能及时调整自身结构、产品、方针政策或经营方式,以适应环境的要求。

第三，主动采取措施。一旦发现问题就不能放过，而必须及时采取对策，主动进行调整与引导，在公众尚未意识到问题时就把问题解决好。同时，还要经常监测组织行为，发现问题迅速上报，提出改进建议。

第四，增加透明度。一个组织的透明度越高就越能减少与外部公众发生摩擦的可能性，即使出现了摩擦，也能积极疏导，将负面影响减小到最低限度。

四、矫正型公共关系

矫正型公共关系是指社会组织在遇到问题与危机，公共关系严重失调，组织形象受到损害时，为了扭转公众对组织的不良印象或已经出现的不利局面而开展的公共关系活动。其目的是对严重受损的组织形象及时纠偏、矫正，挽回不良影响，转危为安，重新树立组织的良好形象。矫正型公共关系活动主要是在组织不期望的事件发生后，采取相应的措施补救，通常分三个处理步骤：第一步，尽快制止或减少组织形象所受的损害；第二步，挽回和恢复先前的形象；第三步，进一步完善和提高形象。

矫正型公共关系活动方式包括：实况说明会、记者招待会、实施危机处置、发表事实声明、诚恳道歉、补偿、赔偿、事实报道、对侵权者诉诸法律等。

矫正型公共关系活动的实施有如下几个要点。

第一，迅速查明原因，制定对策，采取行动。这里强调的是迅速，这不仅可以体现公司对组织的重视，也是为了尽可能缩小组织形象受损的公众影响范围。

第二，从查清问题根源入手。当组织面临公共关系危机而不得不采取矫正型公共关系时，其主要活动方向不是忙于应付公众的抱怨和指责，而是要根据各方面传来的信息去调查危机的根源。如果问题不清，根源不明，则会头痛医头、脚痛医脚，不得要领，还可能由于顾此失彼，造成更大的混乱。

第三，组织负有责任时，应诚恳道歉，求得公众谅解，恢复信任，并调整政策行为，杜绝危机的重演。

第四，对恶意诽谤、侵权造成组织受害的，则应公布事实，说明真相，追查责任者，并求得公众同情。

组织形象受损一般有两种情况。一是由于外在的原因，如某些误解、谣言，甚至人为地破坏，致使组织的形象受到损害。这时，公共关系人员应及时、准确地查明原因，迅速制定对策，采取行动，纠正或消除损害组织形象的行为和因素。公共关系人员对于损害组织形象的误解和谣言决不能掉以轻心，否则稍有疏忽就将给组织造成不必要的损失。

饮誉世界的雀巢跨国食品公司就曾遭到过这样的厄运。在20世纪70年代初期，舆论纷纷认为粉状婴儿食品是造成第三世界国家婴儿死亡率高的罪魁祸首。1974年，英国一家慈善组织出版了《婴儿杀手》一书，其中抨击了雀巢公司，后来德国一研究小组以《雀巢杀害婴儿》一文将事端推向高潮。雀巢公司起诉激进者诽谤、破坏公司的名誉。官司长达两年之久，虽然雀巢公司胜诉，但公众对雀巢公司的态度日趋恶化。雀巢公司的一位官员承认："我们在法律上取得了胜利，但是在公众关系上却遭到了灾难。"1977年，一场著名的"抵制雀巢产品"运动在美国爆发，并迅速蔓延到其他九个国家，逐渐发展为一场世界性的抵制雀巢食品的运动，连一些国家的政府也为此制定了严格的法律，如：新几内亚禁止用人造奶哺育婴儿；其他国家通过立法限制母奶代用品的广告活动。1981年，雀巢以一个友好、负责的公民姿态站出来，形势开始日趋好转。1984年初，经过10年的抗议与7年的经济抵制活动之后，许多组织同意停止抵制。有人估计，抵制活动导致雀巢公司的直接经济损失达4000万美元，然而，损失掉的生意远远超过此数。雀巢公司的总经理说："我们都上了一堂课，企业必须留意顾客及社会的态度。出现问题时，应该和有关人员坐下来好好协商，寻求解决问题的方法。"这一事例说明，公共关系人员必须随时注意周围环境的变化，对于那些有损于组织的行为和因素应明察于端倪，防患于未然。

组织形象受损的另一种情况，是由于组织内在的原因，如产品质量、服务态度、环境保护、管理政策、经营方针等方面发生了问题，而导致公共关系严重失调。因此，公共关系部门应迅速查清原因，采取行动，尽快与新闻界取得联系，控制影响面，并及时把外界的舆论准确地反馈给决策层和有关部门，提出消除危机的办法和纠正错误的措施。与此同时，公共关系人员还需运用各种公共关系手段和技巧开展公共关系活动，消除不良影响，并通过新闻界向广大公众公布纠正的措施和进展情况，求得公众的谅解，平息风波，恢复信任，重新树立良好形象。

五、开拓型公共关系

开拓型公共关系又称为进攻型公共关系，它是指社会组织采取主动出击的方式来树立和维护良好形象的公共关系活动模式。当组织需要拓展(一般在组织的成长期)，或预测目标与所处环境发生冲突时，主动发起公关攻势，以攻为守，及时调整决策和行为，积极地去改善环境，以减少或消除冲突的因素，并保证预定目标的实现，从而树立和维护良好形象。这种模式，适用于组织与外部环境的矛盾冲突已成为现实，而实际条件有利于组织的时候。其特点是抓住一切有利时机，利用一切可利用的条件、手段，以主动进攻的姿态来开展公共关系活动。

常采取的方式有：宣传新的营销理念，发布新产品抢占市场，优化现有产品品质，打价格战和服务战，承诺更多服务，加快创新和淘汰，结盟或合作，控制、支配或垄断等。

一个组织与环境的关系，除了积极适应之外，还应主动改造。一个组织要顺利发展，主动改造环境是一项必不可少的工作。改造环境，组织可以采用以下战略。

其一，改变战略。改变组织对环境的依赖关系。组织可以通过不断研制新的产品，开拓新的市场，吸引更多的顾客，建立新的合作关系等方法，改变对原有环境的过分依赖。

其二，交流战略。组织通过与环境的交流协商，如加入同业协会，商定协作交流协议等，减少与竞争者的冲突和摩擦。

其三，回避战略。组织为避免受过多环境消极因素的影响，可以采用回避战略。

组织与所处环境发生冲突时，要及时抓住时机，调整决策和行动，积极主动地去改造环境，逐步减少直至消除冲突的因素，以保证预定目标的实现。在当前市场竞争十分激烈的情况下，每个组织都需要运用进攻型公共关系来取胜。

美国歌露博·雅美拉达公司开发了一种名叫"安全、轻便4x"型的夹层薄玻璃，强度高,经得起重击而不破碎。怎样才能得到建筑行业的认同呢?此时,恰逢美国劳教委员会在密尔沃基市召开会议。于是,该公司公共关系部抓住了时机举办了新产品展览。公司把这种新产品玻璃镶在框架中,右上角贴上"安全、轻便4x"标签,玻璃背面贴上一张1000美元的支票,旁边放着几根球棒,告示牌写着:"击破者有奖。"参观的人都可以拿起球棒朝玻璃猛击三棒,谁能击破玻璃就可以拿走支票,赢得1000美元。假如没有人击破,则把1000美元捐赠给密尔沃基市的孤儿院。展览会隆重开幕时,邀请了新闻界的记者和摄影师,并散发了玻璃强度的实验报告及介绍这一产品的资料。参观的人蜂拥而来,跃跃欲试,却始终没有一个人打破玻璃,于是便举行了向孤儿院捐款的隆重仪式,报界和电台进行了生动的报道,电视台也进行了现场直播。展览会获得了成功,随后"安全、轻便4x型的玻璃打不碎"被传为佳话,公司复印了大量介绍产品的剪报,连同强度实验报告一起寄给各建筑企业,短时间内就收到50万美元的订单。歌露博•雅美拉达公司展览的成功表明,"安全、轻便 4x"夹层型玻璃,在众目睽睽之下经受住了考验。"真金不怕火炼",质量确实可靠,实验报告数据的确可信。1000美元的支票挖出了50万美元的潜在生意,不仅提高了公司的知名度,而且塑造了公司热心社会慈善事业的形象。

歌露博•雅美拉达公司之所以成功,原因在于它开展了有效的开拓型公共关系活动。公司利用独特的"破坏性实验"和新颖的捐赠方式树立起了良好的产品形象,并赢得消费者的信任,同时在其他公众心目中留下了深刻的印象,还体现出了公司的开拓和创新精神。

在开展开拓型公共关系活动时,应把握以下原则。

第一,研究环境变化,把握有利时机。开拓型公共关系活动很讲究时机条件,并不是任何组织一旦与环境发生了矛盾冲突就能采用这种活动方式,在缺乏一定的社会气候、环境气候,尤其是组织的内在应变能力本来就不强时,便不能开展这种活动。如果实际条件没有把握好,盲目出击,瞎攻一气,不仅伤了组织的元气,还会加剧组织与环境的冲突。

第二,以"创"为主。当组织与外界环境发生矛盾时,要充分发挥组织对环境的能动作用,从组织内外多方面入手,采取多种措施,掌握公共关系的主动权。如:通过选择新的顾客群,改换合作伙伴,减少组织与环境的摩擦冲突;通过制造新闻去形成支持组织的社会舆论,争取政府制定有利于组织发展的新政策等。

第三,以理服人、以情报人,不能搞强权公关。

第四,适可而止,把握进攻分寸。组织可以通过积极主动的行为改变环境,使环境适于自己,但这种改变是有限度的,这个限度就是合理运用环境中有利于组织的实际条件。倘若改变环境的努力超出环境的承受力,就会出现"搬起石头砸自己的脚"乃至"玩火自焚"的局面,使组织"赔了夫人又折兵",陷入更大的困境。

第五,注重公众利益,讲究道德原则。组织主动出击应本着组织和公众双赢的指导思想,不应只顾组织利益而损害社会、公众的合法利益。任何违背职业道德、有悖公众利益的公共关系活动只能损害组织形象,它本身就不能再称为公共关系活动。

开展开拓型公共关系活动要注意几点:①要避免环境的消极影响。如避免参加过多的纵向关系的组织和不必要的社会活动,避免过多地承担社会义务,以免受过多的规章制度和社会关系的牵制。②要不断开创新局面,如建立分公司、研制新产品、创造新环境。③要协调社会关系,以减少与竞争者之间的矛盾和冲突,团结更多的支持者和协作者。

第二节 战术型公共关系活动模式

如果说战略型公共关系活动模式是针对组织自身发展的不同阶段而采取的公共关系活动模式，那么战术型公共关系活动模式则主要是根据公共关系的功能和针对的对象来确定的。不同的公众对象，不同的公共关系任务，需要选择不同的公共关系活动模式。一个战略目标的实现，往往可以同时运用几种不同的战术，所以战术型公共关系活动模式可以交叉使用。常见的战术型公共关系活动模式有以下几种。

一、宣传型公共关系

宣传型公共关系是运用大众传播媒介和内部沟通方法开展宣传工作，树立良好组织形象的公共关系活动模式。目的是广泛发布和传播信息，让公众了解组织，以获得更多的支持。主要做法是：利用各种传播媒介和交流方式，进行内外传播，让各类公众充分了解组织、支持组织，从而形成有利于组织发展的社会舆论，使组织获得更多的支持者和合作者，达到促进组织发展的目的。其特点是：主导性强，时效性强，传播面广，快速推广组织形象。

根据宣传对象的不同，又可具体分为对内宣传和对外宣传。

(一)对内宣传

对内宣传是公共关系人员最经常进行的工作之一。它的主要对象是组织的内部公众，如员工、股东等。宣传的目的是让内部公众及时、准确地了解与组织有关的各方面信息，如组织的现行方针和决策、组织各部门的工作情况、组织的发展成就或困难和挫折、组织正在采取的行动和措施、外界公众对组织的评价以及外部社会环境的变化对组织的影响等，以鼓舞士气，取得内部谅解和支持，做到上下一心，增强凝聚力，形成统一的价值观和企业精神。宣传可采用多种形式和手段，如内部刊物、黑板报、图片宣传栏、宣传窗、员工手册、广播、闭路电视、全体大会、演讲会、座谈会、讨论会、表彰颁奖会、专门恳谈会等。对于内部的特殊公众——股东，采用年终总结报告、季度报告、股东刊物、股东通信、财务状况通告等形式。

(二)对外宣传

对外宣传的对象包括与组织机构有关的一切外部公众，目的是让他们迅速获得对本组织有利的信息，形成良好的舆论。对外宣传主要是运用大众传播媒介，其表现形式一种是公关广告，另一种是新闻报道。一个组织可以把它的形象塑造作为广告的中心内容，宣传组织的管理经验、经济效益、社会效益和已获得的社会声誉等；还可以采取新闻报道的形式，通过新闻、专题通信、记者专访和经验介绍等来宣传自己。新闻宣传权威性高，比较客观，容易为公众接受，且不用花钱。不过，这种机会不多，主动权不在组织。对组织来说，可以巧借媒介来"制造新闻"；可以综合运用各种传播方式，如记者招待会、新产品展览会、经验或技术交流会、印发公共关系系列刊物、制作视听资料等；可以根据需要选用不同的传播媒介，如报纸、杂志、广播、电视等；还可以组织一些活动，利用一些事件来进行宣传。

美国联碳公司52层新总部大楼竣工后，正愁如何向外发布竣工消息，有人报告说，在楼内发现一大群鸽子，把房间弄得又脏又乱。人们准备赶走鸽子，公关顾问却要求关闭所有门窗，不让一只鸽子飞走。接着，他立即通知动物保护委员会，让其派人来处理。同时，他还电告新闻机构说，在联碳公司总部大楼发生一件有趣而又有意义的事：人们帮助动物保护委员会捉鸽子。新闻界很好奇，纷纷出动前来采访。结果公司职员和动物保护协会在楼内捉了三天的鸽子。其间，各新闻媒介进行了大量的连续报道，有消息、特写、专访、评论等各种形式，吸引了不少的公众。联碳公司总部大楼名声大振，公司也利用这个机会，向公众宣传自己，大大提高了公司的影响。于是，人们形象地把这一事件称为"鸽子事件"。

这一事例给我们许多启示。它告诉我们，宣传型公共关系活动可以迅速提高组织的知名度和美誉度。该公司巧借飞来的鸽子"制造新闻"，扩大了公司的知名度，收到了事半功倍的效果。由此，组织如果善于发现和利用各种宣传契机，甚至有意识地创造机会进行宣传，就可树立完美的组织形象。

宣传型公共关系适用于各类组织，是各类组织实施公共关系计划时经常采用的模式。开展宣传型公共关系活动，应把握以下原则。

第一，真实性。宣传的事实或信息应客观真实，应把真实性放在第一位，决不能出现浮夸不实之词。

第二，双向性。一般宣传是一种单向的传播，但公共关系传播是双向的。既要组织的信息通过各种途径传播给各类公众，又要把公众的信息传递给组织，以了解公众的意见。不是单向地自拉自唱，而是要有双向地沟通、了解，不断反馈、修正。所以，公共关系人员不但应学会向外传播信息的本领，还应掌握收集、反馈信息的技能。

第三，技巧性。宣传工作要主题明确，安排及时迅速，方式方法恰当适宜。公共关系人员一定要掌握宣传的要领，把握"火候"，避免过分宣传，给公众留下"王婆卖瓜"的印象。做到既宣传了自己的组织，又给公众留下良好的印象。

第四，宣传活动要覆盖面广，受众多，令人感觉到真实可信。

第五，适当的制造一些热点新闻，精心策划。策划时不仅要考虑新、奇、特，还要带有人情味，以吸引公众注意力。

二、交际型公共关系

交际型公共关系是在人际交往中开展公共关系工作的一种模式。这种模式不借助于任何媒体，而是以人际接触为手段，与公众进行协调沟通，为组织广结良缘，建立广泛的社会关系网络，形成有利于组织发展的人际环境。所以，交际型公共关系活动实施的重心是：创造或增进直接接触的机会，加强感情的交流。它的特点在于：①"快节奏"，节省人力、物力。②灵活性强，利用面对面交流的有利时机，充分展示公共关系人员的交际才能，达到有效沟通和广结良缘的目的。③人情味浓，以"感情输入"的方式，加强与沟通对象之间的情感交流。一旦建立了真正的感情关系，往往会相当牢固，甚至超越时空的限制。

交际型公共关系活动可以分为群体性交往和个人交往。

群体性交往包括招待会、座谈会、工作午餐会、宴会、茶话会、联谊会、现场参观团队、考察团、团拜和慰问等。

个人交往有单独交谈、上门拜访、祝贺、信件往来、个别参观、定期联络、问候等。

大量事例证明，没有感情的交流，人的心灵会受到极大的摧残。而交际型公共关系的许多手段和方法，往往就直接融会在我们的日常生活中。在现实生活中，善于进行人际交往者，易于构成良好的社会关系网络，生活及事业上较为顺利。个人是这样，组织也是如此。在当今社会中，重视人际交往和人际关系的作用，应该说是社会发展的必然。人们通常所讲的"感情投资"，实际上就是搞好人际关系的一个十分形象的代名词。在交际型公共关系活动中，公共关系人员正是以这种感情投资的方式逐渐地与公众发生关系。在建立一定情感基础的前提下，达到互助、互利、互惠的目的。改革开放以来，许多大城市纷纷成立了企业家俱乐部、企业家联谊会等企业家的交往组织，企业家们利用周末、假期等闲暇时间，在一起聚会，建立关系，交换多种信息，这也是企业家开展交际型公共关系活动的具体生动的好形式。公共关系人员则可以充分利用这些活动机会，协助组织建立起良好的社会关系网络。在各类组织中，交际型公共关系活动的作用特别明显地表现在第三产业中。例如：商业服务业大量的公共关系活动渗透在人际沟通过程中，服务员一个甜甜的微笑、一声热情的问候，就可能诱导顾客产生购买的欲望，增加对组织的好感，促进购买行为，组织的良好形象也就在交往中逐渐树立起来。

乔•吉拉德是美国最出色的汽车推销员，多年来他推销的新车数量高居美国推销人员之首。其成功的秘诀何在呢？按吉拉德本人的说法是："买主还没有走出我们商店的大门，我的儿子已经把一封感谢信写好了"；"当顾客把汽车送回来进行修理时，我就尽一切努力使他的汽车得到最好的维修，你得像医生那样，他的汽车出了毛病，你就要为他感到担忧"。顾客们非常喜欢吉拉德给他们寄去的卡片。像老朋友那样，他每月给顾客寄一些装在不同颜色、不同大小信封里的卡片，卡片的内容随时间季节的变化而变化。他每月几乎要发出 13000 张明信片，通过这些明信片，与顾客保持长时间的联系，了解他们的希望、要求和不满，为他们提供各种各样的帮助。吉拉德的这种交际方式充满着人情味，所以他与顾客的关系十分融洽，并随时把握顾客的"消费脉搏"，为他在今后的推销活动中提供更适合顾客的服务创造了条件。

交际型公共关系活动具有直接、灵活的特征，是公共关系活动中应用最多、极为有效的一种模式。不过，在开展交际工作时，应该坚持公共关系的原则，不能使用不正当的手段，如欺骗、行贿等。还应明确社会交际只是公共关系的一种手段，决不是公共关系的目的，也不要把私人间的一切交际活动都混同于公共关系。所以，进行交际型公共关系活动应遵循以下原则。

第一，广泛交友，构架信息网络。多个朋友多条路，多个冤家多堵墙。交友要广，否则就会成为孤家寡人，无法得到外界较多的帮助和支持。在交际型公共关系活动中要主动地向公众介绍组织的有关情况，提高组织的透明度，使公众尽快认识组织并加深对组织的了解。

第二，人际交往不能短视，重在长远，且要互助、互惠、互利、互敬。经常来往，交际一定要勤。交际型公共关系活动不仅要广结良缘，还要善于巩固和发展与公众建立的联系和友谊。不可人走茶凉，或对朋友喜新厌旧。若不善于巩固和发展友谊，会使组织在公众中留下朝秦暮楚、待人不诚的印象。巩固和发展友谊，可采取建立社交活动记录、公众档案等办法，使交际型公共关系活动经常化。

第三，礼貌待人，注意礼节辞令。礼仪、礼节是开展交际型公共关系活动的重要组成部分，是公共关系人员的基本功。尤其是在开展群体性交际活动时，应按照当地的风俗习惯和礼节，让对方感到他们受到了重视。在同时与多方面打交道时，不要厚此薄彼，使某一方产生不快。公共关系人员要讲文明、懂礼貌，在仪表、语言、行动和精神风貌上都要给公众留下深刻的、良好的印象。

第四，以真诚为基础。交际型公共关系活动要真诚，即无论是对组织还是对个人，都要实事求是，讲真话，坦诚相待，不能通过欺骗、行贿受贿、串通牟私等不正当手段维系交往，这样才能取得公众的信任。提供的情况真实确切，开展的活动友好真诚。在服务行业要真诚友好地待人接物，认真地解释误会和清除疑虑，耐心、善意地处理好公众的投诉。要在广泛的社交活动中树立起组织的良好形象，提高文化品位，增强人情味，不能庸俗化和充满商业气息。

三、服务型公共关系

服务型公共关系是一种以提供优质服务为主要手段的公共关系活动模式，其目的是以实际行动来获取社会的了解和好评，建立自己良好的形象。对于一个企业或者社会组织来说，要想获得良好的社会形象，宣传固然重要，但更重要的还在于自己的工作，在于自己为公众服务的程度和水平。所谓"公共关系就是百分之九十九要靠自己做好"，其含义即在于此。组织应依靠向公众提供实在、优惠、优质的服务来开展公共关系，获得公众的美誉度。离开了优良的服务，再能干的宣传家也必将一事无成。

日本有一位企业家曾说过：现在的顾客与其说是要买商品，不如说是买服务。就交易成功率来说，周到的服务大于商品的质量和价格。不要说服务不好，就是没有高于别人的周到服务，都不会有更多的顾客，因而也就难以在竞争中生存，更谈不上发展。正因为这个缘故，国内外一些企业为追求尽善尽美的服务，几乎达到了疯狂的程度，并因此而获得了巨大的利润。

目前，国内外市场竞争已经由产品竞争转入服务竞争，谁能提供优质的产品和最佳的服务，谁就能赢得市场。每一个组织都可以以自己独特的形象为公众提供独特的服务。如工业企业的售后服务、消费指导；商业企业的优质服务、送货上门；公用事业单位的完善服务、接受监督；政府部门的政务公开、廉洁高效等。一般来说，从服务过程看有售前服务、售中服务和售后服务；从服务形式看有预约服务、上门服务和走访用户；从服务内容看有信息服务、咨询服务、技术服务等。各类组织向公众提供的服务，其质量的好坏直接影响到组织在公众心目中的形象，因此，开展优质服务是各类组织一项重要的公共关系工作。

美国一些大公司对服务的重视程度，远远超过其对开发技术和降低成本的重视。他们追求尽善尽美的服务，几乎达到了狂热的程度，并由此获得了巨大的利益。IBM 就以周到完善的服务著称，它的著名广告语是"IBM 意味着最佳服务"，售后服务范围超出了国界，可以到达全世界。不论在哪里，只要 IBM 的产品发生了问题，公司都将以最快的速度派人处理或提供咨询服务。有一次，美国亚特兰大的兰尼尔公司使用的 IBM 主机发生了问题，IBM 在几个小时内就从美国、加拿大、欧洲、拉丁美洲请来了八位专家进行会诊，及时排除了故障，用户十分感动，从而使公司与用户之间建立起良好的信任和深厚的友谊。IBM 公司认为：一定要向客户提供最好的服务，假如公司同仁只认为我们在卖商品，而不知道我们是在卖服务，那么我们就会发生危险。

世界著名的巴黎希尔顿饭店曾经发生过这样一件小事：一位来自美国的女士在此预订了一个豪华套间，刚刚抵达后就出门访客了。这位女士身上穿的、手上拎的、头上戴的都是大红色的，这一明显的偏好被饭店的经理发现了。女士刚一出门，他就命令服务员重新布置房间。待女士回来后发现，整个套间从地毯、壁毯、灯罩、床罩、沙发、窗帘无一不换成了大红色，与女士身上穿戴的颜色完全一致。这位女士心领神会，兴致勃勃地写了张支票，付了 1 万美元的"小费"。从中不难看出，希尔顿饭店经理由于懂得顾客的心理，及时施以适当(优质)的服务，使顾客的心理得到了满足，不仅给企业带来了经济效益，更重要的是给顾客留下了深刻的印象，为企业争取顾客打下了良好的基础。

开展服务型公共关系活动，应把握以下原则。

第一，提高服务自觉性。培养组织各个部门和人员的服务意识。向公众提供优质服务，是与树立良好组织形象联系在一起的社会行为。公众往往把组织提供的服务视为组织形象的缩影，从组织提供的服务上形成对组织的直观印象，因此，必须自觉把服务工作放在重要位置上，自觉开展服务工作。不能只着眼于经济利益，更要重视社会价值，着眼于通过服务来塑造良好形象。

第二，注重服务实在性。以实际行动向公众证明组织的诚意，用实际行动去说话，每个组织应对服务行为提出具体的目标，让组织对公众的一切诚意和善意变成看得见摸得着的实实在在的东西。对公众做的事情越实在越具体，越可能对公众产生吸引力，最好能让公众产生"雪中送炭""及时雨"的感觉。

第三，提倡服务特色。服务不是服务企业的专利，工业企业也要将优质的服务置于重要地位。服务方式要独特，具有吸引力，要提倡"人无我有、人有我优"，形成特色。

第四，确立规范性。在许多情况下，尤其对于商业服务业等窗口行业而言，服务型公共关系活动是由全体员工实施的。为了保证提供优质实在便利的服务，有必要建立合理的制度，确立活动的规范，制定以顾客为导向的服务规程，从而使公共关系活动有条不紊、坚持不懈地开展下去。如退货换货制度，微笑服务，正确认识顾客投诉，以"顾客总是对的"的理念来积极处理投诉等。

四、社会型公共关系

社会型公共关系是组织通过举办各种社会性、公益性、赞助性的活动，来塑造良好组织形象的模式。它实施的重点是突出活动的公益性特点，为组织塑造一种关心社会、关爱他人的良好形象。目的是通过积极的社会活动,扩大组织的社会影响,提高其社会声誉,赢得公众的支持。社会型公共关系的特征是:公益性、文化性、量力性、宣传性,它以为社会做好事的形式出现,注重长远效果,不以直接营利为目的。实践证明:经过精心策划的社会型公共关系活动,往往可以在较长的时间内发挥作用,具有出潜移默化的加深公众对组织美好印象的功能,可以取得比单纯商业广告好得多的效果。

(一)社会型公共关系的形式

(1) 以组织机构本身的具有社会影响的节目为中心。这种场合的公共关系活动是自己搭台自己唱戏,如利用开业大典、竣工仪式、周年活动、组织内部重大事件、节庆吉日等机会,邀请各界宾客、社会公众共同参加庆祝活动,渲染喜庆气氛,借庆典活动,同各界人士广交朋友,扩大自己的社会影响。

美国通用汽车公司在某新型汽车发明周年纪念之际,举办了历代汽车"进步大游行"活动。那一天,在纽约的主要马路上排满了各种式样的老爷车,由穿着考究礼服的司机拿着启动摇柄,开着晃晃悠悠的老爷车,长龙似的车队从纽约驶向全国其他城市。一路上,所有行人都好奇地驻足观望,热闹非凡。这次周年纪念活动搞得非常成功,不仅使人们对汽车发展史有了较深刻、系统的了解,宣扬了通用汽车公司在汽车发展史上所作的贡献,而且使人们对该公司所生产的新型汽车有了"最现代化"的认识,扩大了通用汽车公司在社会上的影响力。

(2) 以组织所处的社区或有关组织的重要节目为中心。这种条件下的公共关系活动是外人搭台自己唱戏,一般是利用社会上的传统节日、民俗、具有社会影响力的公益事业、相关组织的重要活动等机会,积极参与,以此来树立自身的形象。各组织利用各种机会开展这类公共关系活动,扩大社会影响,宣传良好形象的例子不胜枚举。

1992年3月10日,北京肯德基有限公司、肯德基国际公司在人民大会堂宣布:向"希望工程"捐款10万元人民币和5万美元,用于建造"希望小学"。北京肯德基有限公司还向社会各界宣布:今后本公司每位员工每年都将负担起贫困地区一名儿童的学杂费,并将此内容写入《员工手册》,让肯德基从公司到员工都承担起一份社会责任。此举得到了响应,1993年初,员工们纷纷解囊,每人掏出40元人民币,作为一个小学生一年的学杂费。肯德基有限公司对教育事业提供赞助,体现了该公司的社会责任感,电视台和新闻媒介都作了广泛报道,由此使我国广大公众对该公司留下了良好而深刻的印象。

(二)开展社会型公共关系活动应把握的原则

(1) 富有公益性。突出组织承担社会责任的良好形象,组织不应对受益方提任何条件,但可以在事前对受益对象进行认真选择。通过方式恰当、对象合适的社会型公共关系活动,可以强化组织在公众心目中的良好形象。

(2) 注重文化性。如果说公益性体现一种"乐善好施"的精神,那么文化性则充分展示对真善美的和谐要求,因此,社会型公共关系活动应尽量与资助社会文化事业联系起来,以达到提升文化形象、促进信息交流、提高员工素质的目的。

(3) 量力而行。此类活动项目很多,范围可大可小,形式可简可繁,是公关挥洒创意

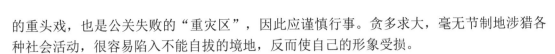

的重头戏,也是公关失败的"重灾区",因此应谨慎行事。贪多求大,毫无节制地涉猎各种社会活动,很容易陷入不能自拔的境地,反而使自己的形象受损。

(4) 兼顾长远利益与近期利益,做到投入适当、收益显著。如果只顾眼前得失,斤斤计较,甚至借公益性来促销,使公益活动染上强烈的功利性,则会损害组织形象。

五、征询型公共关系

征询型公共关系是以采集社会信息为主、掌握社会发展趋势的公共关系活动模式,其目的是通过信息采集、舆论调查、民意测验等方式,加强双向沟通,使组织了解社会舆论、民意民情、消费趋势,为组织的经营管理决策提供背景信息服务,使组织行为尽可能地与国家的总体利益、市场发展趋势以及民情民意一致;同时,也向公众传播或暗示组织意图,使公众印象更加深刻。征询型公共关系活动实施的重心在于操作上的科学性以及实施过程中的精细和诚意。具体的实施过程是:当组织进行一项工作后就要设法了解社会公众对这项工作的反映。经过征询,将了解到的公众意见进行分类整理并加以分析研究,然后提出改进工作的方案,直至满足公众的愿望为止。

征询型公共关系的特点是长期、复杂、艰巨。它要求从事这项工作的公共关系人员具有智慧、耐力和诚意,能通过各种方法获得公众的配合,能根据公众要求,随时调整组织的行为,不断改进组织的产品和服务,保证组织与社会环境的协调、平衡,促进组织的发展。

征询型公共关系活动的方式有:产品试销调查,产品销售调查,市场调查,访问重要客户,访问供应商,访问经销商;征询使用意见,鼓励职工提合理化建议;开展各种咨询业务,建立信访制度和相应的接待机构,设立监督电话,处理举报和投诉等。例如,著名的美国通用汽车公司雪佛莱部的车主关系部专门建立了特别用户名册,它任意抽选雪佛莱车用户共1200名,聘为用户顾问,分客车和卡车两部分,公司以定期函件联系,征询他们对雪佛莱产品及服务的意见,并将这些意见提供给公司的业务部门,作为改进与车主关系的指导。

征询型公共关系应把预测工作作为它的重要内容,对组织发展的社会环境、市场前景、原材料及能源供应、政府及社区关系进行全面的分析和预测,供组织管理者决策时参考。

开展征询型公共关系活动是各类组织的公共关系部门的一项分内的职责。具体而言应遵循以下原则。

(1) 态度公正。在活动中,公共关系人员不但应是组织的耳目,更重要的是要站在中间人的角度,广泛、及时、公正地采集一切有关组织形象的建议和意见,发挥组织机构与社会公众的中间者的作用。

(2) 广泛收集信息。收集信息视野要宽广,不能局限在某些领域和方面,把有价值的信息漏掉。既要善于从报纸、广播等大众传播媒介或专家、名人的采访调查中收集"大趋势"的信息,也不要忽视其他渠道获得的"小消息"。"大趋势"的信息固然重要,通过对它的分析研究,可以了解到社会环境的发展变化,提高预见能力;"小消息"也决不可忽视,它对改善组织的服务,树立组织的形象,沟通与公众的关系,也起着重要的作用。

(3) 注重预测。预测工作是征询型公共关系的重要内容。公共关系人员应以敏锐的眼光和洞察力，对组织发展的社会环境、市场前景、原材料及能源供应等进行全面的预测分析，为决策服务。

(4) 强调长期性和及时性。征询型公共关系的特点是长期、复杂、艰巨，需要持之以恒、日积月累，需要公关人员具有智慧、毅力、耐心和诚意。一旦获得公众的配合，组织就应及时地对民意和舆论作出迅速的反应，以保持组织与社会环境之间的动态平衡。

上述几种战略型公共关系和战术型公共关系的区别只是大致的，并无绝对严格的界限，也没有涵盖公共关系活动的所有形式。而且还可以从不同的角度对公共关系活动加以划分，这是因为公共关系工作涉及面广、灵活性强。在具体实践中，一方面，任何一个组织都不可能，也不必同时采用所有的公共关系活动模式；另一方面，一个组织的公共关系活动又不只限于某一种模式，往往是几种模式并行采用，交叉采用，以追求最佳效果。因此，要时刻注意公共关系是一门艺术，需要公共关系人员的不断创新和综合运用。

思 考 题

1. 怎样理解战略性公共关系活动模式与战术型公共关系活动模式的区别？
2. 开展建设型公共关系活动模式与搞好维系型公共关系活动应把握哪些原则？
3. 交际型公共关系的特点有哪些？
4. 开展宣传型公共关系活动与开展社会型公共关系活动应把握哪些原则？
5. 什么是征询型公共关系？它有哪些特点？
6. 开展服务型公共关系活动与开展征询型公共关系活动应遵循的原则有什么不同？

第十二章

专题公共关系活动

【学习目标】

　　了解专题公共关系活动的特征、目的、主题以及筹划；理解和掌握各类专题公共关系活动的技术要点；灵活运用各种专题公共关系活动实施的技巧。

第一节　专题公共关系活动概述

专题公共关系活动是社会组织与广大公众进行沟通、塑造组织自身良好形象、扩大影响、提高声誉的有效途径。组织可以根据具体情况，策划、实施各种不同主题的专题公共关系活动。专题公共关系活动的种类很多，常见的有展览会、赞助活动、开放参观活动、典礼与仪式等。

一、专题公共关系活动介绍

(一)专题公共关系活动的主要特征

(1) 具有明确、单一的主题和围绕这一主题的特殊活动方式，容易引起公众的关注，引发浓厚的兴趣，产生轰动效应，从而给公众留下深刻的印象。

(2) 可以同时利用各种传播媒介和传播手段，通过诸如声、像、光和现场、实物、印刷品、纪念品以及演讲、报告、解说、咨询等达到综合效果，因而具有很强的感染力。

(3) 常常能引起新闻界的关注，得到新闻界的支持并予以报道，因此可以在较短的时间内达到尽可能大的信息覆盖面，扩大影响。专题活动的时效性越强，其公共关系效果也就越明显。

(二)专题公共关系活动的目的

确定组织专题公共关系活动的目的是指导和实施专题活动的依据，也是评估专题活动效果的标准。专题活动的目的必须与组织公共关系总目标相一致，遵循组织公共关系的基本原则与规范，即通过各种专门的社会活动，树立组织形象，提高组织的社会知名度和美誉度，建立公司与公众的密切联系，扩大社会影响，为组织创造一个和谐的社会环境，并通过社会来传播组织的信息。

各项专题活动的目的应当尽量具体化，有明确的内容和任务要求，做到既有利于实施，又便于进行效果检验，而绝不可模糊不清。一般说来，专题活动可以有这样几方面的目的：提高组织领导人、组织新产品等的知名度与声誉；改善与传播媒介的关系，增进了解与沟通；改变组织原有形象、树立新形象；创造良好的消费环境，向公众推广新的消费观念或推销新产品；使组织内部员工团结一致，增强向心力与归属感、荣誉感；提升政府或投资者对组织的信心，吸引更广泛的支持等。

(三)专题公共关系活动的主题

每一次专题活动都要有一个与组织目的相一致、与组织公共关系总目标密切相关的明确的主题。

设计专题公共关系活动的主题时应考虑下列因素。

(1) 能充分体现专题活动的目的，以实现目的为宗旨，切不可顾此失彼。任何有悖于

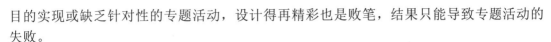

目的实现或缺乏针对性的专题活动，设计得再精彩也是败笔，结果只能导致专题活动的失败。

(2) 要在分析公众的基础上加以设计，了解公众的需求和兴趣，要充分适应公众的心理需求，增强公众对组织的亲近感，从而易于接受。

(3) 要能突出专题活动的特色，形象生动，既富有激情，又贴切朴素，同时要具有鲜明的个性，切忌空泛和雷同。个性是事物的特殊本质，设计主题应具有独具特色的东西，"语不惊人誓不休"，就是强调创新和独特性。主题的设计要简明扼要，容易记忆，用通俗易懂的简要文字表达内含丰富、鲜明生动的主题，否则不仅不易宣传，还会使人厌烦或产生理解上的歧义。

(4) 设计主题还应考虑本次专题活动与前后活动的连续性，给人以连贯、整体的感觉和印象，以便收到加倍的效果。

二、专题公共关系活动筹划

专题公共关系活动筹划主要包括如下内容。

(一)确立目的，设计主题

确立专题活动所要达到的具体目的，并据此设计专题活动的主题，是搞好专题活动的前提。关于这一点，已在本章前面内容中进行了阐述，这里不再重复。

(二)确定采用形式、规模，选择媒介

专题活动所采用的形式及规模，要视具体目的、所要达到的效果以及针对不同的公众对象来加以确定。比如举办展览会、展销会是实现创造良好的消费环境、向公众推广新的消费观念或新产品最有效的形式之一，其规模除考虑市场需求、产品性质等因素外，还应考虑所需的人力、财力、物力。专题活动的传播媒介应主要选择大众传播媒介与群体传播媒介，应根据专题活动的形式、不同的公众形象及所要传播的内容来加以考虑并予以综合利用。例如举办一个展览会，既可以制作电视节目、POP 广告，也可以电话解说、散发印刷品等。

(三)确定日期及日程安排，选定场所

确定专题活动的日期应利用或避开重大节日、纪念日。一般说来，凡是与重大节日、纪念日有直接或间接联系的专题活动，可以考虑利用节日烘托气氛，以期扩大专题活动的影响；凡是与重大节日、纪念日没有任何联系的专题活动则应避免与其他活动发生冲突；有一些专题活动还要注意季节的选择。一般不宜在较短的时间里开展两项重大专题活动，以免影响或抵消应有的效果。日程安排应尽量紧凑，避免空当，但也要留有余地。日程表一旦确定就应严格执行，尽量不被特殊情况所干扰，做到有条不紊。要选择适合专题活动规模的场所。例如举办援助灾区的专题活动在过于豪华的场所显然是不恰当的。

(四)确定主要参加者

专题活动的主要参加者包括主持人、有关领导、重要来宾等,其中主持人可以说是关键性人物,直接影响到专题活动的水平甚至成败。主持人的修养、素质、文化水平、风度仪表等在一定程度上体现着组织的整体面貌,公众往往通过这一关键性人物来确认组织的形象或产品的质量。主要参加者确定后,应提前印发请柬,以保证出席。

(五)确定宣传报道方案

首先要确定本次专题活动主要宣传什么,一般一次专题活动只能围绕一个主题进行宣传,即抓住一个重点。如果同时出现两个以上的重点,反而使人抓不住最重要的东西,因为它们可能恰好相互抵消。专题活动举办前要尽早通知新闻单位,并提供素材,帮助记者事先了解该项专题活动将可能产生的社会效益与经济效益等,争取得到新闻界的支持。新闻稿、解说词等也应提前准备好,以便随时向记者提供参考。

(六)组织精干的筹备人员队伍

专题活动在策划与实施中,需要各个环节人员的相互照应、密切配合,这样一来才能保证工作质量,经得起实践的考验。同时通过周密的组织工作,可以使公众感受到组织的实力与魅力,从而增强对组织的信任感。

(七)筹备各种设施、实物、礼品

根据专题活动的需要提早筹备现场各种设施。这是一项烦琐复杂,然而又必须仔细的工作。如现场电源、灯光、音响、投影机、摄像机等的准备和调试。

现场实物如组织微缩景观、组织标志、组织产品或产品模型等,亦应提前准备好。小礼品应尽量体现组织独到的风格,既有纪念意义,又要考虑实用价值,还能产生广告效果,同时成本低廉。现场的装饰与布置应别致新颖,独具匠心,不落俗套,服从于专题活动主题的需要。其中主席台与记者席是应特别加以考虑的重点。

(八)预算费用开支

专题活动的各种开支都要事先估计到,以便做到量入为出,并留有余地。任何一个组织在举办专题活动前都要考虑成本问题,并详细做好各项预算。因为这不仅体现了组织者科学的工作态度,同时有助于强化活动设计的科学性。

(九)现场组织

现场组织工作主要包括向导、登记、接待、发放宣传品、纪念品、解决临时发生的有关问题等。组织者既要当好指挥员,使所有参加者有所适从,又要做好服务员,使每一位参加者都感到舒畅、满意;既要照顾全局,又要做好每件事,保证整个活动的畅通。

(十)方案调整与进程控制

在专题活动的计划方案确定后仍应当根据各种反馈信息不断调整，修正方案，以提高专题活动的质量。在专题活动实施过程中，则应尽力把握进程，除非发生特殊情况，否则应严格执行原定计划方案，以便对整个过程加以控制，收到预期效果。

第二节 专题公共关系实施技巧举要

一、展览会

展览会是一种综合运用各种传播媒介，通过现场展示和示范来传递信息、推销形象的传播沟通活动。

(一)展览会的传播特点

(1) 展览会是一种复合式传播方式。它综合运用了各种传播方式和媒介，有人际传播、公众传播和大众传播，所运用的媒介也各式各样，从口头到印刷品、实物、音像，应有尽有。各种传播方式和媒介混合、交叉使用，可以起到互补的作用，能够取得令人满意的传播沟通效果。

(2) 展览会的传播效果直观、形象、生动。展览会上由于综合使用各种传播媒介，比如实物展示、专人讲解、现场示范表演等沟通方式，能给公众以直观形象的感受，加之展览会本身具有知识性和趣味性，能深深吸引公众，给公众留下难忘的印象。

(3) 展览会为组织与公众提供了直接交流的机会。在展览会上，参展单位可以和相关公众就共同关心、感兴趣的问题进行面对面的交流。通过这种直接交流，组织能有效地针对特定公众传递自己的信息，同时也能快速了解公众的反映和意见，达到双向沟通的效果。

(4) 展览会是一种高效率的沟通方式。展览会尤其是大型展览会，往往高度汇集各种商品、厂家和社会各界公众，使得组织在极短的时间里能够与数量众多的社会公众广泛接触，大大提高沟通效率。

(5) 展览会还可以制造新闻。展览会作为一种大型公众活动，往往会有政府要员和社会知名人士参加，加之展览会本身及其展示的内容都具有一定的新闻价值，所以容易吸引新闻媒介的关注和重点报道，形成社会广泛关注。正因为如此，许多组织经常采用各种形式的展览会、展销会大造新闻，扩大社会影响，提高组织知名度。

(二)展览会的类型

展览会的形式多种多样，可以从不同角度进行分类。

(1) 在规模上，可分为大型、小型和微型展览会。

大型展览会由专业机构主办，参展者通过报名参加。这类展览会规模大，展览项目多，如我国广交会、冬交会、世博会、高交会等都属于这种类型。主办这类展览会技术难度高、工作量大。

小型展览会是由某个单位自己主办的展览,如企业产品陈列室、厂史展览室等。

微型展览会是一种特小型的展览,小到只有一个展台或一个橱窗。

(2) 在内容上,可分为综合性和专题性展览会。

综合性展览会是各行业之间联合组织举办的综合展览会,对多行业和产品进行展览,如将服装、汽车、农产品、图书等分区域共同布展。

专题性展览会是行业性组织围绕某一特定专题报告或专项内容而举办的,如服装展销、汽车展销、农产品展销等。

(3) 在性质上,可分为商贸性和宣传性展览会。

商贸性展览会是通过展示商品实物来达到促销目的的。

宣传性展览会是以宣传教育为目的,通过实物、模型、文字、图片等形式向观众宣传某种思想、观念、知识等。

(4) 在时间上,可以分为长期性、周期性和临时性展览会。

长期性展览是一种有固定地点和内容比较稳定的展览会。如故宫博物馆、民族博物馆、历史博物馆等。

周期性展览是一种定期举行的展览会。如广州的广交会、海南的冬交会、深圳的高交会等。

临时性展览是一种为了配合某一主题活动而临时设计组织的专题展览会。

此外,还可以根据举办空间区分为室内展览和室外展览等。

(三)展览会的组织实施

展览会是一种公众活动,它的组织实施有下列几个步骤。

(1) 成立专门的工作领导小组。

工作领导小组负责展览活动的全程策划和指挥。

(2) 拟订一份高质量的活动计划书。

计划书可以包括以下内容:明确开展活动的意义,确定主题,明确目标,具体项目安排。

具体项目安排包括以下内容。

① 确定展览会的规模、时间和地点。

② 确定参展者的类型,参展项目,参展条件,参展费用。

③ 工作人员的培训。对工作人员进行相关知识培训、服务技能培训、礼仪礼节培训、设备使用培训等。

④ 准备各种宣传资料。制作幻灯片、录像片、广告牌、入场券、工作人员的胸卡、展览徽记;编制宣传单、目录表、小册子、海报;准备卡片、横幅、彩旗、气球、纪念品等。

⑤ 准备展览活动的辅助设备及相关服务项目(交通、安全保卫、保险、医疗、饮食等)。

⑥ 设计布展,包括拟订解说词,统筹美术、摄影、装修,进行展厅布置,对文字图片进行制作和编辑,实物展品进场后要进行必要的整修,并加强安全保卫工作。

⑦ 接待新闻采访。

⑧ 开幕式活动的布置。确定出席展览活动的嘉宾、开幕仪式的程序、主持人、发言人等。
⑨ 资金预算。确定每一具体项目所需要的费用。
⑩ 人员预算。落实某一具体活动的负责人、工作人员及相应的职责。
⑪ 时间预算。确定实施和完成项目的时间表。

可以通过咨询台、意见本、座谈会、电话访问、新闻分析、问卷调查等方式了解展览会的效果，如果是商贸展览会还可以从成交额或订货量来检测。

二、赞助活动

赞助活动是组织通过提供资金或物质，支持某一项活动或事业，以达到树立良好公众形象的社会活动。近年来，我国一些组织非常热衷于赞助活动。一方面，通过赞助能协助政府及有关部门机构解决某些社会问题，对于保持社会稳定和经济繁荣起到积极的作用；另一方面，通过赞助活动密切组织与社会公众的联系，使公众加深对组织的了解，对于营造组织良好的生存发展环境有着非常重要的作用。

(一)举办赞助活动的目的

具体说，组织向社会提供赞助有以下几个目的。

(1) 树立良好的组织形象。组织通过对社会公益事业和社会慈善、福利事业的赞助，可以在社会公众心目中留下美好印象，受到社会公众舆论的好评，赢得良好声誉。

(2) 配合组织的广告，扩大社会影响。通过赞助活动，引起新闻界的关注，争取媒介"曝光"的机会，使组织的名称、品牌以及其他的识别标志获得更广泛的传播。

(3) 承担社会责任和义务，博取公众好感。组织开展赞助活动，虽不能直接产生经济效益，但通过支持、赞助某项有意义的活动或事业，能有效体现组织的社会责任感，促进企业与公众的关系，密切彼此的感情，为组织营造良好的"人和"环境，因此具有较高的社会效益。

(二)常见的赞助项目

常见的赞助项目包括以下内容。
(1) 体育运动；
(2) 文化文艺活动；
(3) 社会福利和慈善事业；
(4) 各种特殊基金和专业资助基金；
(5) 教育事业；
(6) 科学研究事业；
(7) 公众节日庆典活动；
(8) 各类出版物；
(9) 社区活动；

(10) 展览活动；

(11) 一些特殊领域；

(12) 其他领域。

(三)实行赞助活动应把握的方面

实行赞助活动应把握以下四个方面。

(1) 要考虑赞助的项目是否具有积极的社会意义和广泛的社会影响。从表面上看，组织赞助资金或物质，是一种无偿的行为，不能产生直接的经济效益，但组织举办这种活动的目的很明确，那就是取得良好的、长期的社会效益。这种社会效益是组织的一笔无形财富，它能够为组织的生存和发展创造更有利的条件。因此，在选择赞助项目时，必须考虑它的社会意义和社会作用。

(2) 要考虑赞助的项目是否具有良好的传播效果。赞助是一种直接提供金钱和物质来进行的传播活动。因此，必须讲究传播效果，所赞助的项目应有利于扩大组织的知名度和美誉度。

(3) 要考虑赞助项目的费用。应根据组织的实际情况(财力、物力)选择项目，不能超越组织的实际能力，应量力而行。

(4) 对赞助活动实行规范化、科学化的管理。任何组织要实行赞助活动，必须制定严格的赞助管理条例，并把条例公布于众，一切赞助活动均按管理条例办理，杜绝人情赞助。

(四)开展赞助活动的步骤

赞助活动是一种公关活动，它的组织实施有下列几个步骤。

(1) 调查分析。公关人员可以就赞助对象的实际情况、赞助项目的具体内容和要求、赞助活动所产生的预期效果等方面进行调查研究，根据调查资料拟订一份调查报告，送至董事会或最高管理层审议通过。

(2) 制订计划。根据最高管理层的决策意见，拟订活动计划书。计划书的内容大体包括：活动的意义、主题、目标、具体内容、经费预算、人员和时间安排等。

(3) 实施方案。借助传播媒介实施方案。

(4) 评估效果。对原定目标和计划的实施状况进行总结和分析，以客观、公正的态度对待成绩与不足。

三、开放参观活动

自1936年美国钢铁公司首创开放参观活动以来，开放参观活动就成了组织建立良好公众关系的一种传播沟通方式。

开放参观活动可分为两种：一种是全开放。即向全社会公众开放，不管是何种身份人士，都可以到本组织参观。这也是一种常规性的开放参观，是组织常规工作的一个内容。

另一种是局部开放。即向部分特定公众开放。这种开放，有时是为了某种特定目标或为了消除社会公众的某种误解而开展的。

(一)组织接待参观的目的

不管哪种开放参观活动类型,其目的有三。

(1) 提高知名度,树立组织的良好形象;
(2) 密切组织与社会公众的关系,加强社会公众对组织的友好感情;
(3) 提高组织的透明度,增强公众对组织的了解、理解和支持,减少误解、摩擦,消除隔阂。

(二)开放参观活动的组织与安排

组织开放参观活动的内容一般有:组织的展览室,组织的环境,管理措施,产品生产和销售情况,品牌种类和质量,员工的教育与培训,培训设施,组织的服务、福利、娱乐、医疗等方面情况,组织的生产设备与工艺流程,组织开展社会公益活动的情况等。

不同类型的组织具有不同的开放内容,应视参观者的需要和兴趣而定。

组织和安排开放参观活动有以下几个步骤。

(1) 确定由组织公关部或对外联络部负责此项工作。
(2) 明确活动的意义、目的和效果。
(3) 安排时间和参观路线。参观活动可以根据情况的需要随时安排,也可以在一些特殊日子安排,如周年纪念日、开业庆典、社区节日等。参观路线要事先安排好,并有指示牌,保证参观区域没有任何危险。
(4) 准备好宣传资料和纪念品。编制通俗易懂的宣传小册子、说明书,制作视听材料(幻灯片、录像带等)和公关礼品(最好是组织的产品或象征物)。
(5) 做好接待和宣传工作。接待人员应先以热情、友好的态度和话语表示对参观者的欢迎,将参观者带到接待室,提供茶水饮料。参观前先放映介绍组织情况的录像、幻灯或电影,分发说明书、宣传小册子,帮助参观者了解组织的基本情况,分发纪念品。再次引导陪同参观者沿预定路线参观,同时作必要的介绍、讲解、回答提问。如有必要的话,组织的负责人或有关部门的负责人可亲自出场接待,并陪同参观。在参观过程中,若参观者提出特殊要求,工作人员要先与有关管理人员或负责人协商后再作答复,以免妨碍正常工作或发生意外。参观结束后,可以开座谈会,由组织负责人讲话,再进一步介绍本组织的方针政策或其他情况。参观者离开时,公关人员应将客人送到车上,并道别。

四、典礼与仪式

社会组织发展中的一个个里程碑,为组织提供了开庆祝会的很好理由。庆祝会可以把重要的信息传递出去。当这个信息的重要性需要不断延续时,庆祝会就可以年年开下去。正如英国一位公关人员所言:"实际上没有一天、一周、一月是没有特殊事件可供纪念的,而在历史上事件都有他的1周年、10周年、100周年……都是值得纪念的。"每逢重大节日、重大事件、或是某组织的纪念日、某工程开工或竣工、某个展销展览会开幕,都要举行隆重的庆祝活动。公关人员是这类活动的组织者,应当研究和掌握组织这类活动的规律。

(一)典礼与仪式的类别

(1) 节日庆典。节日庆典包括法定的节日(国庆、元旦、春节等)和某一具体组织的周年庆典。庆典是提高社会组织知名度、扩大社会影响的公共关系活动,同时可以总结一段时间的工作,借此机会谋求新闻媒介的报道。

(2) 奠基、竣工典礼和开幕式。某新设施奠基、落成、企业开业、各类展览展销会开幕,举行典礼和仪式,实行交接或剪彩,这样的活动往往是某个组织事业发展的里程碑。

(3) 签字仪式。通过谈判,达成了某项协议或协定要举行一个签字仪式,互换正式文本。参加仪式的基本上是参加会谈的人员,也可以邀请上级部门负责人与其他代表出席。签字、互换文本后,双方共同祝贺。

(4) 发奖、受勋仪式。这是指为表彰先进而特地举行的大会,或为某些有突出成就的人物授予勋章、奖章、称号等。

各类典礼与仪式,如果意义重大,形式新颖,就能牵动千百万人的心。IBM 一年一度的"金杯庆典"、中国大酒店的周年庆典、法国白兰地酒公司祝贺美国总统艾森豪威尔寿辰的赠酒仪式等,都是这方面公共关系的杰作。

(二)典礼与仪式的一般程序

一般地说,典礼与仪式有这样几个较为相同的程序。

(1) 典礼与仪式开始,正式场合奏国歌,或奏与场合相应的歌曲。
(2) 剪彩或授旗、授勋、签字与互换文本等,配以热烈的音乐。
(3) 致辞,分为主、宾和内部有关代表致辞多种。
(4) 礼毕,邀请参观或观赏余兴节目,也可以引入招待会或宴会。

(三)典礼与仪式应注意的事项

在组织举行盛大的庆典活动或是仪式时,公关人员是幕后的主持者,许多事情由他们周密策划,以使活动圆满成功。

(1) 拟订典礼或仪式的程序,最好能事先印刷好,在宾客到来之前分发到每个座位上,也可以在签到的同时一同分发。

(2) 拟出出席典礼或仪式的主宾名单,其中应有党政部门负责人、本社区的头面人物、社会各界名流、新闻记者、协作单位代表等。请柬应设计得庄重、正规化,最好在活动日前三日送达,以便安排好各项工作。

(3) 组成接待小组,负责引导与招待宾客。最好能安排一个专门接待室,备有茶水、饮料、香烟等。

(4) 确定哪些主要宾客要登上主席台或站在第一排,应有明确醒目的名牌。站立的会议,在主要宾客的地方应铺上地毯,以示庄严。公共关系人员在活动开始前的五分钟引导主宾进入既定区域。主席台座位顺序以正中间为大,分左右两边以此类推,左大右小。对一般宾客也应该热情周到地安排座次,切不可冷淡他们。

(5) 确定剪彩人员或发奖人员。一般以地位比较高的负责人为宜,也可由宾客们推选代表。

(6) 为演讲者起草演讲稿，正式外交场合要提前印发各位与会者。要求宾客致辞时，提前通知他们，以期充分准备，并在活动开始前逐一落实。

(7) 布置和检查音响设备，在主席台上至少装两个话筒，有些特殊的活动应在群众和宾客座位安放话筒。

(8) 设置签到簿，并在活动开始前提供一份准确无误的主宾名单给会议主持人，以便向与会者报道。

(9) 筹办签字仪式应摆好签字者的桌、椅，并标明是哪一方哪一位签字者。国际间协议签字以国旗或团体旗帜为标志。

(10) 安排专人接待新闻记者，为他们提供方便。大规模活动最好设立新闻中心，其组织方法与记者招待会相似。

五、记者招待会

记者招待会是社会组织与新闻界建立和保持联系的一种重要活动方式，也是传播各类信息、谋求新闻界对某一事件、某一组织或个人客观报道的行之有效的手段。它可综合概括为以下五种类型：新闻发布会、背景性介绍会、情况介绍会、一问一答的记者介绍会、纯粹联络感情的记者招待会。

(一)决定是否举办记者招待会

决定要不要举行一次记者招待会，主要考虑两个问题。

第一，将要发布的信息是否有专门召集记者发布信息的价值。一种将对社会生活产生重大影响的新产品即将面世，一个组织即将组织一个大规模的公共关系活动，如募捐、经济洽谈会、产品展销活动等，显然有必要集中发布新闻。如果只是某个部门负责人的一般性更换、有关政策做局部调整，则由公共关系人员撰写新闻稿提供给新闻媒介即可。

第二，确认发布新闻的紧迫性和最佳时机。有些消息虽然有集中发布的必要，但是否要现在发布呢？这也必须进行研究。如果某组织、某企业受到公众的指责和新闻界的批评，显然有必要立即召开记者招待会澄清事实，进行解释；或是向公众道歉，提出改进措施，以求得公众的重新认识。

(二)记者招待会的筹备工作

召开记者招待会筹备工作非常重要，它是关系到招待会能否成功、能否取得预期效果的大问题。一般来说召开记者招待会前应做好以下工作。

1. 确定主题

主题是记者招待会的中心议题，记者招待会就是围绕中心议题展开的。主题又要围绕组织发生的事件和作出的决策来确定。记者招待会将宣布什么，是就某一事件进行解释，还是公布一条新的信息，或是在大会上将新产品的介绍与表演给记者观看等，召开会议的公关人员对此必须做到心中有数，明确要举办的记者招待会属于哪种类型。

2．确定邀请对象

会议的主题决定着应邀者的范围。如果事件涉及全国，则要邀请中央新闻单位的记者出席；如果事件发生的范围及影响仅仅限于本部，就只需邀请当地的新闻记者出席；如果事件涉及专门业务，则要邀请专业性报刊和新闻单位内部从事专门报道的记者、编辑出席。对记者要一视同仁，不能邀请了一些而忽略了另一些，注意邀请的范围要适当，各方面有关记者都要照顾到。

3．挑选招待会的主持人和发言人

主持人和发言人必须能够胜任工作，即必须能说会道，对问题比较敏感，思维敏捷，反应迅速。一般由主持人发布重要信息，介绍招待会主题和单位的基本情况，再由发言人做详细发言。会议的发言人和回答记者问题的人应是本组织的主要领导人。如果有几位领导人，事先各位发言人应集中讨论一次会议主题，注意在重大问题上口径一致。

4．准备招待会上的报道提纲

要根据招待会的主题和统一的口径，由熟悉情况的人组成专门的起草小组，全面搜集有关的资料和情报，写出准确生动的发言稿，供发言人参考；列出报道提纲，提供给与会的记者，供他们撰写新闻稿时参考。

5．准备辅助宣传资料

为了使参加会议的记者们能够对组织所公布的信息或所解释的问题给予充分的理解，组织的公关部门一定要在会前准备好充分的资料，包括领导人的发言材料，送给记者们的文字、实物、图片资料，组织自身对问题的认识和感受的文字资料。这样可以使记者们准确、真实的掌握会议的议题，并针对感兴趣的问题提出看法、意见，或要求组织作出解释。

6．做好其他准备工作

(1) 选择地点。记者招待会的地点要根据会议的主题择定。本单位的会议室、租用宾馆或到外地均可，要以方便每一位来宾为出发点。会前对会场要实地考察，切忌临时改变会议地点。

(2) 选定日期。确定记者招待会的日期，应尽量避免有节假日或有重大社会活动的日子，以防记者脱不开身，不能前往。日期选定后应提前三至四天把写好的请柬派专人送到应邀者手中，切忌邮寄，以免发生丢失或滞后收到请柬的现象。

(3) 布置会场。会场要给记者创造种种方便条件，如准备好录音和录像辅助器材、电话、电传等。

(4) 会前要安排好会议的记录者、摄影者、摄像者，以备将来的宣传和纪念之用。

(5) 组织记者参观。一般在招待会前后，配合招待会的主题，组织记者进行参观，给记者实地采访、录像、拍摄的机会。如果有这一项目，必须在记者招待会前安排好将要参观的地方，做好组织工作。

(6) 参加会议的领导人、工作人员、服务员都要穿戴讲究、整洁、适宜、精神饱满、愉快，从而体现出组织的风格。

(7) 经费预算。举办记者招待会之前，应制订预算计划，由组织拨给专款，会议后结清账目。

(三)举办记者招待会应注意的事项

(1) 会议主持人应充分发挥其主持和组织的作用。言谈既要庄重，又要有幽默感，注意活跃整个会场的气氛，引导记者踊跃提问。切实把握记者招待会的主题，防离题太远。控制发言时间，避免重复提问，引导深入提问。维持招待会的秩序，使招待会及时顺利进行。在气氛紧张时，及时缓和气氛。严格掌握好招待的时间，各项议程不要拖拉，不能随便延长会议时间等。

(2) 发言人的演讲应简明扼要，切忌长篇大论。对记者的提问应随问而答，不能答非所问、离题太远。如遇到实在难以回答的问题，应首先表示歉意，然后告诉记者应如何去获得圆满的答案，或请人代答，绝不能轻率的、漫不经心地说："无可奉告"，更不能反唇相讥、嘲弄对方。

(3) 对于不愿发表的东西或机密情报，应解释原因。

(4) 不要随便打断记者的发言和提问，也不要采取任何动作、表情阻止他们。

(5) 所发布的消息应准确无误。发现错误应马上公开更正。

(四)会后工作

记者招待会结束以后，要检验招待会的效果是否达到了预期的目的。

(1) 尽快整理出记者招待会的材料，从中总结此次招待会在组织、布置、主持和回答问题等工作中的成功与失误，并将这些经验编成档案进行备份。

(2) 大量搜集每一位到会记者在报刊上发表的与会议相关的稿件、文章，并进行归类，检查是否达到了这次记者招待会的预定目标。检查是否有由于组织公关人员工作关系所造成的错误，如有应设法补救。如果是记者本身的疏忽所致的错误，也不要指责，而应该婉转地转告记者本人。

(3) 对各记者提问的倾向性和公开或私下聊天中所表露的看法进行分析，从而了解各记者所代表的新闻机构的意见和态度及其产生的原因等，以便做到心中有数、应对自如。

六、联谊活动

为了联络与社区公众的感情，企事业单位的公共关系部门应经常地有计划地举办一些有社区公众参加的联谊活动。联谊活动是指社会组织为了达到内部管理人员与员工之间，社会组织成员与社会公众之间，或者社会组织与社会组织之间联络感情、增进友谊的目的而组织的活动。社会组织内部的联谊活动可以调节职工文化生活，创造和谐的人际关系。社会组织对外部所组织的联谊活动可以增进公众对社会组织的关注和了解，加强相互联系和协作交流。

(一)联谊活动的类型与功能

联谊活动形式多样，如组织舞会、观看演出、参观游览、各种有益身心健康的休闲活动、相互间信息的共享等。在组织公关活动中，联谊活动的名称和主题可以灵活多样，如在节假日举办的联谊会可以称之为春节联欢会、元旦联欢会、中秋联欢会等；在平时举办的联欢会可根据主题内容或参加者命名，如社区共建联谊会、美好家园联谊会、青年联谊会、老年联谊会、妇女联谊会等。

  各种类型的联谊会可以是参加者自娱自乐，也可以邀请文艺界的专业人士参加。另外，联谊会如果能穿插各种活动，如电影招待会、舞会、聚餐会、文艺演出、知识竞赛、体育比赛、特技比赛、游艺活动等就会显得更加有吸引力。

  社区联谊会丰富多彩、活泼欢快、轻松自如，而且花费不多、操作简便、成功率高。各种类型的联谊会对于社会组织与社区公众之间的良好沟通、加强与公众之间的联系、改善双方的关系都具有十分重要的作用。尤其是服务性行业，如商场、酒店、银行等，如果能把社区公众与消费者公众统一起来，经常举办一些联谊活动，这不仅对维系社区公众关系有好处，而且对开拓市场、赢得顾客大有裨益。例如，高碑店城市信用社曾经在本市举办"迎千禧、跨世纪"联谊会，邀请本市各界人士参加，在这些参加联谊会的人士中，有的是信用社的老客户，有的是新客户，也有的是潜在客户。在联谊会上，举办者很自然地向顾客传递"优质服务新举措""感谢社区公众支持"等信息，并征求客户的意见、建议。这种社区公众联谊会很巧妙地把社区公众和消费者统一起来，把联谊活动和开拓市场结合起来，从而使专题公共关系活动成为企业经营、管理的有机组成部分。

  例如：中华海外联谊会。中华海外联谊会是以加强和促进祖国大陆社会各界与港澳台同胞及海外华侨华人相互联系、促进祖国统一、振兴中华事业为宗旨的全国性社会团体。

  中华海外联谊会致力的主要工作是：①联络友谊。广泛联系港澳台同胞和海外侨胞及其团体，加强了解和友谊；②促进合作。积极促进祖国大陆社会各界与港澳台同胞和海外华侨华人在经济、科技、文化及教育等方面的交流与合作；③加强沟通。向港澳台同胞和海外华侨华人介绍祖国大陆的改革开放、经济建设和社会发展等方面的情况；反映海内外各界朋友对国家建设和祖国统一事业的意见及建议；④提供服务。加强与有关方面的联系与协调，协助政府部门，维护港澳台同胞和海外侨胞在祖国大陆的合法权益，排忧解难，提供服务。中华海外联谊会实行团体会员制。目前，会员包括祖国大陆29个省、自治区和直辖市的海外联谊会。

(二)举办联谊活动的程序

  联谊会的形式不一，规格也不等，举办联谊会的必备工作和注意事项与庆典活动的策划基本相似，但具体的注意事项又有所不同。

  (1) 确定主题，并确定联谊会名称。即为什么而举行此次联谊活动，如庆祝国庆、新年联欢等。又如某酒店以"饮食与健康"为主题，举办了"美食家联谊会"。

  (2) 确定联谊方式。这是指举行表演还是举行舞会，或以茶话会为主，兼有舞会活动等。然后根据具体需要选择联谊活动场所。

  (3) 安排好联谊节目与时间程序，印刷联谊会节目单。联谊会上安排几种节目，每种节目大约进行多长时间事先要有一个估计，这样不致打乱计划、出现混乱。联谊节目应紧凑，有备用节目，使气氛始终保持热烈，要绝对避免冷场现象。

(4) 确定邀请范围、人数。联谊的单位是哪几个,应与本组织最近的活动需要与长期发展需要相联系。出席联谊的组织及人数应有个比例安排。一周前发出邀请书,标明时间、地点、参加单位、参加对象,可邀请新闻记者参加。

(5) 购买活动所需要的物资。如礼品、奖品,预备好茶水和点心等。

(6) 征得联谊单位的共同协助。

(7) 场地安排。场地安排应与参加人数相适应,本着基本上宽舒、略有空余的原则。

(8) 注意参与者之间的平等招待,不应冷落任何单位的代表。

(9) 做好接待工作。安排礼仪人员负责导游、接待、解释有关询问等工作。

(10) 派专人摄影、录像等。

(11) 准备好讲话稿、座谈会的讲话提纲等。

(12) 准备好需要穿插的文艺节目、体育节目。

另外,门口应设立导向标牌,以指示各路口;门口挂上欢迎的横幅,或立有欢迎的画板,向前来参加联谊活动的人士表示欢迎;凡活动场所旁边应竖立厕所指向标牌,以方便来客。

思 考 题

1. 专题公共关系活动的含义及特征是什么?
2. 专题公共关系活动怎样进行筹划?
3. 展览会有什么传播特点?
4. 赞助活动常用于哪些项目?
5. 举办记者招待会应做哪些筹备工作?

第十三章

公共关系交际

【学习目标】

了解人类交际的基本手段——语言；掌握语言运用艺术以及基本交往礼仪，并灵活地运用到与公众沟通的公共关系实务中。

第一节　公共关系语言艺术

一、公共关系语言艺术概述

(一)语言的含义

广义上讲，语言包括语言符号和言语。

(1) 语言，是音义结合的符号系统，是服务于人类交际和思维的工具。

(2) 言语，是对语言的运用及其所产生的结果和成品。例如，说话、表达、听话、领会，都是对语言的运用，都属于言语活动。言语活动是十分生动、具体而又现实的。

(3) 公关言语，则是公关主体的言语活动及其结果，它包括典型的公关言语和非典型的公关言语。

① 公关语言在建立公共关系和维持、强化、改善公关状态的过程中，为达到组织特定的公关目标，起到了极其独特重要的作用。

② 公关言语具有以下10个方面的显著特点：广泛性(凡是有人际交往的时间和场合，都会使用)；实用性(都是为着公共关系的特定目标需要而选择使用的)；直接性(直接对交往的对象表达)；双向性(交往双方既是表达者，也是领会者，为沟通而使用)；情感性(交往双方的真实情感)；文明礼貌性(在表达过程中，特别强调"尊重"的原则，自尊自重、文明得体、礼貌周全，既庄重典雅，又谦虚恭敬)；民族地域性(不同国家，不同民族，不同文化背景，对同一语意的表达和理解都有不同之处，各地各民族的习惯用语也是不同的)；时代性(语言既然是人们的思维和沟通的工具，而不同时代的交往内容是不同的，工具的适用性就是有区别的，例如，我国"五四"以前普遍使用的文言文在"五四"以后就逐渐不用了)；精确性(字、词、语的含义是非常丰富的，尤其是在双方交往过程中，为使对方完全理解己方的意思，往往需要慎重选择，例如，与"看"字含义接近但又有所区别的就有：望、瞧、瞅、眺、瞄、窥、瞟等近30个)；幽默性(尤其是在涉及双方都知道的故事、典故、笑话等内容的时候，所使用的语言的幽默性就更明显)。

总之，公共关系言语活动是一种言语行为，其任务在于：运用自然有声语言，借助体态语言向特定的内外公众表达感情，达到双向交流和沟通的目的。其目标是：追求最好的表达、领会效果。

(二)公共关系语言在公关实务中的运用原则

公关语言的运用原则，是指为公关主体圆满完成公关语言交际任务，实现特定的公关交际目标而制定的运用语言的根本原则。具体可分为表达原则和领会原则两个方面的内容。

1. 在表达原则上，明确四点要求

(1) 必须为确切的传达组织的信息、实现公关实务目标服务。

(2) 必须适应不同公众的不同的特点，包括内外部公众、年龄老幼、男女性别、心理特征、文化背景等区别。

(3) 必须适应特定的语言环境，考虑到公关的时间、地点、场合、气氛等因素。

(4) 必须遵守公认的语言规范，或者是国内公认的，或者是国际公认的，或者是法定的语言及其具体的语音、语汇、语法、文字标准等。

2．在领会原则上，明确三个方面

(1) 要以具体的言语成品，即公众所说的话语或所写的文字为依据，准确地感受、理解对方言语的含义。不可无理由地添枝加叶，或凭想象、估计等，去理解对方的话语、文字。

(2) 要按照各种语言的具体规范来理解其话语、文字，包括规范的读音、书写格式等。

(3) 要充分利用语言环境，即言语赖以存在的时间、地点、场合以及前言后语、上下文因素等。不可"断章取义"或"掐头去尾"地误解对方的言语。

(三)公关口语的表达要求

口头表达，是公关活动中双方人际交往、交流的重要形式，它是一种明白畅通、生动活泼又不失庄重、典雅、格调的语言表达活动。

公关口头表达，是用来传递公关信息，为特定公关目的服务的语言，它的使用场合非常广泛。同时，公关口头表达又要受到公关交际模式和特定公关目标的影响，因而具有它独特的要求。这些独特的要求，体现在如下五个方面。

1．为确切的公关活动目的服务

(1) 要有针对性地选择使用符合公关场景的话题和适合公众接受的口语，切不可不顾所要表达内容的需要而片面地追求言语的形式美，利用形容词堆砌，或者啰唆很久也没有进入正题，让对方摸不着边际，耽误了工作。例如，"据国家最新文件精神，我方正在大力调整和整顿，不知贵方是否充分注意到了？""据我的前任李科长说，贵方向来是诚信守诺的合作伙伴，以后咱们继续合作，争取更大的发展。""当年我方在暂时遇到困难的时候，得到了贵方的鼎力相助，我们一直感激不尽，铭记在心。相信我们今后的合作一定很愉快。"

(2) 要通情达理，亲切委婉。白居易说过"动人心者莫先于情"，交往双方，当对方有过失的时候，或当对方有负于己方的时候，或者当对方拖延了办事时间的时候，都应先表达一种理解、谅解对方的情感，真诚地选择一些能够表明理解、谅解对方的语言，然后再委婉地切入正题。

2．通俗文雅，文明大方

为使本组织的良好形象能够通过公关人员的口语体现出来，在公关交际的时候要注意以下三点。

(1) 要注意使文明礼貌十个字("您好，请，谢谢，对不起，再见")以及"欢迎光临""谢谢合作""不必客气"等成为基本的口语，并且一定要杜绝粗话，万万不可将"口出粗话"等同于所谓的"豪爽"。

(2) 公关场合说话要多用敬、谦、雅等词语。敬词，是表示尊敬和礼貌的词语，在公关交谈过程中，如果涉及对方的上级领导、对方的长辈时，一般应该用"您"代替"你"；应使用"尊""贵""贤""令"等字词称呼；谦词，是向对方表示恭敬或自谦的用语，在交谈中涉及自己或己方的亲属时，一般应该用"鄙人""愚人""家""舍""小"等字词；雅语，就是把平时太通俗的词语用一种更文雅的说法来代替，如，用"去方便一下"代替"上厕所"；用"请用餐、用茶"代替"吃饭、喝水"，等等。

(3) 说话要有分寸。在公关场合，在工作时间，说话要注意对事情的本身，不要"算总账"，不要武断下结论，更不可随意开玩笑。例如，"你怎么总是姗姗来迟？""你是不是故意躲着我们，消极对抗？""你方就是不诚心合作。"

3．根据情况，灵活应变

切记不可将公关交谈口语"模式化"。例如，问候、致意的口语，可以用"您好！""早晨好！""您昨晚休息好了吗？""真高兴，咱们又见面了！"等；切不可一见面就只知道千篇一律地问对方"你吃了没有？"或"你上哪儿去？"

4．借助副语言和体态语言

在口头表达时，一般都应该恰到好处地借助一些副语言和体态语言来配合，以便加强表达效果。例如，真诚、爽朗的笑声，热情的"掌声鼓励""微笑致意""点头致意""招手致意""握手问好"等，这样就可以使双方的交谈不仅可以维持，而且能够深入发展下去。

5．善意幽默，缓和气氛

古人云："赠人以善言，重于金石珠玉；以言伤人，利于刀斧"，说明语言的力量和作用是不可忽视的。在公关交谈时，多一些善意的幽默，就多一些和谐和融洽，也就更容易完成公关工作的任务。

二、公共关系语言艺术的主要方法

(一)接近的语言艺术

公关人员要与对象公众沟通，必须接近对象公众。以真诚、热心、礼貌、得体为本，巧妙地运用接近的语言技巧，不仅会给公众留下"第一印象"，而且决定着双方的交谈能否顺利进行下去。

1．称呼的语言要求

(1) 称呼得当。初次见面，公关人员一般都应该根据对象公众的年龄、职业、职务、辈分以及与自己、与本组织关系的亲疏、交往的深浅选择恰当的称呼，并在姓名后面加上或者"先生"，或者"小姐""女士""夫人"，或者"同志""师傅""老师"等称谓，以示礼貌。如果知道对方男士是有学位、军衔或显赫职位的人物时，还应该在称谓中加上相关的职衔，这样更周全一些。例如，"孙夫人""王女士""赵先生""刘师傅""李博士""少校先生""王团长""黄院士""张主任""黎老师"等。

(2) 顺序讲究。公共关系场合，各方人士都在场的情况下，称呼的顺序也有很多讲究，其中最基本的有四点是必须严格注意的：第一，先上级后下级；第二，先女士后男士；第三，先长辈后晚辈；第四，先疏后亲。

(3) 致意亲切。在公关交际场合，应该在称呼之后紧接着问好、致意。在公关交往中，一般都是以"您好！""认识您很高兴！""大家好！""很高兴能有今天这个机会同大家相聚！"等口语接近对象公众的。

2．介绍的语言要求

(1) 自我介绍。自我介绍是在公关交际场合结识公众朋友的最常用的形式。自我介绍时的口语，一般应根据对象公众的不同而作不同的选择。例如，把自己介绍给领导、长辈、知名人士时，语言要特别的谦恭有礼，不可太直露，即使自己确实有一些职务、头衔，也应省略、简化一些，仅用名片或者待交往加深之后的详细介绍作为补充；把自己介绍给下级、小辈时，语言不妨风趣幽默、亲切随和一些，这样，就可以迅速缩短交往双方的人际距离，通畅交谈下去。

(2) 介绍他人。在公关场合，当公关人员处于"主持人""中介人"或"秘书"地位时，就需要为互不相识的交往双方作介绍。这时候，首先要注意介绍顺序：第一，先把年轻者、身份较低者介绍给年长者、身份较高的客人；第二，当客人双方的身份相当的情况下，则应该先把自己较熟悉的人士介绍给较生疏的人士；第三，当男、女客人同时出场时，一般应该先把男士介绍给女士。就是说，后者有"优先"知道、了解前者的相关情况的权利。

其次，在介绍他人时，还应该注意以下几点具体要求：第一，要努力把双方的姓名、工作单位、主要职务及特长表述清楚，不要在忙乱中发生"张冠李戴"的错误，弄得大家都尴尬。第二，在语言上要注意所含的信息量要适中，要使双方能够迅速接近和攀谈起来。第三，介绍的话语热情而文雅，彬彬有礼，充分保护客人的自尊心，绝对不可以涉及客人的隐私。第四，介绍口语的声音要适中，不高不低，语调平稳，不快不慢，让双方都能听明白。第五，介绍时，各方都应起立，体态文明，面带微笑。介绍人的手掌朝上，掌心微微凹着，示意被介绍者，而不宜用手指指点客人。介绍人应有开头语，如"李总经理，请允许我把我厂××介绍给您"。第六，随机寻找话题，引发双方交谈。介绍的过程，就是寻找话题，接近对方的过程。公关人员要善于随机寻找话题，引发交往的双方迅速找到共同感兴趣的话题，使双方自然而顺利的交谈起来。例如，"王经理，请允许我把小李介绍给您，他现在××公司采购部当主任，刚出差回来，他对各种建筑材料的供求情况比较熟悉，说不定您能从他那里得到一些新的市场信息呢。""小李，这就是××房建公司的王经理，他对建材市场的行情也是很熟悉的呢。"

(二)说服的语言艺术

公关人员在代表组织与相关公众交谈时，有时会发现自己的言辞难以说服对方，尤其是有求于对方时，一时提不出十分有利的证言，让对方信任你、接受你的请求，给予你急需的帮助。以下有几点具体的方法技巧可以参考。

(1) 你不妨用"风俗习惯"来解决，如，"在我们国家，习惯上都是这样讲的……""在我们那里，历来都是这样处理的……"这样，一般都可以比较顺利地说出自己的要求，对方一般都会在通情达理的情况下，按照你的"习惯"完成你的"要求"。

(2) 可以请出一两位德高望重的人物，或者是对对方都有较大影响力和说服力的朋友来充当"代言人"，由"代言人"来劝导双方，这样，双方的信誉度都会得到提升，利于消除分歧、解决问题。

(3) 以少许的、适当的批评方式，也可以收到"说服人"的效果。因为适当的批评反而更能显示和表明一个人内心的诚意，使对方容易产生一种"他真是为我着想"的感受而接受"说服"。

(4) 先提升对方的"荣誉感"，给别人以积极的肯定和称赞，说明只有他才有能力做好你所求助的事情。例如，"我知道您一向是很有魄力的，向来很会处理这类麻烦事情。我相信，只要您一出面，一定会'马到成功'。请您尽力帮助我，好吗？"

(5) 当对方还不是很明白、很理解你的要求，继续"背道而驰"时，则需要严正的告诫对方，语气不必过于软弱。只要理由充足，坦率地说出要求对方或劝谏对方的话语，也可以使对方明白你的真实意图和要求，在思想上重视起来，心悦诚服的接受。所以，有时直截了当地说出己方的目标、要求，把问题转回到起点，也不失为一个比较好的说服对方、解决问题的方式方法。

(三)应急的语言艺术

俗话说："祸从口出"，这是指一个人若在口语上不加留意，或词不达意，或说错了话，往往一时难以解释明白，甚至因此而遭受无穷的祸患。所谓"言多必失"，话说多了，考虑不太周全，容易说错话，也是这个道理。公关人员一旦说了不该说的话，轻则使得气氛尴尬，重则伤了和气，损害了组织的形象。在这种时候，为了挽回情势，可以采取以下几种应急的口语表达方法。

1．自我牺牲法

就是把自己当牺牲品，现身说法贬低自己。例如，"刚才我批评了你这件事的某些不妥，其实，我自己更不如你，如果让我去处理这件事，肯定会更糟糕。"

2．同病相怜法

在社交场合，发现同伴有失误，如果直接说出"指正"的话语，或者用"打手势"的哑语提醒纠正，弄不好反而会更尴尬。这个时候，最好的办法就是，先自我检讨，再提醒对方别犯与自己同样的错误。例如，"小李，在这件事的处理上，我曾经粗心地把小数点点错了地方，往后挪了一位。幸好老张帮我复查出来了。我建议你也及时复查一下，免得像我那样出现差错。"或者说："小李，你刚才的说法，原来我也曾经是这么想的；但是，实际情况并不是这样的，我误解了刘经理他们。"

3．自扮丑角法

当我们在社交场合的言谈举止不慎当众出丑了的时候，可以在口语技巧上加一些"诙谐"的成分，当一个临时演员，扮一个丑角，也可以化尴尬为轻松，自己找到"台阶"下。例如，当发觉自己言行失态之后，可以这样说："对不起！我刚才手舞足蹈的，看来可能要拿丑角大奖了。"又如，当别人提醒自己不要在公关场合抽烟时，既要接受对方的好意提醒，又要不出现尴尬的气氛，可以用"偷换概念"的办法说话："好，好，既然您不愿意接受我的'熏陶'，那我只好收场了。"随即把香烟掐灭。

4．自圆其说法

在社交场合，或者说错了话，无意中触伤了对方的忌讳禁区，或者念错了对方的名字，认错了人，等等，都可以临时编一个小小的、美丽的谎言。诸如："刚才我用了一根火柴点着了三个人的香烟，并不表示我们要'散伙'，而是表示咱们已经是分不开的'同伙'了。以后可要同心协力啊！""对不起。不过，过去凡是被我念错名字的人，后来都成了一流人才。我相信您也不例外的。""真是'三日不见当刮目相看'，您的外貌变化太大了，这么漂亮、潇洒，我都认不出来了。"或者"对不起，您的长相太像我的那位朋友了。看来我今天又多了一位新朋友。"

(四)拒绝的语言艺术

拒绝别人，是一件十分困难的事。但是，它是一门学问，有很多方式方法值得我们去探究。在公关场合，怎样说话，才能做到既拒绝了对方又不会伤害对方的自尊心，不会损伤交往双方的友情呢？以下几种技巧可以借鉴。

1．借用名言、古训

就是借用名人、伟人、古人的典型话语来表达自己的意思，一方面可以使自己说出的话更具权威性，使对方"深有同感"；另一方面也可以避免自己直抒己见时"太锋芒毕露"。

2．以亲情为"挡箭牌"

以亲人的需要来说明拒绝对方的理由，一般而言，基于大家都有的亲情和孝顺之心，"人之常情"，对方就不好再强求于你了。例如，当别人约请你做某件事情，或者约请你参加某个聚会活动，而你或者另有安排，或者你认为与己方的工作任务不合适，不想去参加，这时，你就可以说："很对不起！家里老母亲还等着我回家呢。""很抱歉！我的小孩生病了，我得赶回去照顾。"

3．以公务繁忙为理由

一般情况下，以另有更重要的工作或学习任务作为谢绝对方的理由，是很充足的，甚至还在无形中使对方对你产生好感和信任，认为你是一个好学上进、工作努力的人。例如，"最近实在是太忙了，要写出市场调查报告，还要准备参加技术考核，等忙过这一阵，再找时间去拜访您，好吗？"

4．直言明说

在社交场合，当交往对方的要求明显不合情理，或者自己一方的理由很充足，这时候，大大方方地说明理由和真相，果断地拒绝对方就"名正言顺"了。例如，"小李，这不行啊。你是知道的，这是明文规定了的，我个人怎么能违反规定插手这件事呢？请你原谅。"

"哎呀，我正巧要出公差，车票都买好了，没办法参加这次聚会了。"

5．先表情后婉拒

当对方喜气洋洋，或者悲情切切的时候，向你提出某个请求的时候，如果我们仍然以自己的"亲情"或"公事"为理由拒绝对方，则容易被对方误认为是"不尊重友情""不可靠"的人，甚至是"势利小人"，因此而伤了双方的情谊。这时候，"盛情难却"，你首先要在言语和行为上表明诚意，或真诚地向对方表示祝福，或者沉痛地表示哀情，然后再委婉地说明实在无法脱身的难处，请对方谅解。例如，"你们厂的新发明获得专利，这是一件大喜事，真该好好庆贺一番。只是我今天已有约在先，要去参加商务谈判并签订协议，参加的单位代表较多，不好改期，过后我一定登门道贺，好吗？"这样，由于自己的诚意和重视，对方是很容易谅解的。

6．寄希望于将来

这主要是指在经过仔细比较之后，在拒绝对方的时候，要尽可能委婉地说明现在的时间、地点、条件不适合于对方的发展，用"以后还会有更好的机会"来安慰对方，以美好的言词鼓励对方，把希望寄托在将来。例如，"只要你肯努力研究和学习别人的好经验，将来一定能组织好大型的公关谈判活动，这次就先由张主任挂帅出面安排这个事，好吗？"

7．以问代答

这种方法，一般不由自己说出拒绝的理由，而是提出问题，请对方权衡，由对方自己放弃要求。例如，"很感谢你们单位邀请我参加你们的活动，但是，我同一个时间还要去参加我们厂的一个新产品鉴定会，您看怎么办呢？"

8．以"知己者"的身份

这也是一种比较容易被交往对方接受的拒绝方式。例如，"您是这个新产品的设计者，您亲自出面介绍，比我去更适合些，也更容易推广您的新产品。我就不去了吧。"

(五)赞扬与批评的语言艺术

1．通过恰当的赞扬形成"磁场"

在公关场合，在人际交往中，人们一般是比较看重自己的社会价值的实现以及社会对个人加之的肯定的。往往把别人的赞扬看作是对自己的尊重和激励，并且更加积极上进。因此，在公关活动中，公关人员作为组织的第一线代言人与公众交往，一定要在尊重对方的基础上多采用赞扬的话语，这样，就更容易形成友好团结和追求进步的氛围。适当的赞扬，就像磁铁一样，形成"磁场"，不但使交往双方愉快，而且能很快缩短相互间的距离。

在社交场合赞美别人的语言表达方式也是很多的，且举以下几种。

(1) 当面亲口说。这种表达法在双方关系十分亲近、随和的情况下，一般效果会比较好，能起到"加油、润滑"的作用。如，"您这件事办得真漂亮，快介绍一下经验，让我们也学习学习。"

(2) 借第三者之口说。在双方关系还没有达到"十分密切"的时候，面对面地说出赞美对方的话语，难免会给人一种"拍马屁""客气奉承"或"言不由衷"的感觉。因此，用其他人的评价，用第三者的口吻来表达对对方的赞扬，就显得比较客观、自然了。如，"贵公司的工作真是出色，难怪××公司总是在我们面前推荐你们高质量的产品，大家都很佩服呢！"

(3) 先轻后重的赞扬。就是把对方不很重要的、不显眼的，甚至是有所欠缺的方面放在说话的前部分，然后用"但是"转换语气，重点强调你认为更好、更美的方面，加以真诚地赞扬，这样，包括被称赞者在内的听众，都能留下深刻的印象，并乐意接受你的赞美和推崇，乐意与你所代表的组织继续深入交往下去。

(4) 扬长避短，寻找优点加以赞扬。即在交往对方的缺点多于优点的时候，应尽量寻找优点，淡化对方的缺点，努力肯定、赞扬对方的长处和优点。这样做之后，对方会冷静思考："他只肯定我们次要的方面和微小的优点而避开主要方面的评论，看来主要方面的欠缺太多，不值得称道，得认真改进才行。"由此，对方会通过自我反省而克服短处，发扬长处。也因此而体会到我们的真诚友谊，交往更加深化。

(5) 模糊赞扬，主动请教。在缺乏事先深入地研究和准备，不甚了解对方的缺点时，或者想称赞对方但一时又说不出恰如其分的"美言"时，不妨采用这种方法。例如，"我对这个事情了解不深，只觉得很特别，很有启发。看来您在这方面是胸有成竹的，我很想听听您的高见，请多多指教。"

(6) 转移话题，迂回赞扬。在赞美和夸奖一时并没有引起交往对方的共鸣时，最好的办法是迅速转移话题，通过迂回，把你的赞扬同对方所期待的赞美一致起来，这样，可以避免"话不投机"的尴尬而"化险为夷"，继续愉快的沟通和交谈。如，"真是'好事多磨'，既然你们在无意中收到这么好的结果，只要在这个基础上继续努力，预料中的好效果肯定会得到的。我完全相信你们会成功。"

(7) 先褒后贬，把赞扬当作"糖衣炮弹"。在必须及时指明对方的失误，给对方以善意的忠告时，可以把赞扬作为"糖衣炮弹"，采取"先褒后贬"的表达口语法，使对方消除对立情绪而乐意改正错误。例如，"你们单位在改善管理、关心职工、调动积极性、提高质量等方面所做的工作很具有创造性，很值得我们学习；以我们的一点不成熟的想法，如果在那个方面再做一些调整，可能你们的工作会更出众、更成功的。"

2．通过恰当的批评形成合力

批评，是一种基本的管理手段和方法，它同法律的、行政的和经济的制裁和处罚相比，在使用上要方便得多，效果也要好得多，运用得当，很容易形成和谐合力的团结局面；但是，要十分小心地运用好这个武器。

批评别人，甚至责备别人，怎样才能收到事半功倍的好效果呢？以下几种方式方法可供参考。

(1) 宽仁厚道地为对方考虑。就是要求批评者以设身处地的态度，站在对方的立场上，帮助对方寻找失误的原因，然后再在尊重对方人格、为对方保留颜面的基础上，心平气和地据实批评对方。

(2) 避免比较。在批评某人某事时，应尽量避免把对方同其他人或其他事进行比较。

因为各人的生活环境、工作经历、所受的教育程度、处事方法等各不相同，造成失误也是有各自不同的原因。如果不加区别地扯在一起，或者褒一方而贬另一方，就会把批评者扯进一堆"是非乱麻"之中，被批评者甚至会产生"逆反"，无形中伤害到各方的情感，破坏大家的和谐相处。

(3) 诙谐幽默，反话正说。在公共场合，这种说话方法，一般都能收到既批评了某件具体的事情，又不伤害人际之间的和气的效果。例如，"你们真能干啊——竟然敢以'创收'为名让职工去推销伪劣产品！我们是望尘莫及，不敢向你们学习的喽。"

(4) 旁敲侧击，表扬其他人。在需要批评较多的当事者，或者被批评人并非主观上犯错误时，一般采用赞扬不在场的其他人，从暗喻中收取间接批评对方的效果。如，"张主任是个很机敏的人，他经常能够在紧急关头采取灵活措施解决难题。这个事情如果由张主任来处理，也许就不会这么被动了。"

(5) 响鼓重槌，严厉告诫。俗话说："响鼓也要重槌敲"，就是说，对有些过错，如果不及时提到原则高度给予严厉的批评，而只是轻描淡写的随意说几句"下次注意"就算了，那样，过失者不容易记住深刻的教训，以至于日后还会再犯类似的过错。当然，这种严厉的批评，第一，是针对事情本身的性质，而不能对当事人作人身攻击；第二，批评必须适时适度，恰如其分，不可等事情已经过去很长时间了又翻出"陈年老账"；第三，应该在批评之后加以关心和鼓励，使受批评者心悦诚服，又能重新振作精神，看到前途，从此更加小心谨慎，兢兢业业地做好工作。

三、电话接听和交谈艺术

我国加入WTO后，国际之间经济的、政治的、文化的交往都多了起来；随着电信事业的发展，交往的方式也多了起来。在日常的工作、学习、生活中，使用电话来处理公务、协调人际交往、应酬事务等已成常态。因此，电话礼仪是不可忽视的。在国外的一些公司，新进职员或办公室的文秘人员，第一堂"必修课"就是培训如何接听电话和电话交谈。

(一)打电话的时间

(1) 往对方的办公地方打电话，一般是在开始上班20分钟后至下班前30分钟的时间范围内，主要是要给对方留出一定的时间，或者安排当天的工作任务，或者听取工作汇报。

(2) 往对方的住处打电话，一般在一日三餐后30分钟内，或者在早晨7点以后至晚上11点之前(如果不是事先有约，或者特别紧急的事，一般都不超出这个时间范围打电话，更不应该在夜晚休息时间打电话，这是约定俗成的基本礼节)。

(二)打电话的准备工作

(1) 弄清楚对方的姓名、电话号码、单位(公司)的名称。

(2) 先用笔记写出谈话或询问的内容要点(如果电话交谈的内容较多，应该有一个提纲，按一定的顺序一一列明)。

(3) 准备在电话应答时要使用的备忘纸和圆珠笔(钢笔可能会缺墨水，铅笔可能会断芯或不清楚)。

(4) 收集齐全有关电话交谈内容的资料和文件,以便随手翻查(既不耽误时间,又不影响双方交往)。

(5) 事先设想一个再次通话的时间(在通话过程中,可以根据具体情况的变化和要求改动这个时间,并最后确定下来)。

(三)打电话的基本要求

(1) 电话铃响三下之内,必须接听,因为,如果在电话铃声响了五六下之后才接听,容易被视为"傲慢""没有礼貌"。即使是电话错号(自己拨错或者对方拨错),也应以友好的态度说声"对不起!""请原谅!"或者"没关系!"例如,"喂,您好!请问您那儿是××公司经理部吗?""您好!啊,对不起。您所拨打的电话号码大概错了。请您再重新拨,好吗?"总之,千万不可发脾气、耍态度,不可用侮辱性的言辞训斥对方——"你是文盲啊?为什么不看清楚号码就乱打电话!"或者"你有病啊,乱打电话,耽误我的事情"等。

(2) 询问要得当,使用"您好!"开头,并主动通报自己的姓名或者自己所在单位的名称。例如以下几组对话。

第一组

A: 您好!我这儿是国税一分局办公室。请问您要找谁?

B: 您好!我是××工厂的厂长,姓刘。我有一点儿事情想与你们的黄局长商量一下。您可以帮我联系一下吗?

第二组

A: 您好!我是××学校金融系主任,姓李。请问您那儿是××银行吗?

B: 您好!我这儿正是××银行。请问您有什么事儿需要我们帮忙吗?

第三组

A: 您好!我是××,有什么事儿需要帮忙吗?

B: 您好!我想找一下你们的张主任,请教他一点儿事情,他有空吗?

A: 您好!我是××部门的秘书。很抱歉,张主任正在开会,您有什么事情需要我代您转告吗?

第四组

A: 您好!我是周小明。请问李局长在家吗?

B: 您好,小周!我就是李涛。有什么事儿需要我帮忙吗?

第五组

A: 您好!我是王小斌。高主任,有一件事儿,我想现在向您请示报告,可以吗?

B: 您好,小王!我就是高方明。有什么事就说吧,不必客气。

(3) 电话交谈的内容要简明,不要耽误对方太多的时间(不可在打电话时聊天或议论他人的长短)。

(4) 充分调动语言的修饰手段(包括吐词清楚,音调柔和,音量、语速适中,多使用软性语言)。

一般而言，含有"关心、问好、尊重、协商、规劝、体贴"等意思的语言，都可称为"软性语言"。软性语言的后面，一般都带有"啊、吗、吧、呢"等语气助词。例如，"这样行吗？""请您帮帮忙，可以吗？""您看是不是这样处理更合适一些呢？"等。

(5) 接听电话要准确，重要的内容要重复一遍；不清楚的地方要主动发问落实。代他人接电话，要热情有礼，认真做记录，并给予口头承诺——"请放心，我一定负责转告"。

对无理纠缠电话、骚扰电话、"长舌妇"式的电话，则要干脆、果断地找出理由坚决地中断谈话(但不可用粗俗语言对抗或谩骂对方)。如"对不起，我们的会议马上开始了，没有时间再听你说下去了。""对不起，我们对这些事情不感兴趣。请不要再说了，好吗？"

(6) 接电话时的坐姿要端庄。坐着打电话时，身体要靠椅子的里边，背部要直(打电话的时间较长时，身体可以轻轻地靠在椅背上，但仍然要保持背部的挺直)，膝盖并拢，双脚全脚撑着地，这是"自信""自重"的体态语。

同时要用手握紧话筒的下端，手臂自然夹紧(即使需要一边打电话一边做记录，也要保持正直端庄的坐姿)。

不可将双腿叉开或坐姿歪斜，或者在听到对方说了什么笑话时而跟着笑的身体颤动、前仰后合、又喊又叫；更不可以靠在桌子边，甚至坐在桌子的一角，一边晃荡着腿，一边用手玩弄电话线(以后可视电话普及了，就更要注意接、打电话时的体态语了)。

(7) 打电话时不必用太大的声音，以免影响同一办公室的其他人的工作(条件好一点的单位或部门，可以把电话机安置在一个小单间)；用手机打电话时，可以到比较清静的地方(更没有必要专门挑人多的地方去"摆谱")；还要注意，不要在剧场、电影院、礼堂等文化场所，不要在飞机上，不要在医院的治疗室、实验室等场所使用移动电话。一个是文明礼貌的问题，再一个是避免影响仪器的正常运作的安全问题。

(8) 临近电话交谈结束时，记住先道"再见"，然后才可轻轻地放下电话听筒或关机。

四、公共关系活动中的非自然语言

所谓"非自然语言"，是指自然有声语言和文字以外的传播沟通符号，分为体态语和副语言两大类。具体表现为表情语、手势语、体姿语、挥手语，以及服饰、界域、类语言等。

(一)体态语

体态语，又称"人体语言""动作语言""态势语言"或"行为语言"。体态语，是指人体部位做出的表示具体含义的动作符号，是用表情、动作或体姿来交流思想的辅助工具，是自然有声语言的一种"伴随语言"。

体态语，与自然有声语言一样，具有广泛性、实用性、双向性、直接性、情感性、文明礼貌性、民族地域性、时代性、精确性和幽默性等特点。

1．体态语的类型

体态语分为表情语、手势语和体态语三大类。

(1) 表情语，是通过面部表情来传递信息、交流情感的语言。它包括目光语和微笑语。

(2) 手势语，是人体上肢所传递的交际信息。它包括手指、手掌、手臂及双手发出的、能够承载交际信息的各种动作。其中，以手指语、握手语、鼓掌语及挥手语的交际功能最强。

(3) 体态语，是人们各种身姿态势所传递的信息。

2．体态语的运用

(1) 表情语的运用。

① 目光语的运用。目光语是运用眼神、目光来传递情感信息，参与交际沟通的语言。俗话说："眼睛是心灵的窗户"，的确，人的眼睛时刻都在"说话"，随时都可以道出人们内心的秘密。而且，就整个态势语言而论，通过眼睛传递的感情信息无疑是最多的，甚至可以说，眼睛"说"的是人的第一态势语言。

一般而言，明澈、坦荡、执着的目光，是为人正直、心胸开阔、积极向上的表现。用这种目光语与公众打交道，相互正视片刻，很容易获得对方的信任，达到沟通的目的并取得成效。

同时，还要十分注意目光注视的部位、注视时间的长短及注视的方式等具体运用。例如，在公关交往时，视线应停留在对方的双眼和嘴部之间的三角区部位，以示对对方的重视。

一般而言，视线接触对方面部三角区部位的时间占双方交谈时间的40%~50%，时间太短，表示"不怎么感兴趣"；时间太长，则可能表示一种无礼或挑衅情感。在目光注视方式上，也是多种多样的，如斜视、扫视、窥视、环视、正视等。

总之，要恰到好处地运用目光语来营造和谐、友好的氛围，促进公共关系目标的圆满实现。

② 微笑语的运用。微笑语是通过略带笑容、不出声的笑来传递信息的表情语之一。微笑语，可以说是一种世界通用的表情语，它除了表示"友好、欣赏、欢迎、肯定"等语意之外，还能表示"歉意、否定、拒绝"等语意。

微笑语在社交中的作用主要表现在以下几个方面：展示风度、气质；表示"友善"，营造交际氛围；表示赞许、肯定、承认；委婉地表示"拒绝"；缓和僵局、消除尴尬；表示讽刺、愤怒和"不屑"。

微笑语作为一种动态的表情语，尤其是真诚的微笑语，不仅具有独特的魅力，而且其社会功能也十分明显。微笑，是通向五大洲宾朋心灵的"桥梁"和"护照"。俗话说："主雅客来勤，脸面值千金"，真诚的微笑，可以给人一种温暖的亲切感和安全感，可以迅速缩短交往双方的心理距离，直至产生情感上、思想上的"共鸣"，促进公共关系目标的实现。

具体到一个组织、一个企业，微笑，又是一种管理艺术和经营艺术。希尔顿旅馆业的发家史就是一个有力的证明。1930年，是美国经济萧条最严重的一年，美国的旅馆80%倒闭了，康纳·希尔顿的旅馆也接二连三的亏损，一度负债50万美元。但是，希尔顿并不灰心，他认定真诚的微笑是使他的旅馆拉到"回头客"最简单易行又不花多少本钱的好办法。他在确定经营信条时，特别强调的就是要求职工"无论如何辛苦，也必须对旅客保持微笑"，"希尔顿旅馆服务员脸上的笑，永远是属于旅客的阳光"。由于希尔顿坚持"微笑"经营艺术，60多年来，希尔顿的资产从5100万美元发展到数十亿美元，从一家扩展到70多家，遍布世界五大洲的各大城市，规模居全球之首。可见，微笑服务，不仅是评判服务质量优劣的标志，也是关系企业在竞争中成败的问题，更是一个人、一个组织文化素质高低的体现。

(2) 手势语的运用。

手势语，也是一种表现力很强的体态语。它包括手指语、握手语、鼓掌语和挥手语。手势语常常可以用来弥补有声语言的不足。

手势语的运用范围十分广泛，使用频率也很高。例如，招手表示"呼唤"，摇手表示"不同意"，举手表示"赞同"，搓手表示"为难"，拱手表示"礼节"等。

① 手指语。它是通过手指的各种动作传递信息的手势语。在公关交际场合，公关人员都会有意无意地使用手指的各种动作来辅助或代替有声语言传达情谊，起着"指示"或象征作用。如，伸出一个手指，可以表示1、10、100、1000等数量；伸出五个手指，可以表示5、50、500、5000等数量；伸出大拇指，可以表示赞美对方"了不起"；伸出食指和中指，并微微张开，可以表示"剪刀"，也可以表示"胜利"；当然，手指语除了表示数字多少和指示方向、象形含义之外，还带有一种"指责""教训"的含义。如果把手指直接指向对方脸面，可能表示某种"轻蔑"或"愤怒""教训"。如果将小拇指翘起，是"贬低"对方的意思；如果只伸出一两根手指指人，则包含有"戳脊梁骨"的意思；如果将手指和钢笔一类直杆用品放在嘴里，则是"遇到为难事"或"遭遇威胁"的意思，等等。总之，语境不同，手指语的含义就会不同，这是公关人员应十分注意的。

② 握手语。它是公关交际双方互相伸出右手，彼此相握，以传达信息的一种手势语。握手语在公关场合、公关活动中使用非常普遍。它既可以表示致意、热情、礼貌等友好之意，也可以表示其他各种不同含义的情感。例如，与成功者握手，表示祝贺；与失败者握手，表示理解和安慰；与送行者握手，表示告别和珍重；与对立者握手，表示和解等。

(二)副语言

副语言，又称"类语言"，是一种特殊的语言现象。它分为两种类型：一种是伴随有声语言出现的语音特征，如音域、音速及特殊的语言停顿，即语调、语速、语顿、重音等；另一种是表意的功能性发声，如笑声、哭声、呻吟声、咳嗽声以及惊叫声等。

在公关场合口头交谈中，正确地使用副语言，可以增加自然有声语言的表达效果。超常规的多变的语调，可以充分发挥其传情作用；而超常规的语顿，则可以使口语表达成悬念，促进听者的共鸣和联想，使谈话内容波澜起伏，丰富多彩，妙趣横生，增强语言的生动性；对语速快、中、慢的处理得当，同样能给听者一种既有启发又很美的感受；而强调重音，则是在不同语境下表达情谊的需要，同一句话，用不同的重音技巧说出来，可以让听者随即了解你所传递的信息的中心所在。

笑声、哭声、叹息声等，都是人类的功能性发声，在公关场合的口语交谈中，同样能配合自然有声语言传递某种信息，甚至能收到超过有声语言的效果。为此，公关人员在不同场合，面对不同的公众，务必要谨慎地选择各种副语言，自然而恰到好处的表达情谊，切不可矫揉造作，"装出来的"副语言将会对自然有声语言的效果起到破坏作用。

五、跨文化沟通中的语言艺术

在公关信息传播和沟通过程中，当信息的发送者和接收者不是同一种文化的成员时，就会发生跨文化的沟通问题。在现代公关活动中，公关组织的对象公众早已突破了国家、民族、文化之间的界限，因此，跨文化沟通就是现代公关活动的一个新特点(这个新特点，对于刚刚加入WTO的我国来说，尤其明显)。对于代表某个组织的公关工作人员而言，了解、掌握、运用跨文化沟通中多种多样的语言，就是取得公关活动成效的重要途径和手段。

(一)跨文化对语言沟通的制约

任何民族语言，都是在其特定的社会历史、风俗习惯、文化背景下产生和形成的，都会有着与众不同的特征、不同的功能、不同的含义。在跨文化沟通中，不同文化之间的差异对于语言的交流和沟通具有明显的制约作用。

1．不同的文化给语言表达打上不同的印记

不同文化的国家、民族、地区，不同的时代，对于公关交往中的语言选择和使用是不同的。例如，在中国文化中，有很多词语对于不熟悉中国文化的人来说是不好解释的，诸如"丢车保帅""半斤八两"以及上了一点年纪的老人把"水泥"叫作"洋灰"等。因为外国人对中国的象棋、中国原来的衡量单位(十六两为一斤)，对中国旧时代对"水泥"的叫法并不了解，所以就无法理解其中的含义。同样道理，中国人如果不了解外国文化中的独特语言，也会产生"莫名其妙"的感觉。

2．不同的文化背景影响着对具体语句意义的理解

不同的国家、民族、地区的人们，在长期的历史发展过程中形成了自己独特的、习惯性使用的语句。如，中国人在见面时的问候语一般是"你上哪儿去？""你吃饭了吗？"这些问候语句，只是表示友好的"打个招呼"，并无具体的实际含义；但是，这些问候性的语句，在不了解中国文化的外国人看来，是不好理解的，他们甚至认为你是在干涉他的私事，或者以为你要请他吃饭。

3．不同文化之间的差异造成语意的非对应性

语言本身是文化中最重要的部分，跨文化沟通中的语言翻译，尤其要注意其中的文化因素，应尊重对方的原意，而不能简单地直译。直译，不仅是语意生硬的问题，更重要的是很可能误解原意，造成沟通的障碍。例如，英语中的"He is a fox"就不能简单地翻译为"他是一只狐狸"，而应翻译为"他很狡猾"；同样，英语中的"She is a cat"，也不能直接译为"她是一只猫"，而应该翻译为"她包藏着祸心"。另外，中国语言中的成语典故，含义非常丰富生动，不了解中国文化的中国人也是不容易理解的。例如，对于成语"胸有成竹"，就往往被生硬地理解为"胸腔里有竹子，得到医院去动手术取出竹子"。所以，在跨文化的公关交往过程中，一定要注意把语句的真正含义弄清楚，要考虑到其中包含的文化因素，以保证交际的顺畅进行。

4．不同的文化价值观念会造成沟通中的误解

文化价值观念，是指人们对社会行为的评价态度，是制约每个社会成员的伦理道德规范。由于价值观念在不同文化体系中的巨大差异，因此，不同文化背景的人对社会的认知态度往往是不尽相同的，也因此而影响到跨文化语言的沟通。例如，中国人把"谦虚"看作是一种美德，当给别人做演讲、作报告介绍自己个人的成功经验时，一般都会加上一两句自我谦虚的"开场白"——"本人才疏学浅，只有一点不成熟的看法"，这些谦虚的口语在一些不熟悉中国文化的西方学者看来，就不好理解了："既然你是不才之人，为何到台上糊弄我们？""既然你还没有研究成熟，为何这么急着公布？"又如，"物美价廉"，是中国人普遍认可的商品买卖观念；但是，多数外国人更看重"质优价优"，在他们看来，"买便宜货"是自己经济力量和地位低下的表现，很失面子，不会接受。

(二)跨文化沟通中的语言运用

公关语言运用都是在一定社会文化背景下进行的。因此，公关人员在跨文化的沟通活动中，一定要注意自己的言谈用词，使之适合于不同国家、民族、地区的观念、习惯，顺利达到与对象公众沟通的目的。

1．了解和掌握见面礼仪用语

(1) 简单明了的问候语：与外国公众见面打招呼时，除了说"您好！""早上好！"之外，就不必再多说、多问诸如"您吃了没有？""您上哪儿去？"之类的话了。所以，最基本的打招呼用语就是："Good morning!""How are you?"。

与外国公众道别时，也不必千叮咛万嘱咐，诸如"您慢走！""路上当心！""一路顺风！"等，只是说声"Good bye!"或"Bye bye!"就可以了。

(2) 独特的体态语：从前面的内容我们已经知道语言具有鲜明的民族性和地域性，不同的国家、民族、地区有不同的体态语；同一体态语，在不同的国家、民族、地区也有不同的含义。因此，我们如果能够掌握并实际运用一些交往对象独特的体态语，将更容易迅速缩短心理距离。

例如，欧美人见面，多采用拥抱、接吻、击掌等体态语；拉丁美洲人见面，以拍背为礼；坦桑尼亚人见面，先拍拍自己的肚子，然后鼓掌，再互相握手；萨摩亚人见面时，互相闻嗅对方；瑞典人见面时，互相擦鼻子；尼日利亚人见面时，先用大拇指在对方的手上轻轻扣弹几下，再握手；刚果河流域的人见面时，先伸出双手，再弯腰吹几口气；太平洋群岛的玻利维亚人见面时，一边拥抱，一边抚摸对方的后背；日本人见面总采用鞠躬方式；南亚地区许多信仰佛教的国家，则多采用"合十礼"；尼泊尔山区的居民，作为主人的一方，与客人见面时，都要先伸出自己的舌头(标示舌头和心一样，都是红色的、赤诚的)；菲律宾的一些部落居民，见到客人时，先握手，再转身走几步(让客人看见其身后没有凶器，尽可放心)。

2．掌握和运用对方的文化背景知识

任何民族文化中都有其独特的历史和内容，在与外国公众交往的过程中，在寻找接近

的话语时，不妨适当选择对方文化中最引以为荣的知识为谈话内容，这样就可以比较快的缩短双方由于文化背景不同而造成的心理距离。例如，对印度人、埃及人，可以谈论印度、埃及的古代历史文明，对意大利人，可以谈论足球，对美国人，可以谈论橄榄球，等等。

(三)跨文化沟通中的语言禁忌

在各种文化中，都存在一些语言习惯和忌讳，虽然多数没有明文规定，但却是约定俗成的。在与不同文化背景的公众交往时，不仅必须了解这些习惯和忌讳，而且应该尊重对方的习惯和忌讳，以保证双方的交往得以愉快地进行下去。

1. 尊重对方的个人隐私权

例如，不打听对方的私事；不问女士的年龄、婚否、体重、衣服和饰品的价格；不问男士的钱财、收入、身高、履历；不议论他人的政治信仰和宗教信仰等。

2. 尊重对方的习俗

例如，英语"Thank you！"在英国、美国等欧美国家，属于最普通的日常用语。虽然在中国人的口语中也常常使用"谢谢！"来表达自己对对方的感谢之意；但是，按照中国人的心理与习俗，在亲朋好友之间，尤其是家庭成员之间，却很少使用"谢谢"一词，说了"谢谢"难免有"见外"之嫌。又如，比利时有两种官方语言：荷兰语和法语，其中，安特卫普地区的人讲荷兰语，布鲁塞尔地区的人大部分讲法语。外人与当地人打交道时，首先就要注意他们的官方语言；其次要注意不要涉及他们的政治、宗教及荷兰语与佛兰芒语之间的区别。

再如，欧美人忌讳"13"这个数字(英国人在影剧院里不设第13排和第13座；法国人在影剧院里，一般都在"12号"与"13号"之间设一条通道；荷兰人则用"12号A"来代替"13号"；美国的一些影剧院里虽然有13号，但是，即使票价减半也无人光顾)。因此，为了尊重西方人的风俗习惯，我们在公关交往的过程中，要尽量避免使用"13"这个数字，不设"13"号楼层、房间、班机、座次等(我国上海22层高的上海大厦已经取消了"13"层楼的标记；上海的国际饭店、锦江饭店等一些大宾馆、大饭店，现在也已经不再使用"13层"这个数字标记了)。

又如，日本人对朋友买的东西，通常不问"这个多少钱？"，因为这是失礼的；假如对方告诉了你那件商品的价钱，你通常也不能说"真便宜"，因为这样说容易被对方误解，认为你是看轻了他的经济实力。此外，日本人还忌讳"4"和"9"这两个数字(在日语的发音中，"4"与"死"相近，"9"与"苦"相近)。对于"4"字的忌讳，在我国的港、澳、台以及福建、广东、广西等地也是比较忌讳的。我国台湾、香港等地的商人，还忌讳别人送茉莉花和梅花，因为茉莉、梅花与"末利""霉花"的读音相近；在饭店开张、开市时，还忌讳别人说"白粥""斋面""炒饭""炒蛋"，店员不许看书，因为这些说法的语音和含义都类似"白""无""灾""债""炒鱿鱼""倒闭""输"等，是不吉利的。

总而言之，公关人员在开展涉外公关活动时，必须要注意世界各地不同国家、不同民族、不同地区人们也已形成的风俗、习惯、禁忌，注意运用恰当的口语、书写语、体态语，要努力避免因为不了解交往对象的某种禁忌而触犯了当地人一向遵守的规范，最终导致公关交往因误解而失败。只有这样，才能顺利地完成公关任务。

第二节 现代人际交往的概念及特点

人际交往是人们共同活动的最基本形式，是相互沟通的必要途径。它是公共关系活动的一个方面。了解和掌握人际交往的特点、基本原则和各种技巧，在公关活动中就能够妥善处理好各种人际关系，从而赢得赞许、支持、合作和友谊。

一、人际交往的概念

人际交往是指在社会生活活动中，人与人之间互相接触、交流信息、沟通思想、联络感情的过程。

在现代社会中，人们所从事的劳动和工作越来越复杂，社会化程度越来越高，既有分工，又要配合，需要通过交往合作，才有望成功。同样，随着社会不断进步和人们的物质生活水平的提高，各种信息纷至沓来，人们比以往任何时候都更加渴望对话，更加渴望文化生活和精神交往。人际交往就像语言、劳动和休闲一样，是人们生活中不可缺少的重要组成部分。

必须强调的是，在公关活动中，人与人之间的交往具有独特性，表现为组织与公众之间的交往。只是组织的行为是通过个人的行为表现的，个人是以组织身份参与交往活动的，组织的利益、名誉、地位都体现在交际人员身上，公关人员肩负组织的重托，在社会上寻找合作者。

二、人际交往的特点

根据中外社会学家的分析和研究，现代人际交往的特点主要表现在以下几个方面。

（1）互益性，指交往的双方在交往过程中都可以在精神上或物质上有所收益，满足心理需要。在商品经济条件下，人们之间的交往和联系相当大一部分都是建立在互益基础之上的，一旦一方感到对方无论在物质上还是在精神上都不能使自己有所收益时，交往关系就会淡化、终止。人际交往的保持，意味着双方有着相互的需求和期待。关系愈密切，要求对方满足自己的愿望就愈高、愈全面、相互间就愈加信任和信赖；但是当一方感到对方的过高期待对自己是一种负担、一种累赘时，双方的交往关系就可能疏远、分离。

（2）广阔性，指人际交往的视野开阔、人员广泛、范围宽广。现代社会生活突破了小生产生活方式下那种交往的封闭性，人们除了要与亲戚朋友打交道，还要与许多过去不曾熟悉的行业组织和各式各样的人物打交道，以广泛汇集各方面的信息，并通过各种机会去结识自己所倾心、期待、敬慕的人，建立起友谊。

（3）不完整性，指在工作、学习和生活中，由于特定活动的限制，人们所接触的人会有局限性。随着社会不断进步，人们有较多的选择机会，所以不必要同所接触的任何人建立起密切的交往关系，如与银行职员打交道，不必固定某一个，因为银行多的是。现代社会的丰富生活，致使人们交往的范围扩大，同时，又使人际交往呈现出选择性，人们只与少数人建立密切的联系，而与多数人只建立一般的联系。

(4) 形式多样性。过去，人们交往的形式比较单一，而现代的交往形式各种各样，如各种演讲会、讨论会、沙龙、茶话会、招待会、联谊会、协会、卡拉OK、歌舞会等，令人眼花缭乱，所需费用也在不断提高。

三、人际交往的基本原则

人类物质文明和精神文明的进步愈快，人们对于人际间心理联系和交往行为和谐的追求就愈迫切。但要保证人际交往的正常发展，必须掌握以下基本原则。

(1) 信用原则。人与人之间的交往应以诚相待，遵守诺言，互守信用。如果建立不起必要的信用，就不会有情深意笃的交往关系。要想取信于人，本身就得言行一致，表里如一。"言必信，行必果。"

(2) 互惠互利原则。人际交往的过程应该是一个双方都获得满足的过程，如果忽视这一点，在交往中只顾自身的利益和情感的满足，不顾对方的利益和感受，只想索取，不愿奉献，这种交往是不可能维持和发展的。

(3) 平等交往的原则。任何人无论身份地位怎样，在人格上都是平等的，在交往中，必须相互尊重，平等相待，绝不能恃强凌弱，以势压人，故意伤害他人的人格。

(4) 心理健康原则。良好的人际交往不仅使交往双方某种需要得到满足，而且能锻炼和提高人的心理素质，促进精神和体魄的健康，但要保证人际交往的两性发展，交往双方必须具有良好的心态，因为心理变态者是无法进行正常交往的。

(5) 信道畅通原则。人际交往其实就是人们互换信息的过程，要保证人际关系的正常发展，交往双方必须保持信息渠道的畅通，保证在交流中信息不卡壳、不失真。

第三节　人际交往技巧

人与人之间的接触、交往是非常微妙的，如果交往双方都能掌握一定技巧，就会使关系得以持续和发展，否则会淡化或停止。因此作为公关人员必须掌握人际交往的技巧，才能使工作得心应手，达到自己的目的。

一、留下美好印象的技巧

所谓印象是指人们在相互交往中产生的对他人或群体的比较稳定的判断。在日常生活中，与陌生人打交道是经常的事情。与他人第一次见面，交谈后作出的最初判断，称为第一印象。它主要是从对方的相貌、衣着、表情、姿态、身体等方面获得的印象。第一印象对人们相互交往有很大的影响，它往往成为双方日后能否继续交往以及如何交往的依据。因此，注意第一印象十分重要。那么如何留下美好的第一印象呢？

(1) 在仪表上，注意自己的衣着装扮。根据自己的身份、体形特点，并注意配合季节、情境、场合、地点的要求来选择服饰，做到着装合体、合适、合度。

　　(2) 在言谈举止上，要讲究一定的规矩：要站有站相，坐有坐相，走有走样；要充满自信，落落大方，说话要稳重，应懂得根据交往的对象和气氛来遣词用语；说话要能准确地传情达意，不要无休止地高谈阔论，不要卖弄自己。

　　(3) 在礼节上，应时时处处以礼节礼仪严格要求自己，讲礼貌、讲卫生、守时间、守规矩。

二、讨人喜欢的技巧

　　在交往中，人人都希望得到别人的重视、肯定和喜欢，成为一个受欢迎的人。如何做到这一点呢？

　　(1) 真心实意地尊重和喜欢别人。每一个人与他人交往时都希望对方尊重自己、喜欢自己，要做到这一点，首先自己得学会尊重和喜欢别人。不懂得尊重别人的人是不可能受人尊重的。古人云："投之以桃，报之以李"就是这个道理。人际交往是双向的，爱换来爱，尊重赢得尊重，你满足别人的需求，别人也会以同样美好的东西回报你。受人欢迎的艺术就是这么简单。

　　(2) 诚心帮助别人。每个人在日常生活中都会遇到困难、挫折，需要别人的关心、理解和帮助。如果你能设身处地为他人着想，主动关心、帮助他人，那么别人就会感到你有同情心、友善，你也会因此得到别人的喜欢，成为受欢迎的人。

　　(3) 在他人高兴或烦闷时，成为忠实的倾听者。有位心理学家曾经说过："不为任何赞美词所迷惑的人，也会被专心听他说话的人所迷惑。"因此与他人交往时，应学会做一个忠实的倾听者。一个受欢迎的倾听者必须懂得：当对方说话时，应以柔和的目光，有礼貌地注视着对方，用微笑、点头等方式表示非常重视对方的谈话，如果目光飘移不定，就表示心不在焉，缺乏诚意，使对方感到受冷淡，不受尊重。

三、赢得友谊，保持友谊的技巧

　　每个生活在社会上的人都离不开朋友。从交往中结识朋友，赢得友谊并保持友情是人生的一大乐事。这不但能充实人们的生活，而且还有助于共同的进步和发展，伴随人们走向成功。怎样才能结识朋友，赢得友谊并保持友情呢？

　　(1) 待人真诚。诚是交心的前提。"浇树浇根，交人交心"，说的是只有心诚，才能以心相交；口是心非，表里不一者，他人避之唯恐不及，谈何与之交心。

　　(2) 待人大方，心胸坦荡。"金无足赤，人无完人""水至清则无鱼，人至察则无徒"。这些至理名言也是交朋友的原则之一。为人必须宽容大度，不苛求于人，不把自己的观点强加于他人，他人才乐于与你交往，友谊才能巩固发展；为人小气，事事处处斤斤计较的人是不受欢迎的；心胸狭窄，小肚鸡肠，疑神疑鬼，妒忌心强的人很难获得朋友，赢得友谊，更不易获得广泛、真诚的友情。

　　(3) 多为别人着想，舍得付出。设身处地为朋友着想，关心体贴朋友，让人感到你的

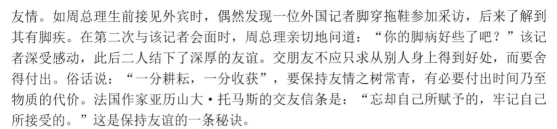

友情。如周总理生前接见外宾时，偶然发现一位外国记者脚穿拖鞋参加采访，后来了解到其有脚疾。在第二次与该记者会面时，周总理亲切地问道："你的脚病好些了吧？"该记者深受感动，此后二人结下了深厚的友谊。交朋友不应只求从别人身上得到好处，而要舍得付出。俗话说："一分耕耘，一分收获"，要保持友情之树常青，有必要付出时间乃至物质的代价。法国作家亚历山大·托马斯的交友信条是："忘却自己所赋予的，牢记自己所接受的。"这是保持友谊的一条秘诀。

(4) 委婉表达自己的看法，避免无意义的正面冲突。在人际交往中，不可能没矛盾，有时矛盾还会很激烈。由于正面冲突容易伤感情，因此，在朋友之间发生争辩时，应注意把握分寸，善于控制情绪，不出口伤人，应该懂得委婉地表达自己的看法，给对方留面子。比如当你提出与对方不一样的观点时，用诸如"我想""假如""或许是"等口气表达，比用不满的腔调、轻蔑的眼神、不耐烦的手势、粗鲁的否定等方式，效果要好得多。

(5) 严于自律，并能诚恳地承认自己的错误。对自己严格要求的人才会产生人格的力量，会受到别人的敬重。敢于承认错误的人比文过饰非的人更容易得到别人的宽容和理解。

四、应付尴尬局面的技巧

在日常生活中，我们都可能遇到令人作难的场面。如果你真的遇到窘境，如何应付？需要掌握以下技巧。

(1) 随机应变。即根据当时情形灵活采取应变措施。比如，王光英先生首次去香港办企业时，有一位香港女记者追问王先生带多少钱到香港。面对此景，王先生灵机一动，反问道：在香港不是对女性不问年龄，对男性不问钱财吗？女记者这才觉得自己有些唐突。

(2) 自我解嘲。如果别人不是恶意讥讽你，而是无意中使你处于尴尬境地，你不必在乎，用幽默的语言自我解嘲是应付这种尴尬局面的最好办法。如柏林空军军官俱乐部设宴招待空战英雄，一位年轻士兵在敬酒时，不慎将啤酒喷到大名鼎鼎的乌戴特将军的秃脑袋上，士兵手足无措，全场人士目瞪口呆。乌戴特将军微微一笑道："老弟，你以为这种治疗会有效吗？"众人哄堂大笑。

(3) 答非所问。当别人的发问使你不好回答，甚至使你生气时，你可以用委婉的方式回敬，或装糊涂或谈一些完全与他人问的话不相干的事。如在第 24 届奥运会前夕，外国记者曾问中国代表团团长李梦华："中国的新华社曾预测能拿到 8～11 枚金牌，你认为客观吗？"李梦华答道："中国有充分的言论自由，记者怎么想就可以怎么写。"

(4) 因势利导。当某些场面使你尴尬时，你不妨顺着事情的发展趋势加以引导，引导到使你不尴尬的境地。例如英国首相维尔逊在一次集会上演讲时，一位反对者高声叫骂"垃圾"，对他进行人身攻击。维尔逊不愿使严肃的演讲变成无聊的争吵，故意以轻松的语言说："先生，关于你特别感兴趣的问题，我们过会儿再讨论。"

(5) 逻辑回敬。人们的思维和谈话都要运用某些逻辑规律。当别人有意使你难堪时，可以用逻辑回敬的方法解除尴尬局面。如后汉神童孔融十岁那年有一次到李膺家做客，登门拜访者都是名流，小孔融不卑不亢，应答如流，赢得宾客的盛赞。但有一位名叫陈韪的大夫却不以为然地讥讽道："小时候聪明，但长大未必聪明。"这句话本身也可能是对的，但用在此时显然是想让孔融难堪。小孔融听罢立即回答说:"我想先生你小时候一定十分聪明吧?"陈韪弄了个大红脸,半天没吱声。又如美国总统林肯在一次演讲中,有人递了一张纸条,上面只有"傻瓜"两个字。林肯略怔,随即说:"本总统收到过很多匿名信,全都只有正文,不见署名,今天恰好相反,刚才这位先生只署上名字,却忘了给我写信。"从这些例子看,既没有急于为自己辩解,也没有以牙还牙直接指责对方,而是用逻辑回敬方法解除难堪局面,这种高超的技巧真令人拍案叫绝。

第四节 常见的交往形式

一、接待

接待各式各样的来客,看起来是一项既平常又简单的工作,但实际有很多技巧,也是一门艺术。接待工作如果能做到自然、热情、礼貌、文明,公关人员就会受到尊敬,组织的形象和声誉也会更好。因此公关人员必须有针对性地做好接待工作,为组织多交朋友,消除敌意。

(一)办公室接待

一个组织的公关部经常需要在办公室接待各式各样的来访者。比如,有采访的记者,投诉的顾客,来访的上级主管部门,协作单位,股东,索取赞助者,远道而来的外宾等。这些来访者可能是单个的人,也可能是群体,不管哪种来访者,都是因某种事由而来的。接待时,首先应微笑热情地主动招呼客人,给客人端上一杯茶是非常必要的。紧接着,应根据来访者的身份和目的安排接待方式。

(1) 接待特别重要的客人(如领导者、外宾等),应安排对等接待,即由公关部经理亲自出面接待并立即传报上级主管乃至最高层负责人。

(2) 接待新闻记者应热情、周到,不能出现怠慢现象。对记者提出的问题不轻易表示赞成或反对的态度;对记者提出的敏感性问题,应在实事求是的前提下,尽可能树立组织的正面形象和信心。如果有必要的话,应先向有关部门或最高领导层请示后,方可回答记者。

(3) 接待专业人士,应与相关部门联系,引荐权威人士会面,并协助做好接待工作。

(4) 接待顾客,要耐心倾听他们的投诉,热情回答他们的咨询,尽可能解决他们的实际问题,让他们满意而归。

(5) 接待社区代表或赞助团体,对于他们提出的赞助要求、意见或其他要求,都应认真考虑,无论是商榷,还是接受或拒绝,都不应有失礼节。

(二)交通场所的接待

公关的接待工作也往往表现在车站、机场、码头的迎送环节上。

1. 接站工作

对事先约定或远道而来或初次来访的客人，应主动到车站、码头、机场迎接。接站工作要做得好，使客人留下深刻的印象，必须做好以下细节：

(1) 接站前，应掌握客人的基本情况，包括客人的名字，基本的相貌特征、身份、来访目的等。

(2) 提前(一般为十五分钟)到达接客站。客人经过长途跋涉到达目的地，一眼看见有人来接，一定感到十分愉快，产生安全感。如果迟到了，会使客人立即陷于失望和焦虑不安之中，特别是客人第一次到来时，不论事后怎样解释，都很难改变他最初的印象。

(3) 迎接陌生客人，需要准备一块牌子，写上"欢迎××先生(小姐或同事)"以及本组织的名称；需要的话，可准备好鲜花。接人时要举高牌子，站在明显之处，这不仅有利于找到要接待的客人，也可以增添客人的自豪感。

(4) 接到客人后，应说一些欢迎或慰问的语言，如"欢迎您""路上辛苦了"，然后相互介绍，通常先将前来欢迎的人员介绍给来宾，或自我介绍，同时递上名片。

(5) 介绍完毕后，主方应该主动帮助客人提拿行李。但最好不要提拿客人的公文包或手提包，因为在客人未了解你之前，他是不放心的，弄不好会出现难堪的场面。

(6) 事先安排好交通工具，一同前往目的地。在车上可以简单介绍有关活动和其他事宜，并主动与客人寒暄，话题可包括当地的风土人情、气候特点、名优特产、名胜古迹、物价等，尽快使客人熟悉环境，并产生兴趣。

(7) 事先安排好客人的食宿。将客人送至目的地后，可以向客人提供活动日程表，本地地图，旅游指南，告知用膳时间及主要的接待安排，但不要马上安排活动，接待人员也不必久留，这时应使客人有时间休息及处理个人事务。临别前告知客人与你见面的时间和联系的方法。

2．送站工作

善始善终，这是公关接待工作最起码的要求。客人的活动结束后要返回，公关人员应代买回程的机票、车票、船票，并安排好交通工具，将客人送至机场、车站或码头。派专人陪同前往，帮助客人办理托运或登机手续。如天气不好或中途交通不畅可派专人提前前往代办。分别时，应说"一路顺风，欢迎再来"之类的话，并挥手告别，待火车、轮船开动或飞机起飞后，直至客人看不见时再离去。虽然送站工作没有那么复杂，但这一环节也是非常重要的，如果处理得不好，会影响整个接待工作的效果，甚至使整个接待工作前功尽弃。

二、宴请

人们表示欢迎、答谢、祝贺时，常常采取宴请形式来融洽气氛，联络感情。宴请是人际交往中不可缺少的重要形式。

(一)宴请形式

(1) 国宴。国宴是国家元首或政府首脑为国家的庆典或为外国元首或政府首脑来访而举行的。它的规格最高,也最隆重,这种宴请形式需要升国旗、奏国歌。宾主均按身份排位就座,对服饰、餐具、酒水、菜肴道数、餐桌陈设、服务员的装束和礼仪等方面都有严格的要求,席间有正式的致辞或祝酒。

　　(2) 正式宴会。仅次于国宴。这种宴会形式也是比较隆重,讲究排场的。与国宴不同之处在于不升国旗,不奏国歌。参加正式宴会的宾主均按身份排位就座。对服饰、餐具、酒水、菜肴道数、餐桌陈设、服务员的装束和礼仪等方面都有较严格的要求,席间有正式的致辞和祝酒。

　　(3) 便宴。这是一种非正式的宴会,主要用于日常的友好交往。这种宴请形式简单亲切,不按身份排座位,不作正式讲话,对服饰、菜式、酒水等没有严格要求,比较随便。一般晚宴较午宴隆重些。

　　(4) 酒会。又称鸡尾酒会,是一种大型的、气氛轻松愉快的现代交往形式。酒会没有特别的规定,一般不设座椅,客人可以随意走动,广泛交谈。酒会举行的时间比较灵活,上午、中午、下午、晚上均可,时间一般持续两至三小时。在这段时间内客人可以随意到达或退席,来去自由,不受约束。因此酒会可招待接纳较多的客人。酒会的招待品以各种非烈性酒为主,辅以各种饮料、小吃(如三明治、小香肠、炸春卷、面包卷等),以牙签取食,会场还可以有音乐或舞蹈。

　　(5) 冷餐会,又称自助餐。这种宴请形式主要以冷食为主,辅以热菜。食物、饮料、餐具都放在长条餐桌上,供客人自取。一般不设固定座位,可以随意入座或站立进餐,客人平等交往,自由活动,自由沟通,不必计较礼宾身份。冷餐会时间一般安排在中午12时至下午2时,或下午5时至7时。

　　(6) 工作进餐。这是现代国际交往中经常采用的一种非正式宴请形式。分为早餐、午餐和晚餐。利用进餐时间,边吃边谈工作,进餐的菜肴和程序均从简,甚至采用快餐形式。

　　(7) 茶会。这是一种简便的招待形式。主要以茶、咖啡招待客人,略备点心和小吃。大家坐在一块讨论问题,交换意见,气氛轻松愉快。茶会可安排在上午10点或下午4点举行,持续时间在一小时以内。

　　当今,人际交往更注重实际效果,宴请形式也趋于简便。现在人们更喜欢采用自助餐、酒会、茶会、工作进餐等形式来代替宴会,以饮早茶代替午宴或晚宴。

(二)宴会的桌次和席位安排

　　正式宴会一般均需要排座位。排位之前,先按礼宾次序开列主、客名单。按国际惯例,桌次高低以离主桌远近而定,右高左低,如果桌数多,则在桌面上摆放桌次牌。席位排法也是依据礼宾次序,席位高低以离主人的座位远近而定,同时也遵循右高左低的习惯。

　　在安排男女宾的席位上,国内和国外有不同的习惯。国外习惯为:男女掺插安排,以女主人为准,主宾在女主人右上方,主宾夫人在男主人右上方。

　　中国的习惯为:按每人的身份、职务安排,即男主宾在男主人右上方,如果夫人出席,主宾夫人坐在女主人的右上方。如果宴会主人的夫人不出席,可请其他身份相当的妇女作第二女主人。亦可把主宾夫妇安排在主人的左右两侧。

　　有时,主宾身份高于主人,为了表示对客人的尊重,可以把主宾摆在主人的位置上,主人则坐主宾的位置，第二主人坐在主宾的左侧。

可以说，宴会上的气氛是否热烈、融洽，很大程度上与安排的席位有关。因此，在安排宾客席位时，应考虑一些实际情况，如要考虑到坐在邻近的人是否互相认识，如果事先了解到他们中有些人正想彼此结识的，可以把他们安排在一起。一般讲，身份地位相当，有共同语言的可以安排在一起，以便于沟通；关系紧张，有意见分歧的，应避免安排在一起。

(三)宴会的礼节

(1) 接到请柬，不论能否出席均应作迅速答复。答复对方，可便函也可以打电话。接受邀请之后，不要随意改动。万一遇有不得已的特殊情况而不能出席，应尽早向主人解释、道歉。

(2) 出席宴会前，应梳洗打扮，注意对服装的要求(一般在请柬上会注明对客人服饰的要求)，按时赴宴，不能迟到，也不宜到得过早，可以提前2～3分钟抵达。

(3) 应邀出席宴请活动，应听从主人安排，进入宴会厅之前，应事先了解自己的桌次和座位，不要随便乱坐，如邻座是年长者或妇女，应主动协助他们先坐下。

(4) 进餐时，举止要文雅，应闭嘴咀嚼，勿发出声响，食物太热时，应稍凉后再吃；切勿用嘴吹。鱼刺、骨头、菜渣不要直接往外吐，而应用餐巾掩嘴，用手或筷子取出，或轻吐在叉上，放在盘内，勿放在桌子；勿把手臂伸到他人面前去夹菜，应该礼貌地请他人把自己所要的菜递过来。

吃西餐时需用刀叉，使用方法是：右手持刀，左手持叉，将盘内的食物切成小块，然后用叉送入嘴内。每道菜吃完后，将刀叉并拢平排放盘内，以示吃完。如未吃完，则摆成八字或交叉摆，刀口向内，切勿挥舞着刀叉与别人说话。

正式宴会上，每道菜往往先由招待员分菜，如遇上自己不能吃或不爱吃的菜肴，亦不必拒绝，取少量放在盘内，并说声："谢谢，够了。"

剔牙时，用手或餐巾遮口；吐痰时应离开餐桌，咳嗽要避开别人。

(5) 祝酒时，一般由主人与主宾先碰杯，再由主人和其他人一一碰杯，不要抢着与主人碰杯。身份低与身份高或年轻者与年长者碰杯时，应稍欠身点头，杯沿比对方杯沿略低些，以示尊敬。

(6) 发生异常情况时，如用力过猛，使刀叉撞击盘子，发出声响，或餐具摔落地上或打翻酒水等，应沉着，不必着急。餐具碰出声音，可轻轻向邻座说一声"对不起"。餐具掉落，可让招待员另送一副。酒水打翻溅到邻座身上应表示歉意，协助擦干；如对方是妇女，把干净餐巾或手帕递上即可，由她自己擦干。如果不小心发出饱嗝声，也应说声"对不起"。

(7) 用餐完毕后，要等主人宣布散席，才可离开座位，并须逗留一会儿，向主人道谢后再离开。

三、会见和会议

为了融洽双边关系，增强双向沟通和相互了解、相互合作，公共关系部门还常常需要组织和安排会见及会谈活动。

(一)会见

1. 会见的形式

在国际上会见一般有两种形式：一种是身份高的人士会见身份低的人士，或是主人会见客人，称为接见或召见。另一种是身份低的人士会见身份高的人士，或者客人会见主人，称为拜见或拜会。在我国不做细分，都称为会见。接见或拜会之后的回访称为回拜。

2. 会见的内容

有政治性的、礼节性的、事务性的或兼而有之。

政治性会见的主要内容是国际局势和国与国之间的双边或多边关系。

礼节性的会见涉及的话题较为广泛，气氛轻松，时间较短。

事务性会见的主要内容是业务洽谈、双方之间的交涉等，一般时间较长。

3. 会见的座位安排

会见是较正式的社交活动，一般事先都有座位安排。

会见地点安排在会客室或办公室，会场安排足够的座位。常见的座位安排如图 13-1 所示。

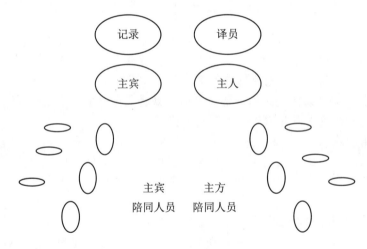

图 13-1　会见的座位安排

4. 会见的礼仪

主要有以下几个方面。

(1) 做好会见前的沟通工作。当拜见一方提出会见的目的、要求会见主方某人士和会见时间、地点时，接见方收到信息后应尽快给予答复。如同意会见，应约好合适的时间，主动将会见的地点、主方出席人员及具体安排等通知对方；如不能接见，也应尽快答复对方并作婉言解释。

(2) 参加会见的双方都应遵时守约，主方人员应提前到达会见地点迎接客人。客人到达时，主人可在大楼正门或会客厅门口迎接，并引导客人入座。会场应有足够座位，并配有扩音器、茶水、饮料等，这些都是事前准备的。

(3) 会见时不应随便走动和进出。工作人员和记者应退出会场，如果需要采访，应安排在会见前或会见结束后。

(4) 在会见活动中，常常需要合影，合影安排在会见前或会见结束后。参加合影人员的位置排列是：一般主人居中，按礼宾次序，以主人右手为上，主客双方间隔排列。主要身份者站在前排，其余站在后排，两端由主方人员把边，如图 13-2 所示。

图 13-2　合影时的位置排列

(中国国内会议合影座次：首脑居中，二号居首脑的左手侧，三号居首脑的右手侧，以此类推)

(5) 会见结束后，主人应将客人送至门口或车前握手告别，然后目送客人离去。

(二)会谈

会谈是指双边或多边就共同关心的问题相互交换意见，或洽谈公务、业务谈判的一种会晤。会谈比会见更为正式、气氛更为严肃、专业性更强。会谈除了在座位安排和谈话方式上与会见略有不同外，其余的具体礼节是相似的。

1. 会谈的座位安排

会谈的座位安排讲究双方的平衡，因此通常使用长方形、椭圆形或圆形桌子。最常见的是长方形桌，宾主相对而坐。以正门为准，如果长方桌的一端面向正门，则右为客，左为主，如图 13-3 所示。

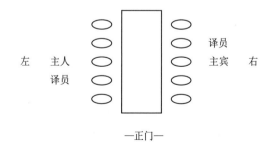

图 13-3　会谈时的座位安排(1)

如果长方桌与正门平行排列，则主人背对正门，客人面向正门，如图 13-4 所示。

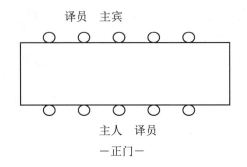

图 13-4　会谈时的座位安排(2)

2. 会谈应注意的事项

在会谈中,主客双方的人员都是代表组织形象的,因此仪表、语气、话题都十分重要,应努力给对方留下一个美好的印象。在仪表方面,要整洁大方、表情自然、面带笑容;在话题方面,要把握分寸,属于机密的内容切勿外泄,与外宾会谈时更应注意这一点。在态度方面,要友好、诚恳、谦和,遇到对方的观点与自己有矛盾、不一致时,不要随意插话,要认真听,待对方把话说完后,再表达自己的看法。

四、其他

"沙龙"是法语"会客室"(Saloon)的音译,17 世纪成为"社交集会"的代名词。沙龙一般分为社交沙龙和专题沙龙。社交沙龙没有任何具体的题目和活动程序,只是为参加者提供一个互相认识、互相交流、建立联系的机会。作为沙龙主人,有责任将各位来宾逐一介绍给大家,然后由客人自由交流。专题沙龙是对某一专题或领域有共同兴趣的人士的一种自由聚会,如音乐沙龙、文学沙龙、新闻沙龙等。大家围绕某一个主题自由发言,相互讨论。

第五节　常见的交往礼节

礼节是人们在长期的社会交往活动中逐渐形成的一些约定俗成和惯用的交往规则,是礼貌、修养、品德和风度的具体表现形式。本节主要介绍见面和交谈的礼节。

一、见面的礼节

(一)称呼和招呼

与他人见面,首先要知道怎么称呼别人。如果称呼得体,则使人倍感亲切,否则让人讨厌。怎样称呼才算得体呢?应根据对方的身份、年龄、职业、地位、场合等具体情况而定,力求准确适当。在我国,长期惯用"同志"称呼,如王同志和张小林同志,虽然现在还在沿用,但近年来,随着我国与国外交往的日益频繁,人们也沿用了国际上惯用的称呼。

如对已婚女子或年纪稍大的妇女称"夫人""女士",对未婚女子或不知其姓名和婚姻状况的女子称"小姐",无论是年轻、中年或年老些的男子都称"先生"。如果知道对方的姓名或职务,可称为"付先生""张小姐""经理先生""护士小姐"等。在我国还较普遍的冠以职务称呼,如"张师傅""周院长""黄医生""王主任"等。

称呼时需要注意两点:一是不要随便称呼别人的外号,尤其是带有弱点或生理缺陷的外号;二是对长辈、老师或初次见面者,称呼时要用"您"而不用"你",以示尊重。

遇见相识的人,应主动招呼问候。彼此距离较近,应说一些问候的话,如"您好""早上好"等。在中国,人们习惯招呼时说:"吃饭没有?""去哪里?"但与外国朋友招呼时不能说这样的话,因为他们认为这纯属私人事情,不应过问。如果彼此相隔距离较远,可以微笑点头致意或挥手致意。一般讲,男士应先向女士致意,晚辈先向长辈致意,下级先向上级致意,学生先向老师致意。招呼的表情要自然大方,不要忸忸怩怩。

(二)握手

握手是国际通用的交往礼节。人们相见、介绍、离别时往往使用这样的礼节,以表示热情、礼貌、致意。

握手的礼节要求:双方见面时,身份低者、年轻者或男士应该先向身份高者、年长者或女士点头致意,待对方伸手再与之握手。多人同时握手,注意不要交叉,待别人握完再伸手。握手时要面带微笑,身体可稍向前倾,双目注视对方,用右手握。如果双方关系密切或久别重逢,可以边握边问候,时间可以长一些,力度也可以大一些;如果双方关系一般或初次见面,则轻轻相握,不必用力,时间不宜太长,握一下即可。男女之间握手时,男士不宜用力,只轻轻一握,且只握女士的手指部分。同时切记不可戴手套与他人握手!

(三)介绍

初次见面,往往要相互介绍、相互认识。可以自我介绍,也可以由第三者介绍。

自我介绍时,应面带微笑,向对方点头致意,得到回应后,先说一声"您好",然后再报出自己的姓名和单位,同时递上事先准备好的名片。递、接名片最好用双手;或右手递、左手接。递名片时,名片的正面应向对方。应用诚挚语调说道:"这是我的名片,以后多联系"或"这是我的名片,以后请多关照"。接名片时应稍微浏览一下,不要立即收起来,或随便摆放、玩弄。第一次与他人认识,不宜说太多的话,这样容易引起别人的反感,同时也不能自吹自擂或自我炫耀,要表现得谦虚得体。

为他人作介绍的先后顺序应当是:先向身份高者介绍身份低者,先向年长者介绍年幼者,先向女士介绍男士。当双方地位、年龄相当,又是同性别时,可以先向先到者介绍后到者。

应该记住:介绍时先提某人姓名,这是一种敬意,如把男士介绍给女士,就先提女士的姓名,可以这样说:"李小姐,让我来给您介绍王先生。"

为他人介绍时,还可以说明被介绍者与自己的关系,便于新结识的人相互了解和信任。

当别人为你作介绍时,除了女性和年长者,一般应起立,并以礼貌的语言问候对方或微笑点头致意。但在宴会桌或会谈桌上则不必起立,双方互相微笑点头示意即可。

二、交谈的礼节

(一)话题

交谈是一个互动的过程,是人们思想的双向沟通,我们不能仅仅站在自己的角度发表意见,而应该更多地考虑到对方。那么怎样打开交谈的话题呢?如果你事先对对方有所了解,不妨从他(她)的兴趣、爱好开始;也可以借助时下人们普遍关心和谈论的一些话题展开,如最近发生的新闻或电视节目等;如果对对方比较陌生,可以从当地的风土人情说起,还可以以天气、风景作为交谈的话题。总之,善于选择适当的话题,就可使双方处于非常愉快地交谈气氛中,加深了解,增进友谊。

交谈中应避免"煞风景"的话题,如不要涉及疾病、死亡等不愉快的事情;不要谈荒诞离奇、耸人听闻、黄色淫秽的事情;不要向对方大谈自己的苦恼、不幸和忧虑;不要与对方谈论他人的缺点、过失;不要在对方面前吹嘘自己,大谈自己的功绩;一般与女士交谈不可问及其年龄、婚姻状况、隐私等,与男士交谈不要谈钱财、收入、身高、履历、隐私等;除此之外,也不要随便议论他人的宗教信仰和政治信仰。

(二)用语

在交谈中切忌使用粗俗的语言(如脏话)和尖酸刻薄的语言辱骂人、讽刺人、挖苦人。与客人交谈中所用的语言要简洁、文雅、亲切。礼貌和尊敬用语是让人愉快的,因此在交谈中应多用、勤用各种礼貌用语,麻烦别人说"打扰";托人办事说"拜托";求人原谅说"包涵";求人帮忙说"麻烦";等候客人光临说"恭候"等。在我们的嘴边应时常挂着这样的礼貌用语:"您好""请""谢谢""对不起""没关系""打搅了""再见"等。

(三)姿态

交谈中注意自己的形体动作是十分必要的,与对方交谈姿势应自然、放松,双脚平放于地面,不交叠双腿,不跷二郎腿,不抖腿;适当使用手势辅助有声语言,可以使谈话更富于魅力,但是手势的使用必须把握分寸,不可用得过多过猛,更不能用手指人。眼睛是心灵的窗口,与客人交谈,应用亲切礼貌的目光注视着对方,并不时点点头,以表示你的友好、专注和耐心,千万不要东张西望,也不要目不转睛地盯着对方或目光冷漠地看着对方,这些都会引起对方的不快。还应注意语速和音量。我们说话是为了让别人听懂,要尽可能吐字清楚,不快不慢,音量适中,不要抢着说,更不要喋喋不休,弄得唾沫四溅。此外还值得一提的是,在聆听对方说话时,不要轻易打断别人发言,应让对方把话说完,特别是不要老看表、随意走动、打哈欠等。虽然这些都是一些细节,但若不注意,也会影响交谈的气氛,达不到交流的目的。

三、排除公共关系计划实施传播的障碍

影响公共关系计划实施传播的因素众多而复杂。一般来说，公共关系传播的障碍主要来自三个方面，即公共关系计划中的目标障碍、计划实施中的沟通障碍和突发事件的干扰。

(一)公共关系计划中的目标障碍

所谓公共关系计划中的目标障碍，是指在公共关系计划中由于所拟订的公关目标不正确或不明确、不具体而给传播带来的障碍。要想有效地开展传播沟通活动，就必须排除各种目标障碍。

排除目标障碍的根本途径是要求计划的拟订者尽量使计划目标正确、明确和具体。实施人员在开展工作之前，应该从以下五个方面检查一下公共关系计划的目标是否正确、明确和具体：第一，检查计划目标是否切合实际并可以达到；第二，检查计划目标是否可以进行比较和衡量；第三，检查计划目标是否指出了所期望的结果；第四，检查计划目标是否是计划实施者在职权范围内所能完成的；第五，检查计划目标是否规定了完成的期限。如果这五个方面有疏漏，实施人员应主动与计划拟订者取得联系，并敦促其修订。

(二)计划实施中的沟通障碍

公共关系传播沟通活动不是一帆风顺的，它常常会因传播沟通工具运用不当、方式方法不妥、渠道不畅等原因不能如愿以偿。研究沟通的障碍并排除，是有效地开展传播沟通活动不可缺少的环节。在实施过程中，常见的沟通障碍主要有以下几种。

1．语言障碍

语言障碍主要有由于差异造成的隔阂、寓意不明造成的理解困惑和一词多义造成理解歧义等。在公共关系传播沟通中，要非常注意根据不同民族和不同地区的文化背景、不同工种的亚文化环境和具体的语言情境，正确、准确地运用语言。

2．习俗障碍

习俗是在一定文化历史背景下造成的具有固定特点的调整人际关系的社会因素，如道德习惯、理解习俗、审美习惯等。在公共关系传播中，公关人员必须认真研究开展活动所在地的风俗习惯、风土人情，以避免因习俗障碍造成沟通的失败。

3．心理障碍

心理障碍是指人的认知、情感、态度等心理因素对沟通造成的障碍。在公关传播中，公关人员要注意在认知、情感、态度等各种层次上的沟通，因势利导，消除公众的心理障碍，实现沟通的目的。

(三)突发事件的干扰

对公共关系计划的实施干扰最大的莫过于重大的突发事件。突发事件的出现，不仅会

严重影响整个公共关系计划的实施，甚至会影响到本组织的生死存亡。因此，社会组织必须高度重视对突发事件的处理，化不利因素为有利因素，化被动为主动，或尽量降低突发事件对本组织的公共关系活动的不利影响。

思 考 题

1. 公共关系语言有哪些特点？
2. 为给公众留下美好的"第一印象"应怎样称呼别人？
3. 在公关场合，拒绝别人的技巧有哪些？
4. 跨文化语言交流沟通过程中应注意哪些基本事项？
5. 会见时的座次应怎样安排才算合理？

第十四章

政府公共关系

【学习目标】

主要把握和了解政府公共关系的含义、特征、意义、职能、任务和原则;熟悉各种政府公共关系实务,增强政府公共关系方面的实际工作能力。

第一节　政府公共关系的含义、特征和意义

在本书的第一章我们已经了解到，公共关系本质上是组织与相关公众之间的传播管理。政府公共关系尽管有其特殊性，但普遍性寓于特殊性中，本节就此进行一些论述。

一、政府公共关系的含义

政府公共关系是公共关系的一般理论在政务活动中的具体运用。因此，我们可以认为：政府公共关系即政府与社会公众之间的传播管理。从动态上看，政府公共关系即政府机构与社会公众之间的传播沟通活动；从静态上看，政府公共关系是发生在政府与公众之间的一种信息交流、沟通与传播的行为与状态；从管理学角度看，政府公共关系是一种组织职能，政府公共关系管理即对政府组织与社会公众之间的传播行为与状态进行管理。具体地说，政府公共关系管理是对政府组织与社会公众之间传播沟通的目标、资源、对象、过程与效果等基本要素的管理，是对政府组织的公众传播沟通活动进行决策、计划、组织、指挥、控制、协调和监督，以提高政府的美誉度，塑造政府的良好形象，争取公众对政府工作的认同、理解和支持，最终达到政府目标。政府公共关系管理是现代行政管理活动的一个组成部分。就其基本性质而言，政府公共关系起码包括以下几层含义。

(一)政府的公众信息管理

即政府组织与社会公众之间信息流通的管理。现代社会，政府组织与社会公众之间的信息流通量日益增大。一方面，各种社会信息对政府组织的决策和行为的影响作用越来越大，面对着日益膨胀、大量涌入的社会信息，如何通过过滤、提炼、分析、整理来去粗取精、去伪存真、由此及彼、由表及里，提高政府对公众信息的利用质量和效率，这是公众信息管理的基本职能；另一方面，政府组织对公众环境的信息输出量也越来越大，对公众信息的反应速度也越来越快，对组织信息输出的质量要求也越来越高，如果缺乏完善的信息输出管理机构和管理体制，就难以适应开放、多元、民主和竞争的社会环境。

(二)政府的公众舆论管理

舆论是公众信息的一部分，是一种集中的、强化了的公众信息。它是社会上大多数人对政府组织的看法和意见的公开表达，表示着大多数社会公众对政府组织的基本态度和行为，是衡量政府组织公共关系状态的重要标志。任何政府组织都生存在特定的公众舆论环境之中，其政策和行为既受公众舆论的左右和影响，又影响和左右着公众舆论。特别是在当今这个大众传播时代，公众舆论变得日益敏感，公众舆论对政府组织的压力也日益增强。通过政府公共关系去影响人们的看法、意见、态度和行为，为政府组织营造一个适宜和良好的公众舆论环境，是政府公共关系管理的重要职责。政府公共关系因此可以被称为认知管理和观念向导。

(三)政府的公众关系管理

在此,公众关系特指政府组织与社会公众相处和交往的行为和状态,其对象包括一切和政府组织的目标与政策存在着现实或潜在关系、直接或间接关系的社会个体、群体或组织,他们是政府组织赖以生存和发展的社会生态环境,制约着政府组织目标、政策和行政行为的成败。在现代社会,政府组织的公众关系日益复杂多变,对公众关系的开发、疏通、建立、维持、协调、发展是政府公共关系管理的重要任务。

(四)政府的公众形象管理

政府的公众形象是政府组织的素质、实力和表现在社会公众中获得的认知和评价,即政府的社会认知度和社会信誉度,这是一种无形资产和无形财富。政府公共关系如何通过对政府组织各种形象要素的设计、规划、控制和传播,对政府的社会认知度和社会信誉度进行创造、维护、调整和提升,科学地调控和管理政府组织的公众形象姿态,这是现代政府管理所面对的一个新课题。

"公众信息管理""公众舆论管理""公众关系管理"和"公众形象管理"是相关度很高的几个概念,在政府公共关系研究中无法将它们割裂开来和孤立起来。而且从管理机制、管理手段和管理过程来看,它们都是以传播沟通为基础和特点的,都需要通过传播沟通才能实现。因此可以用"传播管理"(Management of Communication)来整合这几个概念,并体现这几个概念的共同本质。可以说,政府组织和公众之间的双向沟通就是现代政府公共关系的本质。

从实践特点来看,公共关系操作即专门运用传播沟通的媒介、技术、手段、方法来处理组织管理中的公众信息、公众舆论、公众关系和公众形象的问题。政府公共关系的实践逐渐从传播的技术层面发展到传播的管理层面,说明公共关系已成为现代政府组织不可缺少的管理手段和管理职能。

在我国当今开放的环境和竞争的条件下,政府对社会公众的依赖性越来越强,政府的公共关系业务量越来越大,对公众传播的资源投入越来越多,从而需要在政府的管理行为和管理职能中形成相应的公共关系工作机制,以适应和整合复杂多变的公众环境。因此,政府公共关系职能化是必然趋势。

二、政府公共关系的特征

政府公共关系既具有公共关系的一般属性,又具有不同于其他类型公共关系的特殊属性。政府公共关系的特征可概括为以下五个方面。

(一)主体的权威性

政府公共关系的主体有广义和狭义之分。广义上的主体指各级政府机关及全体公务员。狭义上的主体有两类。

(1) 指那些公共关系性质很强的政府机构,如新闻处、秘书处、信访办、外事办、经协办、统战和宣传部门等。这类机构虽没有以公关命名，实际上已经是具体负责某一方面的政府公关工作的职能部门。

(2) 以公关命名的政府机构。当政府把政府公关作为一项专门化的管理职能从其他工作中分离、独立出来，就产生了统一执行各项公关职能的专职政府公关机构。

政府是从社会中独立分化出来的又居于社会之上的特殊社会权威管理组织。其区别于其他社会组织的突出特征就在于它拥有极大的权力，具有权威性。在一般情况下，同一个国家或同一地区只有一个政府，它往往处于独一无二的位置。

政府公务员以政府的名义工作，其工作能力、服务态度、廉洁状况以及办事效率都会直接影响到政府的整体形象。因此，不仅公关职能部门的公务员要从事公关工作，政府内部的每一个人都应具备较强的公关素质，自觉把公关理念和精神融于本职工作中，唯有如此，才能服从政府领导，支持政府工作。

(二)客体的复杂性

政府公关的客体，即政府工作中信息沟通与传播的公众对象。政府公共关系的客体包括内部公众和外部公众两大部分。

(1) 内部公众是机构内部的一切工作人员，政府公共关系应首先以他们为对象，通过良好的沟通，增强政府机构的凝聚力。

(2) 外部公众泛指政府所面临的广大社会公众，包括其他国家机关如国家权力机关、司法机关和各民族、各阶层、各党派、各种社会组织和群众团体等。此外还包括广泛的国际公众。

政府公共关系客体不仅数量庞大，而且还显现出极为复杂的机构。以一定的利益关系为基础而结合在一起的社会公众，又可划分为不同的利益群体，这些利益群体，既有共同的社会利益，又有各自的特殊利益。因此，政府必须有针对性地开展公关活动，重视各类公众的呼声，及时向公众报告政府在怎样满足这种期望，正确周详地解释政府出台的政策而后做出的行政行为，根据公众的需求不断改善政府的各项工作，树立全心全意为人民服务的良好形象。

(三)目标的独特性

政府公共关系目标的独特性主要表现在三个方面。

(1) 促进公众的认知是政府公关的首要目标。政府是一个国家或地区的权威管理组织，故常以强制性的权力贯彻路线、方针、政策，广大公众经常对政府的内部运作状况和决策过程缺乏足够的了解，这容易拉大政府与公众之间的心理距离，产生隔膜和误解，从而给政府政策的制定和执行造成困难和障碍，也不利于良好政府形象的树立。政府公关能够影响公众的看法、意见和行为，密切干群关系，增加彼此间的信赖，为政府营造一个良好的公众环境，树立良好的政策形象。

(2) 政府开展公共关系活动的另一个目标是提高政府的知名度和美誉度。对企业等其他一些社会组织来讲，提高知名度和美誉度都是其开展公关活动的主要目标。中央政府和地方政府在激烈的国际竞争中，都需要提高国际知名度，以便更好地吸引外资，吸引旅游者，吸引人才，推动经济的发展。

(3) 政府开展公关活动的最终目标是提高社会效益，其价值追求表现为公众取向，而企业和其他许多社会组织一般都会以本组织利益为取向。

(四)传播的优越性

一般而言，与其他社会组织相比，政府公共关系的传播条件最为优越，集中表现在以下方面。

(1) 政府掌握了大量的大众传播工具。在我国，主要新闻、出版单位和广播、电影、报纸等大众传播媒介都受政府管理，这在客观上给政府公共关系传播计划的顺利实施提供了有力的保障，政府可以通过各种传播媒体，从各个角度反复地传播某种信息，加强公众印象，提高公共关系传播的效果。

(2) 政府的组织传播严密有效。政府的机构虽然庞大复杂，但组织严密，信息的传输网络四通八达，其信息末梢延伸到社会的每一个角落，因此，无论纵向传播还是横向传播，无论上行传播还是下行传播，信息都能畅通无阻，准确及时到位。这也为政府收集信息、了解公众、反馈意见等提供了优越条件。特别是在互联网的环境下，政府网上公关将成为一个热门话题。政府可以通过互联网收集和传送信息，在电子空间中实现组织与公众之间双向互动式的全球沟通，使政府的公关传播更为便捷，大幅度提高公关效率。

(五)性质上的民主性

类似政府公共关系的活动，早见于古代中外政府，但真正意义上的政府公关只能是现代民主政府的传播管理职能。从更深层次来看，政府公共关系是民主政治制度所产生的民主政府，我国政府的公共关系作为一项行政管理职能，是以社会主义民主政治关系为根本依据的。政府公共关系不仅是政府为了全心全意为人民服务而设立的一项新型的行政管理职能，而且是人民议政、参政、当政的一种实际方式，是人民当家做主的实现途径之一。

三、我国政府公共关系的意义

(一)有利于社会主义市场经济体制的建立

1. 政府职能转变需要政府公共关系

党的十四大决定在我国建立社会主义市场经济体制。使市场经济体制得以确立的关键是实行政企分开，转变政府职能，政府不能直接干预企业经营活动，使企业真正进入市场，政府从直接管理企业的职能变为加强对"公共物品"供给的管理，政府由过去既当"裁判"又当"球员"转变为只当"裁判"，不再当"球员"。政府公共管理和公共服务职能的强化，要求政府相应强化公共关系的职能，以适应社会关系的转型。

2. 政企分开需要政府公共关系

政企分开并不意味着政企完全割断联系，政府要当"甩手掌柜"。不可否认，政企分开后，市场运作的自发性会形成自发秩序，但市场经济并不排除政府的参与管理，只不过管理的性质已发生变化：由过去垄断支配式管理变为平等服务性质的管理。政府只负责宏观经济政策和市场规则的制定，而不再过问企业的"柴米油盐"。从政府公关的角度讲，企业已由内部公众变为外部公众，其关系具有平等性。但为了弥补市场不足和克服市场失灵，就需要政府另一种性质的管理，这种管理性质的转变是由于政府职能转变使政府对企业行使权力的侧重点和方式发生变化而造成的。转变前与转变后相比，前者侧重于直接管理，后者侧重于间接管理；前者通常采用硬性行政命令和计划手段推行管理，后者通常采用法治前提下宏观调控手段推行管理。

所以政企分开并非不再需要政府的管理，而是要改变政府的管理模式；不是要割断政企之间的联系，恰恰相反，由于政府与经济领域"划界"，更需要加强联系以弥补政府权力撤退后留下的真空。因此，在政府对企业从"包办代替式"向"有距离式"过渡过程中或转变完成后都需要一条政企联系沟通的"桥梁"，而政府公关作为一种新兴的行政传播管理职能正发挥了"桥梁"作用。

另一方面，政企之间关系的特殊平等性也使政府不得不以平等的姿态去作公关引导、协调关系，化解政府企业间可能产生的矛盾和误解。经济市场化条件下，个人之间、企业之间的经济交往越发展、社会分工越细化，越需要政府这样的公共机构，通过法治保护公民产权，通过政府公关化解各种矛盾，调解经济纠纷，向企业提供经济信息，同时通过评估塑造自己的形象来获得企业公众对自己的支持和拥护，最大限度地增强经济宏观调控政策的有效性，通过与社会的信息进行双向交流降低政府的决策风险。由此可见，有效开展政府公共关系，对社会主义市场经济体制的建立具有重要而深远的意义。

(二)有利于加强社会主义民主政治建设

经济市场化必然推动政治民主化的发展。随着公民经济独立性和自主意识的加强，必然要求更广泛的政治参与权力和影响政府决策。政企分开在政府与经济领域之间竖立了一块界碑。同样，政府与公民社会之间也需要一块界碑，实行政社分开，把政府权力运作"公共"与个人活动的"私人领域"分开来，使公民的基本权利得到根本上的保障。社会主义民主政治的本质和核心是人民当家做主，使人民真正享有各项公民权利。而人民群众有效地行使自己的权利，积极参政议政，必须拥护政府的决策和行为，同时，政府对国家事务的有效管理也有赖于人民的参与和支持。这就要求政府在有效履行公务的同时，架起与人民群众之间联系沟通的桥梁，建立起民主的信息交流关系。

有效的信息交流是充满活力和创造性的民主政策的基础。政府公共关系中的公众信息传播沟通极有利于社会主义民主政治的建设。其积极作用体现在：①沟通是民主的一个基本特性。开展政府公关，可使政府不断增强工作的透明度，使人民群众享有更加充分的知情权，使群众增强公民意识，真正具有国家主人翁的责任感，提高参政的自觉性。②政府严格按民主程序办事，加强与公众之间的传播沟通，集思广益，就从根本制度上保证了决策的民主化。③通过开展政府公关，可以保证政府时刻接受群众监督，保证下情上达和上情下达，密切政府与广大公众的鱼水关系，使社会主义民主政治建设有一条现实可行的渠道。

(三) 有利于维护转型期社会秩序的稳定

1. 社会转型期需要政府公共关系

在经济、政治、文化、社会等方面的转型时期，国情环境千变万化，各种利益关系错综复杂。改革开放的进一步深入必然使各种潜伏矛盾表面化，稍有不慎，就可能引发和激化各种社会矛盾，带来社会动荡，从而影响经济、政治体制改革的进程。政府公共关系作为一种新型的行政传播管理职能，尤其善于信息管理、舆论管理、关系管理和形象管理，通过有效开展政府公关，就可以延伸政府的"眼睛"和"耳朵"，在与公众双向沟通交流的基础上了解公众的各种变化趋向，妥善处理各种关系，把握住舆论走向，并通过树立自身形象提高社会向心力。

2. 提高政府能力需要公共关系

现代社会是"信息社会"，"信息"的社会性流动和扩散，明显构成了现代社会的一大突出特征，并衍生出大量的现实和潜在的公共政策和行政管理问题。建立以政府为支点的社会公共关系网络能够适应社会的这一变化。积极开展政府公关，可以提高政府对社会的感应能力、分析判断能力、迅速作出最优化决策的能力和危机处理能力，提高政府权威，从而调节行政环境，有效维护社会秩序的稳定，为社会的经济、文化、政治建设提供必要的前提条件。

(四) 有利于提高政府的国际形象

实行改革开放是我国的既定国策。对外开放要以政府的良好国际形象为基础。同时，为了推动公正合理的国际政治经济新秩序的建立，提高政府的国际地位和在国际问题上的发言权，反对霸权主义和强权政治，为了获得国际公众对我国和平统一国策的理解和支持等，都有待于树立政府的良好国际形象。地方政府要推动地方经济蓬勃发展，加强招商引资，在国际公众面前树立良好的形象也是当务之急。

十年动乱使中国的国际形象受到极大损害，党的十一届三中全会后，情况尽管发生了很大变化，但历史留给一些国际公众心目中的阴影和历史造成的隔阂一时还难以消除。不了解真实情况的国际公众，对我国政府依然存在这样和那样的误解和偏见，这些都是并非通过正式的外交手段所能完全解决的。有效地开展政府国际公共关系，将有利于提高政府的国际知名度和美誉度，可以通过双向传播沟通让中国了解世界，让世界了解中国，在相互了解的基础上建立友好的国际信任合作关系，从而打破过去留给国际公众的旧形象，消除其心理上的阴影、隔阂和疑虑，树立起改革、开放、自由、民主、进步的中国政府新形象。

第二节　政府公共关系的职能、任务和原则

一、政府公共关系的职能

政府公共关系的职能即政府公共关系在政府活动中担当的基本职责和具有的功能作

用,它规定着政府公共关系活动的目标和方向,主要涉及政府管理什么、怎样管理、发挥什么作用的问题。

政府公共关系的职能很多,归结起来主要有六大职能,即决策咨询职能、信息交流职能、舆论引导职能、协调沟通职能、形象塑造职能和公众服务职能。

(一)决策咨询职能

政府担负着对整个社会实施管理的任务,所面对的行政环境极为复杂。政府的领导者和管理者在决策和施政的过程中,需要政府公关人员提供公共关系方面的咨询。政府公关人员向决策层或管理部门提供的咨询主要有政府形象咨询、公众心理咨询、领导决策咨询等几方面的内容。

(1) 政府形象咨询是指公关人员在广泛收集社会公众对政府形象评价信息的基础上,对新获取的有关政府形象的各部分不同信息进行认真的综合整理、分析,形成一个比较准确的关于政府形象的评估,以使政府认识到自己在公众心目中的实际形象与自我感觉中的自我形象之间的差距,从而在以后的行政管理过程中,根据公关人员提出的修正意见或解救措施,努力改善自己的政策和行为,弥补这种形象差距,树立新的形象及威信,以利于开展各项工作。

(2) 公众心理咨询是指政府公关人员向决策者和各职能部门提供公众心理方面的分析意见,提供各类公众不同的心理状态特征及其变化趋势等方面的咨询,并对公众的心理进行调查、评估和预测,密切注意公众对政府的方针、路线和政策的反应、适应情况、心理承受程度及各种态度意向等,从而为政府决策的制定、修改和完善提供科学依据。

(3) 政府公关人员为领导决策提供咨询贯穿于整个决策过程中,它包括从公共关系角度发现决策问题,为领导提供决策目标咨询;通过广泛的公众环境调查研究,为领导者拟订决策方案提供咨询;通过对方案进行可行性研究和评价,为领导者评估和选择决策方案提供咨询等。

(二)信息交流职能

当今社会已进入信息时代。信息是组织机体存续的血液,现代社会组织的生存和发展一刻也离不开信息。政府作为特殊的社会管理组织,面对最复杂多变的公众环境,更离不开社会的信息交流。政府公关作为一种双向的传播管理职能,其中一个重要的职责和功能就是管理信息。政府公共关系的信息交流职能主要表现在政策形象、管理水平和效果的信息交流、领导者形象信息交流等方面。

(三)舆论引导职能

舆论是社会上相当数量的人对一定的社会问题所发表的意见的总和。它是一种客观存在的力量,它以赞赏或谴责的方式,对个人或组织发挥独特影响。针对政府而言,舆论是社会公众对政府的决策、行为、人员所形成的意见、看法、评价的总和。了解社会舆论,可以为政府决策提供依据,引导舆论,可以为执行决策减少阻力。行政管理中的一个明显事实是:公众舆论影响行政决策,而公共关系对舆论又可以通过有计划的传播沟通而加以引导和影响，以优化行政环境，推动、协助决策的实施。

(四)协调沟通职能

协调是指人们为实现共同的目的而把各自的行动加以互相配合。行政协调即行政主体为达到一定的目标而引导行政组织部门、人员之间建立良好的协作与配合关系，以实现共同目标的行为。沟通是指人与人之间的信息传递与分享，是把某种思想、消息和态度从某个人或某个团体传至另一个人或另一个团体，给对方留下预期的印象。政府公共关系本质上是政府与公众之间的"双向传播沟通"，通过双向沟通来协调政府与公众之间的关系。政府公共关系承担着协调沟通职能。协调沟通是联结政府与公众的桥梁。政府公共关系内部协调沟通主要包括领导者与一般公职人员的关系，协调政府内部一般员工相互间的关系，协调沟通政府内部各部门之间的关系。外部协调沟通主要包括协调政府辖区内的广大公众、社会组织及辖区外的公众和国际公众的关系。

(五)形象塑造职能

政府形象是政府组织的总体特征和实际表现在社会公众中的反映，即政府组织在社会公众中获得的总体评价。政府公共关系是一种以塑造组织形象为己任的传播管理艺术，它通过多种公共关系调查手段对政府形象加以客观评估，运用多种传播沟通手段协调与广大社会公众的关系，影响、引导大众舆论，为政府建立形象、维护形象、调整形象、控制形象、纠正形象、优化形象服务。当然，政府公共关系主要不是靠为政府"美容"来为之树立良好形象，主要是靠完善政府形象的内含，靠实际行动，靠理性说服、思想沟通和情感交流去提升、塑造政府形象。

(六)公众服务职能

现代民主政府区别于传统专制政府的一个重要标志就是由"统治型政府"向"服务型政府"转变。政府公共关系作为政府与社会组织的广大公众之间沟通交流的桥梁和纽带，作为政府追求社会仁和政通目的的手段和艺术，在为公众服务方面担当重要职责、发挥重要作用完全是题中应有之义。政府公共关系本身具有很强的服务性，这与政府的全心全意为人民服务的宗旨是完全一致的。政府公共关系的服务职能主要表现有二：一是在政府组织内部为各个业务和职能部门提供信息性、事务性的辅助和支持，使各个职能部门之间配合更加融洽，使整个组织机体运作更加协调，使组织的专业职能发挥出更好的效果；二是向外部提供社会服务，以良好的服务去提高政府信誉，争取民心。

二、我国政府公共关系的任务

我国政府公共关系工作的总任务是：通过开展政府公共关系，完善传播机制，健全沟通渠道，加强政府与公众之间的双向沟通和交流，倾听公众的意见和呼声，提高政府的政策制定和执行能力，提高行政管理透明度，密切与社会公众的关系，吸引公众参政议政，在公众心目中树立"创新、务实、廉洁、高效"的政府形象。我国政府一向坚持走群众路线,有一整套完备的为人民服务、对人民负责、接受人民监督、密切联系群众的优良传统和作风,这实质上体现了良好的公共关系精神。

政府公共关系的总任务决定了政府公共关系的具体工作任务。在目前主要包括以下几个方面。

(一)发挥政府公共关系的向上传播沟通职能,大力推进企业改革

党的十五大明确提出实行政府企业分开,对国有企业进行所有制改革。但目前我国进行的企业所有制改革无先例可循,只能"摸着石头过河",有效的国有资产监督和营运机制尚未完全建立起来,既缺乏国家法律制约,又缺乏民主手段的制约,很容易造成国有资产流失;企业的破产、兼并、改组、联合、股份合作等改革环节的混乱无序,也激化了劳资矛盾;另外,在管理调节国有企业与"三资"企业之间的关系和进行宏观经济管理方面也存在不少问题。但为彻底扭转全国12万家国有企业大部分严重亏损的局面,企业改革势在必行。

国企改革的成功与否决定着社会主义市场经济体制能否成功建立。因此,政府公关应把企业作为公关对象重点和公关活动重心:发挥政府公关协调职能,与企业建立合作伙伴关系;发挥其信息交流职能,对企业进行信息输导和决策服务;发挥其双向沟通职能,建立有效的政企沟通渠道;把握政府公关的战略活动重心,为企业创设宽松的经营环境。香港特别行政区政府设立了经济发展贸易局、房屋司和旅游协会等职能部门,再加上专职公关传播的职能部门新闻局,大大强化了政府为企业服务的职能,也借此树立了政府良好形象,很值得借鉴推广。

(二)发挥政府公共关系的疏导协调职能,缓解、化解社会矛盾、维护社会安定

伴随着企业改革的深化、技术进步和经济结构调整,人员分流、职工下岗和失业率上升难以避免。我国在1998年正式下岗职工已达2000多万,在国家的社会保障体系还未完全建立的情况下,数量庞大的失业者对突然失去工作缺乏思想准备,易出现心理动荡,情绪不稳,从而使潜伏的社会矛盾表面化。因此,必须开展政府公关,动员社会各界力量,关心下岗工人生活,搞好职业培训,拓宽就业门路,推进再就业工程;做好政策解释工作,争取广大社会公众的理解和支持,缓解下岗职工的不满情绪,在政府与企业、社会之间建立沟通协调机制,化解社会矛盾,维护国家的政治、经济和社会稳定。

(三)发挥政府公共关系的信息交流和形象评估及塑造职能,树立良好的政府形象

在经济市场化的过程中,一些行政官员趁国有企业所有制改革之机,运用权力肆意侵占国家资财,一些公检法人员知法犯法、腐化堕落。凡此种种,都严重败坏了政府形象。党的十五大报告指出:"反腐败是关系到党和国家生死存亡的严重政治斗争。"我们必须认识到腐败的严重性及其带来的危害,把反腐败当作一件关系到国计民生的大事来抓。为此,我们必须一方面进行政府外部公关,加强民主监督,群策群力,共遏腐败;发挥政府

公关的信息交流职能，落实财务公开制度，提高行政管理透明度；利用政府公关的传播优势，宣传法治，使民主法治思想深入人心；加强与新闻媒体的信息交流沟通，保障新闻自由，打击邪恶，弘扬正气。另一方面，要大力开展政府内部公关。政府内部公关是外部公关的基础和前提，要使政府外部公关卓有成效，需要从内部做起。只有真正勤政、廉政的政府和拥有较高公关意识和素质的国家公务人员才能谈得上塑造良好的政府形象。

(四)发挥政府公共关系的舆论引导职能和传播优势，在全社会形成共同理想和精神支柱

随着我国改革开放事业的发展，国外各种新思潮新观念冲击着人们的价值观念和道德信仰，鱼龙混杂的思潮、观念必将带来各种负面影响和效应。如社会上出现了整体道德滑坡、犯罪率上升、拜金主义、利己主义急剧升温等不良现象，这与我们正在建设的社会主义精神文明极不相称。如何整合当代人的理想和价值观，继承民族优良文化传统，创造灿烂的精神文明，是政府公关面临的又一课题。

政府公关与其他类型的公关相比，面对的是数量最广大、构成最复杂的公众，这加大了政府公关的难度。但政府公关具有最优越的传播条件，掌握大量的大众传播工具，如报纸、电视、广播等，因此，可以通过研究全面的传播计划，利用自身优势，交叉运用多种传播手段、传播渠道和信息载体，把握、引导舆论方向，整合社会价值观和道德观，进行爱国主义、集体主义和民主法治教育，使人们树立科学的世界观、正确的人生观和价值观，在全社会形成共同理想和精神支柱，使中华民族万众一心，齐心协力建设一个高度民主、高度文明的中国。

(五)发挥政府国际公共关系职能，塑造开放中国的良好国际形象

"和平"和"发展"已成为当今世界的两大主题，现代化的大众传播和交通手段大大增进了国际间的交往沟通。这都为政府开展国际公关带来了前所未有的机遇，准备了更为优越的条件。经济市场化和政治民主化的发展呼唤政府公关，也呼唤政府公关跨出国界，使世界了解中国。中国曾有过汉代张骞二通西域、唐代鉴真七渡扶桑、明代郑和七下西洋的古代政府国际公关的辉煌史，也有过近代闭关自守、信息封闭，以致被动挨打的屈辱史。新中国成立后，中国政府的国际公关形象才逐渐恢复。1954年周恩来总理率团出席日内瓦会议，向全世界展示了新中国的政治外交风貌；1992年亚运会在北京的成功举办向世界展示了我国的经济、政治、文化和体育的综合实力及中国人民热爱和平和友谊的整体形象。经过三十多年来的改革开放，中国已经巍然崛起。从外交上讲，中国已与世界上绝大多数国家建立了外交关系。从经济上讲，中国经济对世界的贡献越来越大，中国的外汇储备居世界首位，中国经济对世界的贡献仅次于美国居第二位。从文化上讲，中华文化在世界范围内的影响越来越大，全世界掀起了学习汉语的热潮，孔子学院在世界各地的开办就是一个很好的例子。中国与一些国家互办"文化年"活动，也是中华文化影响的例证。奥运会、世博会在中国召开，更是对一个国家文化的认可，也是更好地将自己的文化推向世界的途径。所有这些都依赖于国家较好地发挥了政府公关的职能。

三、政府公共关系的原则

政府公共关系原则是指政府公共关系活动中必须始终遵循的指导思想和基本准则，它是由政府公共关系的性质和职能决定的。只有坚持正确、科学的原则，才能使整个政府公共关系活动不走入误区，确保其规范化和科学性，使政府的公关目标得以顺利实现。政府公共关系原则主要有：公众利益至上原则、真实公开原则、科学指导原则、整体统一原则。

(一)公众利益至上原则

党的十五大报告指出："建设有中国特色社会主义的全部工作的出发点和落脚点，就是全心全意为人们谋利益。"政府作为特殊的社会管理组织，其存在的目的就是保护和增进人民的利益，为社会谋幸福，这也是其存在的合法性的基础和源泉。政府组织的非生产性和管理上的公共性决定它的一切活动都须奉行公众利益、群众利益至上的原则，以服务公众和社会为其行为的根本出发点和落脚点，政府工作人员则以优质的管理服务来获取报酬。为此，政府的公共关系活动也要坚持公众利益至上的原则。在政府工作人员与群众的关系上，则坚持利益的一致性原则。政府公共关系是一项服务性很强的工作，要求政府工作人员首先要在思想上树立政府的一切公共关系活动都必须体现社会公众利益的思想，这既是政府公共关系活动的出发点，也是归宿点。政府公共关系的启动和开展，意味着政府与公众信息的交换方式由专制的单向宣传转向现代民主的双向传播，意味着已把能否维护和增进公众利益作为衡量政府工作好坏的最高标准。可见，政府公关的启动和开展本身就是传统政府向现代民主政府转变的标志之一。为人民服务、对人民负责、全心全意为人民谋福利、时刻把公众利益放在首位，既是社会主义国家政府机关性质和特点的显著标志，又是我国政府公共关系活动所奉行的首要原则。

(二)真实公开原则

政府公共关系活动的实质是政府与公众之间的双向信息传播管理。要让这种管理卓有成效，一个重要的前提就是传播的信息必须准确、真实。公开与真实紧密相连，不公开谈不上真实；不真实，公开也就没有意义。在政府公共关系活动中，无论自上而下，还是自下而上的信息传播都必须以真实公开为前提、为原则，否则，政府不可能收集到准确的公众信息，公众也不可能有效地获取政府信息，从而使公共关系传播管理失效。政府公共关系强调真实公开原则，就是要求政府在开展公共关系活动中要实事求是地传递信息，该公开的信息一定要公开，通过与广大公众之间的双向信息交流来建立和维护相互信任和理解的关系，树立政府在国内外公众中的良好信誉和形象。在政府公共关系活动中坚持真实公开原则，首先要做到政府向公众传播信息的内容要真实、过程要公开。过程公开既包括向公众传播信息的过程要公开，也包括政府的有关情况如工作性质、方式、程序、制度、机构设置和人员配置等要公开；其次，还要做到在收集、了解公众的意见要求、愿望时，获取的信息力求真实、准确和全面，并公开反馈意见，公开解决问题的计划，在真实、公开中求效率、树形象。

(三) 科学指导原则

科学指导原则是指政府在开展公关活动中必须接受科学理论和方法论的指导,研究公共关系运作的特殊规律,从而提高公共关系活动的效率和质量。强调科学理论和方法论对政府公共关系的指导作用,是现代政府公共关系与传统政府公共关系的重要区别之一。传统公共关系有一个共同特征,即它们都主要依据直接的感性认识来活动,而这些认识是十分零碎的、不系统的,因而这些公关活动处于原始的、不自觉的状态,基本上是凭经验和直觉行事,谈不上理论性和科学性;而现代政府公关活动是在科学理论和方法的指导下自觉进行的。在现代政治、经济、文化和科技发展的基础上,公共关系已形成了比较系统、完整的思想理论和实务方法。特别是到了现代社会,随着政府管理的国家和社会事务日益广泛和复杂多变,所面临的公众关系也越来越广泛复杂,要及时准确了解社会环境变化,全面把握公众脉搏,正确选用大众传播媒介进行传播沟通,采用适当的公关模式,拟订切实可行的传播计划、程序和步骤,都需要借助现代科学的理论和方法指导。

(四) 整体统一原则

坚持政府公关活动中的整体统一原则是指政府公关部门在进行公共关系活动时,要从政府的整体系统、整体利益和整体效应出发,使公共关系所涉及的各方面组织人员彼此协调、默契配合,从而使政府在公众心目中形成具有整体性和统一性的良好形象。整体统一原则的内容主要包括:

(1) 政府所涉及的一切与社会公众的关系,都是政府公共关系整体的有机组成部分,所以在处理与具体公众的关系时,不能就事论事,而要从整个社会公众的整体关系和整体利益出发,把局部关系和局部利益放到全局关系和全局利益的范围内加以考虑。

(2) 政府公共关系并不仅仅是政府公关职能部门的事情,它需要政府内部各职能部门、政府的上下级部门、中央和地方部门的密切配合,靠政府全体成员的共同、自觉的努力,统一行动,相互协作,有效发挥政府的整体系统效应,共同树立政府的整体形象。

坚持整体统一原则,首先必须在思想观念上确立整体形象意识,充分认识到政府形象是作为一个整体出现在公众面前的,从而在政府内部提高公关形象意识,发挥全员公关效应。政府公关形象并不是单靠舆论宣传人为地树立起来的,更重要的是要靠全体工作人员为人民服务的实际行动,这些仅凭专职公关人员的活动是无法达到的,只有政府各部门全体人员共同努力,才能塑造良好统一的政府形象。其次,在各项具体工作中坚持一切从整体形象出发,制定统一的公共关系政策,统一行动和步调,密切协作,共同维护政府公关的整体目标。最后,要正确处理好政府公共关系中个人与组织、下级与上级、局部与全局的关系,注重大局和整体目标,这是坚持整体统一原则的关键。

第三节 政府公共关系实务举要

政府公共关系实务,也称政府公共关系活动,它是政府为加强与公众的双向沟通传播,促进公众对政府的了解、理解和信任,树立良好的政府形象,争取公众对政府的了解、理解和信任，树立良好的政府形象，争取公众的拥护、支持与合作，以达成政府目标而有目的、有计划、有步骤地开展的一系列公共关系业务工作。政府公共关系实务主要体现在两大方面。

一、完善公众传播机制，推动社会主义民主政治建设

政府公共关系工作是社会主义民主政治操作系统的一个构成部分。它是通过健全和完善政府与公众的沟通渠道和传播机构，及时、广泛地了解舆情民意，提高政府工作的透明度，鼓励公众积极地参政、议政，实现政府和公众之间的双向沟通来实现的。

(一)了解民意，为制定政策提供依据

现代民主政治高度重视舆论和民意，视舆论和民意为政治性和行政性决策与行动的根据。重视舆论就必须重视与公众的沟通，就必须建立各种有效的渠道去了解民意，跟踪民意和反馈民意。了解和反馈民意的渠道和方式是多种多样的。

1．信访渠道

长期以来，各级政府的信访工作部门在做好人民群众来信来访工作方面，发挥着重要的政府公关职能作用。公众通过写信、访问的形式向政府有关部门反映问题、意见和要求，以求得妥当和有效的答复和解决。一般来说，公众信访行为的产生说明了信访者在工作或生活中遇到了自身无法解决的矛盾，或面临其所处组织和环境无法给予帮助解决的问题，因此需要直接求助于上一级的行政管理部门。所以，信访行为往往是超越正常的行政程序的一种越级沟通，是公众直接与有关部门和领导的主动沟通，是一种送上门来的群众工作。这是政府了解民意和公众动态的一条重要渠道，使政府领导和有关人员有机会直接了解公众动态，直接听到群众的呼声，了解民众情绪，掌握社会脉搏。

建立和完善信访工作制度，是政府公共关系工作的一个重要内容，应该配备具有良好公关素质的干部专职负责。

(1) 办理来信的工作程序主要如下。

① 及时拆封：当日来信，当日拆封。加盖专用的收信章。将信封与信纸一并装订，注意保持信封、邮票的完整，以便佐证投信时间和地址。

② 详细阅读：弄清来信的内容，以便对要信、急信作及时处理。

③ 认真登记：用专门的来信登记簿，按有关项目登记来信的基本情况，包括人物、时间、地点、主要内容等，建立信访档案。

④ 妥善处理：根据来信的内容、性质，迅速与领导或有关部门取得联系，商量处理办法。

⑤ 检查监督：来信进入处理程序后，应按期检查督促处理实施的落实。

⑥ 认真复信：将有关处理意见和措施及时函复来信者，并加盖公章。同时将处理意见和方法记录备案。

(2) 接待来访的注意事项如下。

① 热情接待：信访工作人员是代表政府机关的，要注意热情接待来访者，给对方留

下良好的印象。

② 认真听记：请来访者填写来访登记后，用心听取和记录来访的意见。最后，归纳主要的问题或将重要的情节复述一遍，并向来访者交代一般的处理方法和程序。

③ 恰当处理：及时将来访者的意见整理归纳，反馈给领导或有关部门，协助解决，并将处理意见通知来访者；暂时不能处理的，需做出合理解释，保持联络，待处理后再回复。

④ 重点回访：对有影响的来访者可重点回访，深入的征询意见。

信访工作的形式是不断发展的。随着各种信息沟通媒介的发展，信访形式逐渐多样化，如市长电话、各种专项的热线电话、市长专邮、传真通信、电子函件等。为了使一般老百姓能有机会直接与政府官员沟通，也可以建立行政首长接待日制度(如市长接待日、局长接待日等)或专访接待制度(如离退休人员专访日、知识分子专访日等)。

2．民意测验

民意测验能够将对民意的了解和分析的工作建立在更加科学的基础上。政府的每项事关民生的重大政策或措施出台之前，都应该通过民意测验了解公众的基本态度和意见，为决策提供更充实可靠的根据。为了使民意测验的结果更加客观公正，最好委托中立的专业机构来进行，如专业的调查研究公司和民意测验机构、传播媒介和舆论研究机构、公共关系公司或广告公司、大学里的相关研究机构等。这些机构应严格按照科学、规范的抽样调查手段，对政府委托的调查项目进行调查。其结果可直接提供政府决策者参考，或同时委托新闻界公布。

3．基层访问，典型调查

这是了解民意的一种传统方法。政府的有关负责人或专门机构的工作人员，直接深入群众，深入社会基层，到民间查访，了解民情，倾听各类公众的倾诉；或用"下马观花"的方法，到某一地区或单位"蹲点调查"，研究典型。这种方法虽然较为费时费力，但较有利于安抚和鼓舞民情，并增加领导者的感性经验。

(二)政务活动公开，提高行政的透明度

政府公共关系工作除了要广泛地了解民意之外，还要尽可能争取公众的了解。这就需要加强政府自身的传播工作，提高政府的透明度，满足公众的知情权。

1．建立政府新闻发布制度

政府行政管理工作涉及大量公共事务，与广大公众日常生活密切相关，如交通、治安、环境、卫生、住房、医疗、社会福利和保障等，需要经常答复公众的咨询；遇有重大的活动和事件，如新的财政预算报告、重大工程立项、重要的外事活动、有关社会政治经济的重要决策、政府领导人的人事变动等，需要及时对公众广而告之。政府的新闻发布制度就是适应上述需要的公开化、制度化的传播沟通机制，是政府公共关系的一种常规性工作。

首先，需要建立和完善政府发言人制度。政府发言人是政府正式授权、代表政府向新闻界和公众发言的全权代表。只有其提供的信息才是官方正式认可的消息。政府发言人制

度,一方面使政府在公众场合能够以一个统一、协调的形象出现,避免信息传播失控而导致形象混乱;另一方面使具体的行政首长能够更冷静、专注的思考和研究问题,特别是在应对复杂、疑难问题时有较充裕的应变、回旋余地,而不必事事抛头露面,处于公众注目的焦点中。当然,在遇到重大问题或在必要时,政府的行政首长不能回避公众,要直接出面应对公众舆论和新闻界。但在这种场合中,亦须有政府的新闻官员作为公关顾问随同左右作为参谋。这种政府发言人制度不但适用于政府最高层,也适用于具体的职能部门,特别是那些主管业务与社会公众有较密切联系的部、厅、局,都有必要指定正式的发言人,以便代表某个具体部门(如城建、交通、公安、环保、人事等政府机构)的行政首长对外发言,并具体分担政府最高层发言人的工作压力。

其次,要完善政府新闻发布工作的内容。

(1) 保持政府消息来源的畅通。政府的新闻工作机构首先要消息灵通,要与政府内部各机构、与新闻单位以及社会各类企事业组织的公关部保持密切联系,以便及时获取第一手的可靠消息。

(2) 做好新闻分析综合工作。对社会舆论的敏感问题,如治安、交通、环保、物价、水电、气象等消息,及时做好综合分析工作,并与有关部门(如气象台)保持热线联络,随时加以核实、调整;涉及授权范围之外的重大消息,应及时报告主管的行政首长;常规性的信息也应及时通报各有关政府部门和新闻单位。

(3) 随时回答新闻界的咨询。建立政府新闻发布制度后,政府的新闻工作机构就成了政府消息的权威来源,成为新闻界查询、咨询的焦点。必须保证这条权威渠道畅通无阻,随时为新闻界提供新闻资料、图片及有关消息的核实与查询,并接待好海内外来访的记者。

(4) 例行的新闻发布。政府一级的公共关系工作应该建立例行的新闻发布制度。这种例行的新闻发布是定期的(如每周一次),由政府新闻处官员实施,可以以口头形式或书面公告形式进行,以"发布"和"告知"为主,不一定需要回答记者的问题,时间比记者招待会简短。例行的发布会常常被派发新闻通稿所代替。

(5) 专题的记者招待会。遇到较为重大的议题,就需要举行专门的记者招待会,这是政府公共关系工作的一种重要形式。与例行的发布会不同,记者招待会一般都有专门的、集中的议题,这些议题一般都是社会普遍关注的热点,一般由较高层次的官员(甚至是政府首脑)出面,不仅向记者发布消息和提供文字资料,而且安排较长时间的"答记者问",有比较充分的现场交流。有的记者招待会还准备有饮品或酒会,提供自由采访的场合。

(6) 安排专访。就重大的议题,邀请或安排有特别影响力的媒体作独家采访,对高层官员作深度访问。政府的新闻官员要为专访做好一切准备和安排。

2. 政府办事公开,提高行政透明度

行政组织的规模越大,结构越复杂,政府人员与公众之间的距离就越大,沟通就越困难,公众对政府的神秘感也就越强,了解也就越少。为了加强公众对政府的了解,避免因为缺乏了解而造成的误解,政府各部门有必要实行办事公开制度,努力提高行政运作的透明度。

所谓办事公开,包括公开办事制度,公开办事程序,公开办事结果,公开办事人员(挂牌办公)。通过这种公开化,减少因办事程序错误而造成的"踢皮球""文化旅行"等低效

率现象和扯皮现象，减少各种不必要的行政摩擦和纠纷。而且能够使政府工作部门和人员处于公众的监督之下，以减少营私舞弊、贪赃枉法的现象。实现办事公开必须发挥各种信息载体和传播媒介的作用。如在办公楼和办公室的显眼位置设置简明易懂的指引图和指示牌，编制办事指南手册或宣传单，张榜公布办事进度和办事结果，设置咨询台或服务热线电话，安排办事向导提供现场服务等，使庞大复杂的行政组织架构变得简明、清晰、透明。

(三) 拓宽社会沟通渠道，吸引公众参政议政

一个社会的开放度越高，公众对政治生活的参与性就越强；公众对政治生活的参与性越强，政府机构与公众的双向沟通就越重要。因此，开拓公众参与性强的社会沟通渠道，让公众的意见能够有比较充分的机会和有效的方式公开地表达出来，不仅能够使政府及时、广泛地了解各种不同意见，为制定政府政策提供依据，而且能够使各种潜在社会摩擦与冲突能量在"微调"的状态中得到释放和缓解，避免因长期压抑或积聚而引起爆发式的冲突和动荡，从而有利于形成既生动活泼，又稳定和谐的政治局面与社会秩序。社会主义的民主是人类社会历史上最广泛的普及的民主，应该发展一系列公众参政议政的社会渠道。

1. 社会协商对话

围绕公众关心的重大问题，由政府有关机构的负责人，与有关的公众群体或团体进行平等的、直接的、公开的对话，面对面地听取公众意见，回答公众问题。这种社会协商对话越过了各种不必要的中介，排除了信息沟通中的"梗阻"，大大减少了信息失真的问题，为领导在重大问题上直接了解公众的意见和公众直接向领导反映自己的看法，提供了一条有效的沟通和表达的渠道。

社会主义的社会协商对话，除了要进一步发挥人民政协、各民主党派、各群众团体(工会、妇联、青年团等)传统的协商对话渠道的作用，还要进一步拓宽其他社会沟通的渠道。因为在社会的发展中会不断出现一些新的利益阶层。比如在我国境内经营的外资企业主、个体工商户、离退休人员等，传统的社会团体不可能完全代表这些人的意愿。所以，除了继续运用特邀的会议对话形式之外，还可以适当开展形式更为自由的公众咨询对话活动，吸引更多的公众以主人翁的精神参政议政。比如，举办公众咨询日活动，针对公众关心的热点问题，由政府官员和有关的专家、权威在公众场合直接与公众对话，运用"公众论坛"或"城市论坛"的形式进行社会沟通。

协商对话应该逐步制度化，形成公开、稳定的社会沟通渠道，不因领导人的人事变动而改变，也不因工作中心的变化而改变。比如，将政府机构开放日制度化，定期向公众开放，接待各种咨询、申诉、请愿，让公众直接向政府官员发表意见，使各种问题和矛盾能够得到及时的解决、疏导，不至于因长时间积累而激化为摩擦和冲突。

2. 公众议政活动

除了面对面的对话渠道之外，现代各种大众传播媒介为社会沟通提供了具有更为广泛的参与性的方式。围绕着政府官员"头痛"、公众关心的热点问题，运用大众传播媒介，动员公众献计献策，集思广益，也是政府公共关系的一种形式。广州市委、市政府先后举办过直接为市长作参谋的"假如我是广州市长"征文活动(后定名为"市长参谋活动")，为

政府职能部门出谋献策的"房改方案千家谈""菜篮子工程千家谈"等"千家谈系列活动",讨论广州市风和广州人精神的"羊城新风传万家""羊城居委新形象"等大型公众活动等,运用报纸、杂志、广播、电视等媒介,动员了成千上万的市民参政议政,各抒己见,都收到了良好的社会效果,增强了政府凝聚力。

3. 公众投票公决

投票是公众表达个人意见的一种民主方式,由于这种方式的参与代价最低(选民所花的时间、精力少),因此参与面最广。投票不仅仅用于选举代表,也可以用于表决重大的社会政治问题。某些重大问题交由全体公民投票公决,亦是一种政治参与的重要形式。广东省广州市举办的"改革开放十件大事"评选活动,数十万人参与了投票,极大地鼓舞了人民群众,为政府树立了良好的公众形象。

二、完善公共行政服务,树立政府良好形象

政府公共关系的主要目标是提高政府的威信和美誉度,提高其吸引力、凝聚力和号召力,增进人民群众对政府的信心和好感,树立政府的良好形象。政府的许多公关实务都是围绕树立政府良好形象展开的。政府通过公关塑造自己的形象,一是要通过实际行动,这种行动,大多是通过政府开展的各种服务体现的,从某种意义上说,公关就是服务;二是要运用各种媒介,加强与公众的双向交流沟通。政府做得再好,群众不了解、不反馈、不支持,政府良好的形象也树立不起来。另外,在进行公关实务之前,了解公众需求、确立服务目标,也必须加强传播交流工作。完善公共行政服务,树立政府良好形象,主要从以下四个方面着眼和入手。

(一)树立公众至上意识,塑建公众为导向的政府服务文化

树立公众至上意识,塑建公众为导向的政府服务文化,既是政府开展各项具体公关实务的一个重要前提,也是政府公关实务的重要内容。政府服务文化是一种组织文化,它是指一个政府组织全体成员所共有的服务价值观和共同的行为模式的总和。服务价值观是组织所有成员从事服务的基本指导思想和基本信仰与追求。它的主体是服务精神和服务意识。行为模式是组织所有成员从事服务所表现出的基本行为趋向和基本行为方式,它通过一系列的基本行为规范得以体现。确立公众至上意识,塑建公众为向导的政府服务措施的实施,要以良好的组织服务文化为依托,需要以统一的组织文化去维系人们的思想和规范人们的行为,否则,再好的服务措施也只能是无本之木,难以统一、持久地有效实施。政府文化具有重要的协调统一效用、凝聚效用和激励效用,通过政府服务文化的塑建,可协调统一组织成员的心态与行为,形成统一的信仰、价值观和精神支柱,靠内在精神的激励驱动政府工作人员全心全意地为人民服务。通过政府文化的建立,可使政府公务员把对个人价值的追求融入为公众谋福利的组织价值整体追求之中,可以使个人价值的实现与组织价值的实现达到和谐统一。

组织服务文化建立的前提是组织服务意识和服务精神的确立。服务意识和服务精神决定并引发相应的价值观,为一个政府组织及成员的存在价值提供基本的精神导向,使组织

内部全体成员具有共同的信念、信仰和追求。政府服务文化塑建的关键在于确立"公众至上"意识，这与现代公共关系意识和精神是完全一致的。"建设有中国特色社会主义全部工作的出发点和落脚点，就是全心全意为人民谋福利。"服务人民、公众利益至上是我们社会主义国家政府的根本宗旨。在现代社会，每个人都接受着政府提供的一系列公共服务，政府一系列公共服务的质量高低已成为公众认识政府形象的一扇重要窗口。自 20 世纪 80 年代开始，一些西方发达国家先后兴起了一场公共行政管理企业化、公众化的变革，主要体现为运用企业精神改革政府公共部门，以"公众至上"意识指导公共行政服务，使管理政策不断适应市场化社会的需要。我国的社会主义市场经济体制的逐步建立和完善，政府与公众的相互关系得以重塑，也孕育着公众的自主意识和独立人格，这使公众开始注意按照自己的价值准则对政府提出种种希望和要求，期望得到政府的尊重，能自主选择并享受政府部门提供的各项服务。因此，确立"公众至上"意识，突出公共行政服务职能，是政府部门的一项重要任务，这必然要求政府积极加强内部公关，协调、统一思想和价值观念，树立"公众至上"意识，塑建新型的政府服务文化。

树立政府工作人员的"公众至上"意识，主要从三个方面着手，即树立"公众选择意识""契约意识"和"政务公开意识"。

我国传统计划经济体制下政府提供的各项社会服务大都缺乏选择机制，是一种单项的、自上而下的社会福利型服务，缺乏与公众的交流沟通，因此也缺乏公众选择和公众制约。在政府看来，它的职责只是提供常规性服务，并不关注公众的要求、反映和满意状况。而现在的政府服务要求政府必须注意加强与广大公众的沟通交流，树立"公众选择"意识，关注群众需求，倾听群众呼声。服务项目的确定，不再仅仅取决于上级，而需要经过公众选择、双方沟通协商后再酌情确定。

契约是经济思想中的一个核心概念，也是现代民主政治的构成要素之一。它规定着政府与公众间在权利与义务方面的双向依存关系。在这种"契约关系"中，一方面公众主要通过纳税为政府提供经济支柱，通过拥护、支持使政府获得存在和权力行使的合法性基础；另一方面公众期待从政府那里得到相应回报，要求得到政府的良好服务。显然，这种关系是平等的，其服务行为也是一种资源交换的互利行为。就政府而言，确立契约意识有助于强化为人民服务的观念，使之不再把政府行为视为一种"恩赐"行为。近年来，一些地方政府推出了"承诺制"为特色的规范性服务，就是契约精神和公众至上意识的体现。"承诺制"是政府部门在深刻认识自己与公众之间"契约关系"及自身所承担的服务职能的基础上提出的一系列优化服务与自我要求、自我约束的规范。

加强政务公开意识，实行政务公开，体现了政府的"公众至上"意识和真心实意为公众服务的态度。政务公开，才能使公众对政府的办事制度、服务制度、工作效率的监督落到实处，防止官僚主义，遏制腐败蔓延。政务公开是政府与公众实行双向沟通的一种必要方式。双向沟通加深了政府与公众相互间的了解，缩短了彼此间的心理距离，有利于密切政府与公众间的血肉关系。

(二)多办实事，取信于民，把为人民服务的宗旨落实到具体工作中

"全心全意为人民服务"是政府公共关系的宗旨。广大人民群众的实际利益是政府的

最高利益。而群众大都是以现实的、看得见摸得着的"实惠"作为对政府官员评价的标准，只有勤政于民，多为群众办实事、办好事，才能得到群众真心实意的拥护。

首先，应该将公众最关切、意见最大、最迫切需要解决的问题作为办实事的重点，限期解决，取信于民。20世纪80年代，天津市政建设跟不上，人民群众生活存在许多实际困难，"坐车没有走路快，自来水腌咸菜(海水倒灌，自来水是咸水)，临建棚(地震后的临时住所)拆得没有搭得快"，群众意见很大。市政府决心为群众办实事，一件一件地解决落实，说到做到，样样兑现。1983年，首先为市民办了10件实事，从1984年开始每年坚持为城乡人民办20件实事，到1989年已办了130件。如新建、改建了3000万平方米的住宅，相当于新中国成立后前30年建房总数的3倍，使一半以上的家庭改善了居住条件和居住环境；花两年时间完成了民用气化工程，使民用炊事煤气化的普及率高居全国之冠；花一年零四个月，完成了震惊中外的引滦入津工程，一扫天津人喝咸水的历史；新铺城市道路2137公里，建起由十来座立交桥和中环线、外环线构成的"三环十四射"的城交道路网络等。广大人民群众对市政府、市领导的满意程度达92%～99.4%，形成了心齐气顺、政通人和的社会政治局面。

其次，完善各种便民措施，提高工作效率，改善服务态度。人民政府是为人民服务的，必须给予人民群众以极大的热忱和方便，必须改变那种"门难进，脸难看，话难听，事难办"的官衙门现象。比如，上门服务，现场办公，为项目审批提供一条龙服务，集中解决复杂难题等。凡是与公众有关的行政工作程序，都应该以方便公众，提高效率的原则来安排。而且还要努力为公众创造一个轻松、自然、亲切的办事环境和气氛。

(三)言必信，行必果，讲求信誉

政府对公众服务的另一个很重要的方面体现在制定和执行符合公众切身利益的社会政策和经济政策上。保持政策稳定，才能取信于民。政府的政策牵涉千家万户，涉及社会全局，如果朝令夕改，政策多变，说了不做，就会失去信誉，失去民心。因此，没有把握做到的不说，说了就要做到；因主客观原因无法实现的，要诚实的交代；已经实现的要及时向公众报告；对公众的质询和申诉，要做出负责任的答复，答复之后要认真地跟踪查办落实。公众对政府官员总是"听其言，观其行"，因此，政府能否说到做到很重要，它会直接影响着政府及其官员的声誉和形象。

(四)加强廉政建设，纠正不正之风

在改革开放和市场经济条件下，政府还必须不断加强廉政建设，克服官僚主义，消除腐败现象，纠正不正之风，才可能保持政府的良好形象。政府中极少数工作人员利用职权，搞权钱交易、贪污受贿等，严重玷污了人民政府的形象。要根除这类丑恶现象，除了依靠国家的法律手段和行政监察手段之外，还要形成社会监督机制，发挥公众舆论监督、新闻舆论监督的作用。为此，需定期向公众公布政府人员的政绩，公布政府人员尤其是领导干部的经济待遇和福利标准，并适当向公众介绍政府官员的日常工作和生活情况。一方面使官员直接置于公众和舆论的监督之中；另一方面也使公众有机会正确地了解政府官员。

除了企业和政府之外，其他任何社会组织，如军队、学校、医院、文艺团体、体育队

伍、宗教组织、各类社会组织等，都需要通过良好的公共关系工作树立形象，争取社会的支持，以促进自身与公众的共同发展。各类组织在公共关系的操作上，都会存在各自的特点和重点，需要结合具体的组织情况来探索，彼此之间也会存在许多共同性，这些共同性具有一定的普遍意义和指导意义。

思 考 题

1. 政府公共关系的含义是什么，为什么要开展政府公共关系？
2. 政府公共关系的特征是什么？
3. 政府公共关系的职能和任务是什么？
4. 政府公共关系要遵守哪些原则？
5. 了解和反馈民意的主要渠道和方法是什么？

参 考 文 献

1. 栗玉香. 公共关系[M]. 大连：东北财经大学出版社，2016.
2. 居延安. 公共关系学[M]. 上海：复旦大学出版社，2016.
3. 周安华. 公共关系——理论、实务与技巧[M]. 北京：中国人民大学出版社，2016.
4. 牛海鹏. 公共关系[M]. 北京：中国人民大学出版社，2011.
5. 李兴国. 公共关系实用教程[M]. 北京：高等教育出版社，2015.
6. 沈永祥，洪霄. 公共关系学[M]. 北京：化学工业出版社，2009.
7. 纪华强，杨金德. 公共关系的基本原理与实务[M]. 厦门：厦门大学出版社，2007.
8. 格伦·M. 布鲁姆(Glen M.Broom). 公共关系[M]. 北京：中国人民大学出版社，2013.
9. 李东，王伟东. 公共关系实务[M]. 北京：北京大学出版社，2012.
10. 丁军强. 公共关系原理与实务[M]. 北京：北京交通大学出版社，2014.
11. 邹正方. 公共关系概论[M]. 北京：中国人民大学出版社，2010.
12. 甄珍. 公共关系实务新编[M]. 北京：北京大学出版社，2011.
13. 吴贤军. 企业公关[M]. 北京：北京大学出版社，2010.
14. 赵麟斌. 国际公关国际公关[M]. 北京：北京大学出版社，2013.
15. 陈百君. 现代公共关系学[M]. 北京：经济管理出版社，2010.